《乡村振兴战略下宁夏乡村文旅协同发展研究丛书》
编委会

乡村振兴战略下宁夏乡村文旅协同发展研究丛书　丛书主编　张仁汉

宁夏美丽乡村建设与旅游

NINGXIA MEILI XIANGCUN JIANSHE YU LÜYOU

主编 邹荣　副主编 周霞 邓娜 李想

黄河出版传媒集团
阳光出版社

图书在版编目（CIP）数据

宁夏美丽乡村建设与旅游 / 邹荣主编. -- 银川：
阳光出版社，2021.4
（乡村振兴战略下宁夏乡村文旅协同发展研究丛书 /
张仁汉主编）
ISBN 978-7-5525-5866-1

Ⅰ.①宁… Ⅱ.①邹… Ⅲ.①农村－社会主义建设－
研究－宁夏②乡村旅游－研究－宁夏 Ⅳ.①F327.43
②F592.743

中国版本图书馆CIP数据核字（2021）第086171号

乡村振兴战略下宁夏乡村文旅协同发展研究丛书　　　　邹　荣　主　　编
宁夏美丽乡村建设与旅游　　　　周　霞　邓　娜　李　想　副主编

责任编辑　赵维娟
封面设计　王胜泽　张双禄
责任印制　岳建宁

黄河出版传媒集团
阳　光　出　版　社　出版发行

出 版 人　薛文斌
地　　址　宁夏银川市北京东路139号出版大厦（750001）
网　　址　http://www.ygchbs.com
网上书店　http://shop129132959.taobao.com
电子信箱　yangguangchubanshe@163.com
邮购电话　0951-5047283
经　　销　全国新华书店
印刷装订　银川银选印刷有限公司
印刷委托书号　（宁）0020902

开　　本　720 mm × 980 mm　1/16
印　　张　17.25
字　　数　300千字
版　　次　2021年10月第1版
印　　次　2021年10月第1次印刷
书　　号　ISBN 978-7-5525-5866-1
定　　价　49.80元

《乡村振兴战略下宁夏乡村文旅协同发展研究丛书》

总 序

穿过乡土与时间的缝隙，在平凡朴实的土地上人文渊薮，千年传承。乡村作为联结历史、文化、情感的综合体，其独特的空间格局、丰富的人文环境，不仅是中华优秀传统文化的重要栖身之所，而且是文化自信浓厚质朴的底色。党的十九大提出实施乡村振兴战略，是以习近平同志为核心的党中央着眼党和国家事业全局，深刻把握现代化建设规律和城乡关系变化特征，顺应亿万农民对美好生活的向往，对"三农"工作作出的重大决策部署，是决胜全面建成小康社会、全面建设社会主义现代化强国的重大历史任务。目前，面对错综复杂的国际形势和艰巨繁重的国内改革发展稳定任务，特别是新冠肺炎疫情的严重冲击，当今世界正经历着百年未有之大变局。随着新一轮科技革命和产业变革的深入发展，我国已转向高质量发展阶段，乡村振兴不仅关系到我国是否能从根本上解决城乡差距、乡村发展不平衡和不充分的问题，而且关系到中国整体发展是否均衡，是否能实现城乡统筹、农业一体的可持续发展的问题，更是关系着全面建设社会主义现代化国家的全局性、历史性任务，应该说，乡村振兴是新时代"三农"工作的总抓手。在此背景下，如何更好地吸取和借鉴人类文明史上的经验教训，以乡村振兴战略作为总要求，减弱城市化和工业化等乡村衰落的诱因，深入探索文旅协同路径中乡村的可持续发展道路，这一问题值得我们思考。

自党的十九大以来，紧密围绕农业农村现代化这一伟大目标，以乡村振兴作为重要战略，积极规划构建了一系列方针要求和政策体系，为乡村振兴的实施提供了充分的制度保障。通过党的十九届五中全会、国家"十四五"规划，以及2021年中央一号文件精神在农业农村现代化发展问题上的精耕细化，不仅为我国新发展阶段优先发展农业农村、全面推进乡村振兴作出了总体部署，而且为做好当前和今后一个时期"三农"工作指明了方向。

在繁荣发展文化事业和文化产业，提高文化软实力方面，突出了乡村的重要作用，要积极推动文化旅游融合发展，发展红色旅游和乡村旅游，以讲好中国故事为着力点，创新推进国际传播，加强对外文化交流和多层次文明对话。在此基础上，自治区党委十二届十二次全会更为明确了宁夏农业农村发展的重要性，在优先发展农业农村和全面实施乡村振兴战略的同时，不断夯实农业发展基础，实施乡村建设行动，持续深化农村改革。通过国家之力和宁夏具有连贯性、一致性的政策支持，将为宁夏的乡村沃野更好地实现"产业兴旺、生态宜居、乡风文明、治理有效、生活富裕"的目标提供不竭动力。

"应融则融，能融尽融，以文塑旅，以旅彰文。"近年来，宁夏积极响应国家文旅协同发展的号召，顺应文化旅游协同发展的新趋势新要求，以文化提升旅游品质，用旅游传播宁夏故事，加快全域旅游示范区建设，着力推动经济高质量发展。2017年，宁夏印发《"十三五"全域旅游发展规划》，对全域旅游发展作了详细的意见指导。2018年，伴随着文化和旅游部的正式挂牌，各地开启了文化与旅游协同发展的大幕。在此背景下，宁夏在推动全域旅游和文旅协同高质量发展的进程中，以"全景、全业、全时、全民"的发展思路，加大旅游资源的融合力度，把得天独厚的文化资源转化成独一无二的旅游资源，让"塞上江南·神奇宁夏"的品牌更加亮丽。特别是将现代农业和旅游业相结合，通过一、二、三产业的融合，从客户喜好探寻市场需求，继而通过一、二、三产业的深度融合，把旅游产业做大做强，增加农民就业，促进农民增收，推进农村经济的绿色可持续发展，特别是加快推进文化旅游产业协同发展。在基础设施方面，确保整个旅游的六个要素与整个文化元素相结合，把握住我国大力发展旅游产业的契机，尤其还结合乡村振兴战略，按照"一镇一特色、一地一风情"打造一批旅游村镇，让游客感受六盘山区传统文化，望得见贺兰山、看得见黄河水、记得住塞上江南风情。

截至目前，全国关于文旅协同发展的系统性研究成果十分有限，我区关于本地文旅协同发展的系统性书籍更是同样匮乏，基层工作者和乡村旅游从业者缺少科学有效的理论指南和实践指导。为此，宁夏回族自治区民族艺术研究所（以下简称宁夏民族艺术研究所）专门开展了相关课题研究，组织单位骨干、高校和社科院的专家学者多次奔赴乡村田野进行调研，以全面充实的乡村资料为基础，编撰出版了《乡村振兴战略下宁夏乡村文旅协同发展研究丛书》，这套丛书深层次、全方位地对宁夏在乡村振兴战略引导下发展乡村旅游、依托乡村旅游脱贫致富作了详尽的分析阐述，希望为乡村管理干部及乡村旅游从业者提供科学的理论和实践指导，从而更加科学有效地促进宁夏乡村文旅协同发展，促进人民生活质量的提升。这套丛书内容涵盖了宁夏乡村文化与旅游、宁夏乡村特色文化资源与旅游、宁夏乡风文明建设与旅游、宁夏乡村公共文化服务与旅游、宁夏美丽乡村建设与旅游等，对宁夏的乡村文化和旅游发展进行了细致的梳理，其中还对宁夏的全域旅游、乡村传统文化、旅游发展现状及问题对策、美丽乡村等作了深入的调查研究，是乡村旅游工作者亟须的理论书籍。丛书内容通俗易懂，理论结合实际，图文并茂，并结合案例分析，相信一定能为宁夏乡村旅游发展提供理论指导，推动宁夏乡村旅游业的发展。

在此，感谢参与本书策划、撰稿、编辑出版的各位专家学者，感谢他们为宁夏实施乡村文旅协同发展贡献智慧和力量。

张仁汉

2020年6月

张仁汉，曾任宁夏回族自治区文化和旅游厅副厅长（挂职），现任宁夏广播电视台副台长。

序

政府为主导、农民为主体的"美丽乡村"建设体现了党和国家全面实施乡村振兴战略的坚强决心。

党的十八大明确提出"要努力建设美丽中国，实现中华民族永续发展"的宏伟目标之后，2013年的中央一号文件依据"美丽中国"的理念第一次提出了要建设"美丽乡村"的奋斗目标，这是首次在国家层面明确提出"美丽乡村"建设。随后，农业农村部发布了《关于开展"美丽乡村"创建活动的意见》，在全国范围内开展美丽乡村建设。党的十九大提出要全面实施乡村振兴战略，按照"产业兴旺、生态宜居、乡风文明、治理有效、生活富裕"的总要求，建立健全城乡融合发展体制机制和政策体系，加快推进农业农村现代化。显然，美丽乡村建设实质上是在生态文明建设全新理念指导下的一次农村综合变革，其核心在于解决乡村发展理念、乡村经济发展、乡村空间布局、乡村人居环境、乡村生态环境、乡村文化传承以及实施路径等问题。

习近平总书记强调，"中国要强，农业必须强；中国要美，农村必须美；中国要富，农民必须富。"建设美丽中国，必须建设好美丽乡村。美丽乡村建设不仅是美丽中国建设的重要组成部分，也是城乡协调发展的重要组成部分，是实现农村全面建成小康社会的重大举措。总之，就是让居民望得见山，看得见水，记得住乡愁。

"建设美丽新宁夏，共圆伟大中国梦"，美丽乡村建设是为实现美丽新宁夏而做出的生动实践。为建设经济繁荣、民族团结、环境优美、人民富裕的美丽新宁夏，宁夏积极响应国家号召，因地制宜，精准施策，逐步开展了一系列美丽乡村建设工作。2014年出台了《宁夏美丽乡村建设实施方案》，把城乡一体化作为美丽乡村建设的战略方向。2020年5月，又出台了《关于推进美丽乡村建设高质量发展的实施意见》，对我区特色小城镇、美丽村庄及传统村落建设做了具体期限内的规划，力图建成一批绿色小城镇、绿色村庄，镇村布局进一步优化，形成分类递进发展格局。

面对全国文旅融合新形势，在自治区文化和旅游厅的指导下，宁夏民族艺术研究所开展此方面的研究，试图在美丽乡村建设方面，展示我区乡村文化与旅游协同发展现有成果，立足实际，总结经验。《宁夏美丽乡村建设与旅游》一书，参考国家级及自治区级文明乡村、美丽休闲乡村及乡村旅游等相关方面的评选结果及要求，根据实际调查情况，对我区38个村镇的美丽乡村建设状况进行现状梳理与经验总结，力图做到资料翔实，可读性强。

美丽乡村建设是一项复杂的系统工程，也是一个长期的工程。我区美丽乡村建设下一步如何走，需要政府、学界更深层次、更多层面的讨论。希望本书在为实践领域做一点服务工作的同时能起到抛砖引玉的作用，期待有更多力量注入美丽乡村建设。

邹　荣

2020年12月

目 录

下篇　传统村落

美丽乡村

昔日的干沙滩　今日的金沙滩

——银川市永宁县闽宁镇

一、华丽蝶变闽宁镇

东临黄河水，西倚贺兰山，在这壮美山河之间，历经20余载风风雨雨的闽宁镇正如挺拔的青松、矫健的游鱼，茁壮成长。闽宁镇，这个中国西部小镇是宁夏首府银川市永宁县下辖的一个乡镇级行政单位，是当年习近平总书记亲自提议、亲自命名、亲自推动建设的东西部扶贫协作示范点。闽宁镇占地210平方公里，在温带大陆性气候的滋润下，4万多人口在此繁衍生息、安居乐业。

整洁又美丽的村落，健全而完备的娱乐设施，街道上怡然自得的老人，络绎不绝的游客，面对此景，你定想不到，20多年前的闽宁镇竟是一片"天上无飞雀，地上不长草，风吹沙石跑"的荒芜之地。擦拭久封的记忆，吹去时间的灰尘，让我们重回先辈奋斗的年代，重温闽宁镇的历史。

1990年，西吉、海原两县的1000多户生态移民建立了玉泉营、玉海经济开发区，这便是闽宁镇的前身。在一穷二白中，闽宁镇的最早一批移民从零开始、自力更生，开始了最初的奋斗。日复一日，他们在勤奋劳作中等待着发展的契机。功夫不负有心人。1997年，时任福建省委副书记的习近平同志提议，福建和宁夏共同建设生态移民点，在这里组织实施闽宁对口扶贫协作，建设一个移民示范区，遂以福建、宁夏两省区简称为其命名为"闽宁村"。一场跨越2000多公里、历时20多年的闽宁协作就此展开。

"道虽迩，不行不至；事虽小，不为不成。"1997年7月15日，闽宁村正式奠基。兴修水利、整理土地、开发特色产业，用现代科技和先进农村发展理念建设美丽乡村的故事，在这里如火如荼地开始了。眼前有勤奋实干的政策执行者，身后有两省区政府的大力支持，闽宁村在政府和人民的共同努力下，迅速成长起来，进入21世纪后，更是迎来了发展的高潮。2001年5月，西吉县玉泉营开发区（含闽宁村）更名为永宁县闽宁经济开发区，闽宁村"升级"成了闽宁镇。2002年1月，银川市人民政府正式批准成立闽宁镇。2003年7月乡镇机构合并时，玉海经济开发区并入闽宁镇。2005年村级组织合并，闽宁镇原来的12个村合并为5个村，分别是园艺村、木兰村、武河村、福宁村和玉海村。2012年5月，闽宁镇又陆续搬迁安置了固原市原州区、隆德县13个乡镇的移民1998户，成立了原隆村，所辖行政村增长至6个，人口从最初的8000人增至6.6万人。

蓝天为屏，白云为缀，清风徐徐，绿植依依，如今的闽宁镇完成了从"干沙滩"到"金沙滩"的巨大转变，不仅成为全国特色小镇、全国重点乡镇、东西部合作示范镇，还拥有全国乡村旅游重点村原隆村。突飞猛进的发展让当地百姓有了切实的幸福感、满足感、获得感，也让闽宁镇这个闽宁两省区结对帮扶的小镇享誉宁夏甚至全国。"若无昔日崎岖路，哪有今朝稳健蹄"，闽宁镇今天的成功源自两省区政府无私的帮扶支持和百姓20余载埋头苦干的拼搏，这个曾经一穷二白的移民开发区，在经历20余载风雨洗礼后终于完成了华丽蝶变。

二、生态宜居美丽村

"春阴垂野草青青，时有幽花一树明。"走进闽宁镇，一座座崭新的庭院映入眼帘，错落有致的房屋与绿树相得益彰，在蓝天白云的衬托下，红瓦绿树显得分外鲜亮。街头巷尾整洁如新，房前屋后弥漫着花草清香，这多姿多彩的乡村面貌和有滋有味的乡村生活，使居住在这里的人们沉浸于幸福的梦乡，如痴如醉。

如今的闽宁镇，告别了过去的土路、土墙、土坯房，换之以干净平整的水泥硬化路和红顶白墙的整齐民房。村庄道路的衣装由土黄色升级为水

闽宁镇（蒋季平／摄）

泥的青灰色，依旧承载着阳光、月光、雨雪和风霜，道路两旁笔直挺立着树木，"晴天一身灰、雨天一脚泥"的历史早已被彻底封存在记忆里了。住和行的改善带来的方便和舒适就不必说了，仅是这红、白、青、绿相得益彰的乡村色彩，便自成一片怡人的风景，温暖着村民的心房。美丽与富裕相辅相成，走进村民的家，冰箱、沙发等家具一应俱全，白色的瓷砖地板擦得干干净净，使屋子显得更加明亮整洁。家家都用上了宽带、电视、自来水，安装有太阳能热水器，吃的就更不必说了，以前吃糠咽菜，现在可是吃肉都吃腻了！

衣食无忧，心情欢畅，于是村民们也追赶潮流，开启了新时代娱乐模式。打篮球、滑轮滑、踢毽子，街头的小广场不仅是小孩们嬉戏打闹的小天地，也是村民日常健身休闲的场所。这里健身设施应有尽有，每天清晨的朝阳、晚霞的余晖，都见证着村民们追求身体健康和休闲娱乐的愉快过程。在民族风的动感歌曲中，妇女们扭动身姿，跳起广场舞；在乒乓球的台桌上，青年们挥动球拍你来我往，酣畅淋漓；在昏黄的灯光下，一对对舞者优雅起舞，尽情享受农闲时光。愉悦的气氛弥漫整个村镇，一阵阵欢声笑语熔铸成一派幸福新农村景象。

生活的欢愉只是幸福的一部分，闽宁镇的变化可谓日新月异。交通是发展的关键，为方便出行，闽宁镇迅速建成"四纵五横"贯通全镇、外连省道高速的交通网络。畅通的交通携带着村民的渴望与好奇，缩短了闽宁镇与外界的距离。百年大计，教育为本，以前是再穷也不能穷教育，现在富了，更要将培养人才放在首位。在两省区政府的帮扶下，闽宁镇建成了教育、卫生、文化、体育等一系列惠民利民设施，实现了村村有小学、有卫生室、有文化活动中心、有民生服务大厅。孩子上学方便了，小学在村口，中学在镇上，出门有班车，还享受"两免一补"优惠政策；老百姓看病、办业务也方便了，不用出村就能看病治疗、领取福利；更有文化活动中心推动乡村精神文明建设，带领人们在文化活动中提升素质，滋养幸福感与满足感。

提升乡村景观，深化美丽乡村建设，实现生态宜居是闽宁镇的目标，也是闽宁镇发展模式的亮点。近年来，伴随着路面硬化、路灯亮化、环境绿化，闽宁镇生态环境得到有效治理。曾经的戈壁荒滩变成了现代化的生态移民示范镇，人们彻底告别了过去，不再与尘土飞扬、垃圾遍地、杂物乱堆的日子打交道，而是翻开了美丽乡村的新篇章。物质生活富裕，精神生活充实，这一切曾经遥不可及，然而在福建、宁夏两省区政府的帮助下，在闽宁镇村民们带着"敢教日月换新天"的壮志的艰苦奋斗下，最终变成现实。是成功却不是终点，"路漫漫其修远兮，吾将上下而求索"，站在新的起跑线上的人们，正携带着幸福的气息，走向更加美好的未来。

三、树莓美景待君至

"桃花流水杳然去，别有天地非人间。"闽宁镇虽无桃花，却以特色鲜明的生态园区吸引着天南海北的游客，使其魂牵梦萦、流连忘返，这美丽的生态园区就是闽宁镇原隆村的红树莓生态产业园。清秋时节，天高气爽，红树莓便迎来了丰收季。鲜红的树莓似一个个美丽的小灯笼点缀在茂盛的枝叶中，交映着绿树清泉，配合着悦耳的鸟鸣，流溢出早秋的清音幽韵。远道而来的人们一边欣赏着美丽的景色，一边相互攀谈着采摘熟透的红树莓。淘气的孩子蹦蹦跳跳，渴了饿了便选最大最红的树莓摘下，一口咬下去，汁液流溢、酸甜可口，在欢笑中舔着红红的嘴唇，转向爸爸妈妈，述说幸福的味道。生态采摘的乐趣就体现在这一幅幅亲朋好友的欢聚图中。

采摘的快乐、味蕾的满足、亲友的相会皆已聚齐，畅玩高歌，即可不负假日。然而，生态园带给游客的不止于此，更为珍贵的是发自内心的宁静。物欲横流的世界并非一尘不染，当繁华落尽，虚无扑面而来，心中的那份宁静，还要自己坚守。如此，且于生态园中暂缓前行，看天上白云飘过，宁静致远。于是豁然开朗，开始用心去感受生活，去爱身边的每一个人，把生活过成一首诗，以今日的开怀，清醒往后的岁月。

慕名游客纷纷至，车如流水马如龙。原隆村以红树莓生态园区发展旅游业的模式吸引了大量游客不远千里观光赏景，获得了巨大成功。2019年7月12日，文化和旅游部公示第一批拟入选全国乡村旅游重点村名录乡村名单，永宁县闽宁镇原隆村位列其中。2019年上半年，来闽宁镇观光旅游学习人数达2万多人次，其中原隆村达到了1万多人次。

百尺竿头，更进一步。闽宁镇继续大力支持原隆村旅游业的发展，现今已经将红树莓生态产业园打造成了一个集红树莓特色种植、产品研发、深加工、旅游观光、休闲度假、健康养生为一体的现代农业生态产业园区和三产融合的田园综合体。园区不仅成为闽宁镇的特色产业，还是国家AAA级旅游景区、国家中医药健康旅游示范基地。在棚湖湾树莓生态产业园里，有非遗技艺编织课堂、辨识中草药课堂、军事化场地训练、团队协作滑草比赛等研学结合项目，让这里不仅成为游客休闲娱乐的乐园，更成为学生户外教学体验的课堂。红树莓深加工产品和旅游收入大力拉动了闽宁镇的经济发展。

除了红树莓生态产业园，原隆村以葡萄、花卉、蘑菇、蚯蚓为基础的生态农业都向旅游产业发起了强势号角。以闽宁红色旅游、民俗体验游、乡村自驾游和生态养生游为内容的特色旅游项目，正为闽宁乡村旅游注入新鲜活力，成为拉动经济增长的新动力。闽宁镇通过打造旅游民宿，推广乡村体验住宿。闽宁游客集散中心建设之后，可以接待更多游客，也可以展示销售葡萄酒、有机菜、肉类、水果等特色农产品。一系列规划与建设正在紧锣密鼓地进行中，闽宁镇的旅游业早已步入正轨，正以突飞猛进的姿态向前发展，不久的将来定能创造新的辉煌。每个人的心里都应有一道美丽风景，揽一分诗意，留一分淡定。如果受够了城市的繁杂吵闹，就来这美丽的原隆村，融入生态园的自然风光，体验生活，寻找内心深处的那份宁静！

四、闽宁模式经验足

搬出大山，走进平川，脱离贫困，发展致富。宏伟蓝图、美好愿景就在眼前，但对当年的人们来说，这一切却是遥不可及的梦想。然而困苦中的人们最终迎来了引路的明灯，在闽宁两省区政府的大力扶持下，他们点起心中的热情之火，燃向将来幸福富裕的日子，虽知前路漫漫，道阻且长，也义无反顾、携手奋进。

移民搬迁之初，闽宁镇开展以传统种养业为主的小农生产，日出而作、日落而息，村民们不辞辛苦、勤奋劳作，生活虽不能说富裕，但也基本能保障吃饭穿衣。几年后，习近平同志提出闽宁对口扶贫协作，为闽宁镇带来翻天覆地的变化。在闽宁两省区的高度关注与大力支持下，闽宁镇开始大规模兴修水利、整理土地、引黄入滩，开启培育发展特色产业的道路。人们立足自然条件和区位优势，积极探索建立政府引资、企业主导、社会参与的产业发展新机制，政府、村民及各方人士、企业一道参与其中，一路披荆斩棘，迈上了一条艰苦奋斗、摆脱贫困的易地发展之路。

授人以鱼，不如授人以渔。闽宁对口扶贫协作以来，两省区结对帮扶、互学互助，福建对闽宁镇的帮扶不仅在产业、资金、技术、人才等方面，更在对村民观念转变、眼界提高、开拓进取精神的影响上。一切为了人民，一切依靠人民。人民群众是闽宁镇发展的最直接受益人群，也是闽宁镇易地开发、建设的内生动力与中坚力量。为了让村民们搬得出、稳得住、能致富，闽宁镇在福建省的影响下，坚持扶贫与扶智、扶志相结合，大力推进生活脱贫、经济脱贫、精神脱贫同步进行的全面脱贫模式。近年来，闽宁镇加大对移民的培训力度，帮助他们学习新技能，实现就地就业。随着技能的增强，人们改天换日的信心也似源头活水般涌出，浇灌着常年被贫困压抑而濒临干涸的心灵，政府的思想教育更是锦上添花，推动人们向着"技能上超越，思想上超前"的目标不断奋进。终于，闽宁镇在政府帮扶与村民自我奋斗的共同作用下，从接受"输血"、艰难"换血"，到自我"造血"，攻坚克难、奋斗不息，成功实现了"造血扶贫"的发展致富理想。

党的十八大以来，闽宁镇驶入经济社会高质量发展的快车道。在一批批水电路基础设施和土地开发整理项目建成投用的同时，菌草、黄牛、葡萄、劳务四大产业已初具规模，不仅建成了闽宁扶贫产业园、闽宁产业城两大园区，还形成了特色种植、特色养殖、光伏产业、旅游产业、劳务产业五大主导产业格局，这一切都成为移民群众致富奔小康的源头活水。截至2017年年底，全镇生产总值达5.7亿元，全镇移民群众人均纯收入由1997年的500元跃升至近1.2万元，增长了20多倍。而到了2020年，闽宁镇移民年人均可支配收入已达到近15000元。在政府和人民的共同努力下，闽宁镇成了"早上八九点钟的太阳"，在不断上升中发光发热，最终发散出耀眼的"美丽乡村之光"，驱散了穷困的阴霾，带来了幸福的希望。

闽宁镇从无到有、从穷到富，见证了闽宁对口扶贫协作的巨大成就，探索出了易地搬迁扶贫的新路子，成为中国特色开发式扶贫的一大创举和成功典范。2016年7月，习近平总书记来宁夏看到闽宁镇的喜人变化时说："闽宁镇探索出了一条康庄大道，我们要把这个宝贵经验向全国推广。"如此，闽宁镇成为中国扶贫攻坚伟大工程的一个缩影，可谓中国精准扶贫和美丽乡村建设的"样板间"，为中国其他乡村的脱贫与建设持续提供着宝贵经验。

"雄关漫道真如铁，而今迈步从头越。"闽宁镇没有沉浸于过去的成就而沾沾自喜，而是收拾行装，经由新起点，踏上新征程。过去是辉煌的过去，未来是美好的未来。闽宁镇因扶贫而生，为脱贫而建，自诞生之日起，血脉基因里就植入了为脱贫致富埋头苦干、不断探索的决心，定能在新时代、新政策、新科技的潮流中抓住发展的新机遇，不断创造新辉煌。

秀丽村镇资源丰　紧随时代面貌新

——银川市兴庆区掌政镇

一、历史悠久掌政镇

在一马平川的银川平原、滔滔北上的黄河西岸、千湖星落的"塞上江南"里坐落着环境优美的生态景观旅游名镇——掌政镇。掌政镇隶属于银川市兴庆区，面积44.8平方公里，地形平坦开阔，全镇大部分海拔在1107~1113米之间。汉延渠、惠农渠从镇区穿流而过，为镇区发展提供了充足的灌溉资源，也造就了阡陌纵横的农田、星罗棋布的湖泊，赋予了掌政镇原生态的容颜。全镇辖掌政村、五渡桥村、洼路村、镇河村、春林村、孔雀村、茂盛村、杨家寨村、碱富桥村、强家庙村、永南村11个行政村、104个村民小组，近3万人口在此繁衍生息。只看眼前美丽而现代的小镇，你定想不到它的风华已历经了千余年风雨的洗礼。让我们翻开历史的卷本，去探寻秀丽古镇的成长轨迹。

据考证，十六国时期的赫连勃勃建立大夏国，并于公元413年在掌政镇建王家园林丽子园。丽子园是当时大夏国的风景游乐场所和驻兵、屯粮重镇，可以说是宁夏最早的旅游景点。北魏孝昌二年（526年），由于民户增多，州官在此置怀远县，此为银川建城之始。经过约半个世纪到北周建德三年（574年），此地愈加繁荣，又有移民两万户定居，故置怀远郡，隶属灵州，辖今银川市、永宁县、贺兰县、青铜峡市、石嘴山市部分地区，郡治仍设在怀远县。

唐高宗仪凤二年（677年），黄河泛滥，怀远县城被淹毁。翌年，在城西即今银川市老城区筑怀远新城。又过了3个多世纪到了北宋宝元年间，经过三代首领的苦心经营，李元昊于北宋宝元元年（1038年）建立西夏，将怀远新城改为兴庆府，定为都城。由于西夏统治者笃信佛教，在兴庆府宫廷建设时，李元昊在今掌政镇镇河村附近建立了一座皇家寺院——高台寺。这座寺院影响深远，留名至今。

斗转星移，历史进入明王朝。明洪武二十五年（1392年）宁夏先设7卫：宁夏卫、左屯卫、右屯卫、中屯卫、前卫、中卫、后卫。其中左屯卫辖14堡，掌政为其中之一，隶属陕西都司。掌政时称"张政"，乃明代屯兵堡寨。清雍正二年（1724年）设置宁夏县，辖24堡，含张政堡。民国时期，张政堡在永宁县置县前曾先后隶属宁夏县、贺兰县。1941年，宁夏设置永宁县，张政堡归永宁县管辖。从明洪武二十五年（1392年）设置张政堡算起至1949年宁夏解放，张政堡建置存在了550余年。

1949年宁夏解放后，改张政为"掌政"，称掌政乡，取人民群众执掌政权之意。1958年后称掌政公社。1972年，银川市郊区成立，掌政公社隶属银川市郊区管辖。1984年，恢复掌政乡，仍旧隶属于银川市郊区。掌政乡在2002年11月正式划归银川市兴庆区，称掌政镇。

掌政镇是一首饱含乡土气息的山歌，从遥远传唱至今；是一颗古朴的明珠，从遥远璀璨至今；是一座历史悠久的博物馆，抖落的是尘埃，留下的是珍贵。毋庸置疑，没有这一千多年的历史，就没有如今"银川的东大门"之称的掌政镇，更谈不上不计其数的响亮荣誉与头衔。可以说，掌政镇经济发展的突飞猛进、镇容镇貌的日新月异、男女老少的安居乐业离不开先天的优势、政府的统筹、居民的奋斗，也离不开历史的沉淀。掌政既是求新的掌政，也是历史的掌政，正从古老的过去走向崭新的未来。

二、幸福乡村新生活

坐车出银川河东机场过黄河，便会看到繁华热闹、生态秀丽、民风淳朴的掌政镇。纵横交错的水泥公路干净整洁，水草丰美的湖泊湿地秀色可餐，芦苇在微风中摇曳，荷花在光影中婆娑，远处一座座楼房交错而立，透过林间若隐若现，与湖中的倒影虚实相映。车行渐近，人气商气愈浓，美丽的小镇也就越来越生动，于是勾起驻足一探究竟的好奇心，如若正逢夕阳西下，便可一览"长河落日圆"的西部风情。时至今日，国家生态乡镇、全国第三批生态景观旅游名镇、全国第二批特色小镇……一个个头衔已在全国叫响，也印证着掌政镇过去40年的发展成果。

掌政镇与时俱进，在2010年，按照"规划先行、建设同步"的理念，拉开了特色小城镇建设的帷幕。镇政府委托国内顶级的设计院所，制定了《2010—2030掌政镇特色小城镇规划》，对辖区进行了宜居、宜业、宜游的规划设计。早在设计之初，掌政镇的定位就是要打造宁夏生态湿地旅游第一重镇，而今经过连续多年的特色小城镇建设和旅游业发展，从起初的改善生态

鸣翠湖日出（薛明瑞／摄）

环境延伸到人居环境的提升，再到实现农民向城市集中、土地向经营大户集中、产业向园区集中，掌政镇最终成功完成了由"乡"向"城"的转变，成为宁夏的"江南水乡"。

掌政寒士俱欢颜，风雨不动安如山。回想二十世纪七八十年代，掌政的居民一家三代几乎都困守在简陋的土坯房里，春天食不果腹，夏天炎热难耐，秋天忙碌劳累，冬天围着单薄的炉子瑟瑟发抖。两三百米长的窄巷子就是掌政镇的主街道，连仅有的学校也是靠学生和家长冒着危险自建的。如今，这一切都成了过去式，掌政镇一跃从"一年旱一年涝的烂池塘""二三百米的窄巷巷"，变身为首府银川的后花园，曾经"土里土气"的形象华丽转身。村民都住进了新式楼房，自来水、天然气、宽带一应俱全，家家户户冬天都烧上了壁挂炉，浑身暖烘烘，心里也是美滋滋的。闲不住的老人早晚在文化广场上扭动腰肢跳舞，年轻的情侣穿着潮衣靓服于午后手拉手轧马路，小孩们肆意奔跑享受捉迷藏的快乐，自由和谐之音响遍掌政镇的大小街头，择栖于此闲情雅致之地，属实是一种享受。

生活不止眼前的温暖，还应有诗和远方。物质享受固然重要，可长远的社会保障和文化追求才是精神的归宿，在这一点上，掌政镇也紧追时代潮流，时至今日已有不小成就。首先体现在交通上。掌政镇虽为黄河岸边的一个小乡镇，却有着得天独厚的交通脉络。其距银川中心城区约9公里，镇区交通路网发达，京藏高速、银青高速、银横公路、银通公路、滨河大道、永通公路、乡镇路、孔司路等贯穿全镇，不仅推动了掌政镇的经济政治文化高速发展，也使村民了解外部世界不再仅仅依托于万卷书，而是可以行万里路去真正体味祖国山河的魅力，放大视野，增长见识。只有真正意义上的走出去才能开阔眼界和实现发展，正是在交通发达的基础上，掌政镇才能紧随潮流，不断进步。

"风声雨声读书声，声声入耳。"2019年兴庆区在掌政镇孔雀村、大新镇新安社区、通贵乡河滩村、月牙湖乡滨河家园五村新建了4个村综合性文化服务中心，平均每个中心面积约400平方米，集综合便民服务厅、图书阅览室、公共电子阅览室、多功能文体活动室、群众文体广场为一体，并配备一支业余文艺团队、一个文化辅导员、一套规范的基层综合性文化服务中心管理服务机制。这些中心常年对群众免费开放，在提高小镇村民幸福感的同时，提高他们的文化水平。每逢独处的时候，抱一本书，一边呴吸满室的墨香，一边畅游在艺术的殿堂，累了就走出服务中心，连吸几口新鲜的空气，哼着欢快的小曲，偶尔拎片段起记忆，和着湛蓝的天空，一起迷失在风情万种的掌政镇里。

2020年1月20日，银川市文化旅游广电局决定命名掌政镇孔雀村综合文化服务中心等40个创建单位为银川市第三批基层综合文化服务中心。新命名的文化服务中心，将进一步创新管理机制，不断推进公共文化服务标准化、均等化建设，把基层综合文化服务中心打造成党和政府联系群众的纽带，成为基层党组织和服务群众的重要载体，也为全市公共文化服务体系建设发挥示范带动作用。

目前，兴庆区基层综合性文化服务中心由乡镇（街道）文化站负责业务管理和分类指导，村委会、社区委员会具体实施，形成了三级联动机制。按照相关要求，兴庆区各基层综合性文化服务中心全部向群众免费开放，实现无障碍、零门槛进入，所有免费开放项目规章制度健全，服务内容明确，开放时间达到了每周不低于42小时，从而保证了各基层综合性文化服务中心的全年开放和各项活动的正常开展。同时，兴庆区掌政镇孔雀村四队建有银川嘉河生态养老院，为老人提供食宿三餐、康复治疗等优惠服务，切实保障了乡民养老权益。"老有所养，幼有所教，贫有所依，难有所住"是掌政镇不断奋斗的目标，如今已经全部实现。

对幸福的追求是不断发展进步的重要动力。随着掌政镇群众生活水平的日益提高，群众对幸福的追求也越来越强烈，基本的温饱得到满足后就想攀登更高的幸福阶梯。于是，掌政镇物尽其用，尽可能发挥自身优势，开启了一条特色旅游之路，在拉动经济发展、提升群众幸福感的基础上，展现给游客独属于掌政镇的魅力。

三、美丽风光乡土韵

随着掌政镇的发展，过去名不见经传的小镇掀起了旅游热潮，每逢周末都有大量银川市民蜂拥而至，享受这里的田园风光。这一切都源于掌政镇在为当地百姓打造宜居宜业家园的同时，依托当地独特区位优势和自然资源，走出了一条特色生态旅游之路。掌政镇以鸣翠湖为中心，对碱湖、孔雀湖、官湖、清水湖等湖泊湿地进行保护性开发，通过扩整水域、连通水系，已经建设了15个生态湿地公园，同时大力发展农家乐、渔家乐、花家乐、特色康养、水上乐园等项目，建立了成熟的旅游体系。

最爱湖光行不足，芦苇波间水鹭飞。鸣翠湖是明代长湖的腹地，这里湖光戏柳，草树烟绵，百鸟翔集，鱼跃其间，远望水鹭双飞起，近看风荷一向翻，塞上雄浑、江南秀色集于苇浪水波间。园区内的水、电、路、绿化等基础设施框架基本形成，构建了"水车苑""芦苇迷宫""野生垂钓""观鸟赏花"等旅游项目。湖中有自然植物109种、鸟类97种，其中国家一级保护野生动物有黑鹳、中华秋沙鸭、白尾海雕，国家二级保护野生动物有大天鹅、小天鹅、鸳鸯等。长湖漫漫，如诗如画，体现了塞上江南水乡的独特韵味，游人至此，芦丛荡舟，曲径通幽，迷宫观鸟，乐而忘返。

何人解赏此地好，风景无时。赵家湖湖区渠网密布、水系环绕、交通方便，掌政镇借此优势营建赵家湖湿地公园。该项目占地面积约2300亩，其中水域面积近1000亩。项目建设主要包括湖面开挖、园林绿化、休闲广场、温泉水世界、大型游乐嘉年华以及五星级酒店等配套设施建设，着力打造融休闲、观光、游憩功能为一体的"塞上水镇"。截至目前，水上乐园、湖面开挖、湖心岛、微地形造型、湖边放坡、音乐喷泉、水幕电影、绿化景观、赵公塔等工程已基本完工，温泉度假村等项目将陆续开工。赵家湖湿地公园建设项目的顺利实施，标志着掌政镇迈出了建设生态宜居特色小城镇的重要一步。炎炎夏日，游客至此，清凉酣畅，通体舒爽，惬意至极。

"道狭草木长，夕露沾我衣。"掌政镇的农民还利用自己家的鱼池、果园、花卉公司、蔬菜园区等资源，围绕"农"字做文章，大力发展农家乐项目。

目前，掌政镇已建成上档次、有规模的农家乐、渔家乐、花家乐48家，如洼路村的宏坤度假村、孔雀村的五渡桥农庄、掌政村的黄河渔村、春林村的春林生态园等。这些农家乐每年接待流客近8万人次，提供爆炒大公鸡、清蒸羊肉、燕面糅糅、香草花卷等听起来就让人"口水直流"的宁夏特色美食或者特色烧烤，再加上垂钓、观光、划船等娱乐休闲活动和草木环绕、夕露沾衣的乡村体验，难怪游客们纷纷"不请自来"。以农耕文化为魂，乡村田园为韵，用最适合的方式改造人们口口相传的佳境，带着游客亲身感受"小桥流水人家"的韵味，体味乡村、缅怀乡愁，是掌政镇农家乐的宗旨。来到这里，游客们在静谧悠然中寻找心的方向，心灵深处总能涌起一些记忆，初时若有若无、平淡无奇，反复品味后，脑海中浮现的却是饱蘸着乡愁的故事，体味到一种源于乡村、长于心底的美好。

四、古迹风景永留存

投身于此，除了尽情享受自然的美丽外，还可以近距离感受掌政镇的历史文化气息。掌政镇至今已有1600余年的历史，在漫长的历史长河中，这里几经兴衰，留下了丰厚的历史文化痕迹。

"南朝四百八十寺，多少楼台烟雨中。"高台寺建于今掌政镇镇河村东南侧，是西夏时期李元昊修建的最大的皇家寺庙。它曾经规模宏伟，巍峨壮观，加之下有高台寺湖千顷，山光水色、碧波荡漾，环境十分优美。后经历了明清等漫长岁月，虽然残损也仍然挺拔，直至"文革"时期，被残酷摧毁。从那时起，高台寺消失在人们的视线中，但"高台寺"的地名仍在坊间流传，承载着老银川的记忆。现在，以"高台寺"命名的有高台寺小学、高台寺居委会、高台寺公交站等。若逢一个烟雨蒙蒙之日，撑把伞漫步在高台寺遗址，迎着丝丝细雨，听着水滴打进坑洼里碎了、散了、又聚了的声音，再念起朝代的更替与寺庙的兴衰，心中一切迷茫随即烟消云散。

"千里莺啼绿映红，水村山郭酒旗风。"镇河堡即今掌政镇镇河村，历史悠久，环境优美，民风淳朴，让人流连忘返。《宁夏府志》在"堡寨"中记述：

镇河堡在城东20里，明设操守。清雍正二年（1724年）置宁夏县，镇河堡隶属宁夏县。镇河堡首设于明嘉靖年间。现镇河村虽只见部分古堡寨遗迹，但世世代代生活在这里的人们却守住了这片丰水沃土，祖祖辈辈在这里辛勤耕耘着自己的幸福生活。游客至此，不仅能见到已出土的古钱币、古瓷器残片，还可以在每年4月，欣赏古树与湖水相映成趣的独特风光。当然，最值一提的还是镇河村自成品牌的西红柿，这种西红柿因品相好、口感好、光泽好而远销八方，来往游客纷纷"吃一个想俩，吃两个想仨儿"，对其赞不绝口。

"粉骨碎身浑不怕，要留清白在人间。"赵良栋将军是清康熙年间一位战功卓著的将军。他在康熙皇帝平定三藩、出征四川和云南的战役中建立了卓著功勋，被授予"勇略将军"称号，也被誉为"清初第一良将"。据说，将军墓封土高大，墓前有由两排石像组成的长长的神道，很是壮观威严。遗憾的是，赵将军墓被挖掘破坏，高大的墓冢被夷为平地，仅存有墓地遗留的几根石柱。然而对我们后人来说，比起庄严肃穆的墓穴，将军身上破釜沉舟的勇气，开天辟地的魄力，敢为人先的精神才是引导掌政镇一马当先、奋勇改革的源源动力，更是先辈们留给我们的珍贵礼物。

"在天愿作比翼鸟，在地愿为连理枝。""赵府井"为清代著名将领赵良栋府内所有。相传赵良栋将军的府邸规模宏大，后来被拆毁，仅剩此井，当地人称其为"赵府井"。该井井沿为整块青石凿刻而成，井深约2.75米，井沿大青石厚30厘米，井壁内青砖整块无破损现象，基本保存完好。井目前位于典农公园北侧，给整个公园增添了许多历史文化气息，是兴庆区新发现的一处重要文物遗址。而最吸引游客的是"赵府井"南侧生长着的一棵百年大柳树，当地人称其为"神树"。年轻情侣或恩爱夫妻最爱到此树下许愿求福，系上一条象征幸福的红头绳，许下"天地合，乃敢与君绝"的浪漫誓言，携手相伴，走向美好。

虽然掌政镇遗迹多已消失或损毁，但历史的味道永远不会被冲淡，只会在新的时代精神下被赋予更多的可能性。亲临掌政，倾听故事，走进古迹，缅怀先辈，去拥抱新城镇背后不可磨灭的历史精神内涵又何尝不是一种畅意的享受呢?

五、特色小镇传经验

抓创新就是抓发展,谋创新就是谋未来。在特色小城镇建设过程中,掌政镇始终突出"宜动宜静、宜居宜业"的特色,以农业、旅游业为基础,以农民为主体,以乡村为单元,围绕旅游发展、农民生活和乡村风貌进行开发建设,发展具有浓郁乡土气息和民俗风情的特色新型绿色产业,实现以旅促农、以农强旅。不断创新发展方式,顺应城乡居民多样化休闲消费需求,优化服务条件,努力提高旅游业的吸引力和生命力。

坚持区域协调发展,促进经济文化协调发展。首先,掌政镇协调镇区、园区、景区发展,以小城镇为中心,启动商贸、服务、农产品精深加工等二、三产业,由此带来的是人气的高涨、商气的聚集和名气的提升。其次,掌政镇统筹各村、各小组均衡发展,不抛弃不放弃,努力发掘各村各小组的优势,做到"各美其美,美美与共"。最后,在掌政镇经济建设如日中天之时,文化建设和基础设施建设也紧随其后,在增强掌政硬实力的同时注重提升软实力,二者相辅相成、相得益彰,不断增强发展的整体性。

树立绿色发展理念,推进美丽掌政建设。掌政镇是传统的农业生态大镇,通过抓规模、促效益,建园区、引项目、促发展,倾力打造"塞上江南、东部花园、百湖之镇"特色小城镇,全镇经济建设取得了长足进步。通过政府引导,农户、企业参与,掌政镇大力发展现代都市农业。秉承"绿水青山就是金山银山"的生态理念,打造以茂盛、镇河、洼路、杨家寨、五渡桥等村为主阵地的十公里经济圈,最终形成了设施农业、优质水稻、畜牧养殖、休闲观光农业、适水产业五大优势特色产业带。

一克的经验抵得上一吨的理论。湖城小镇掌政的就地城镇化转变,充分体现了其地理优势、城乡统筹、政府主导、产业融合等全方位条件和因素参与的特色发展优势,以自己的成功为乡镇发展致富奉献了宝贵的经验,是一个非常有借鉴意义的案例。通过掌政镇的发展可以看出,近郊小城镇的发展要切实做好科学规划，打造区域特色产业体系，借助多渠道的金融支持，做好特色小城镇的区域定位，优化行政体系，提升机制创新，再投入足够的热情和信心，定能成为城镇改革的"弄潮儿"。

建设之路，永不止步。改革和发展从来就不是一朝一夕可以成就的，如今的喜悦与辉煌不是掌政镇努力的终点，更不是每个求发展、谋幸福的城镇仅有的追求。昨日的成功只能带来今日的高起点，而未来的辉煌看的是当下的创造，因此今后的每一天仍要去相信、去期待、去改变，坚持走"创新、协调、绿色"的发展之路。如此行事，未来可期。

乡风文明兴　魅力新农村

——银川市兴庆区通贵乡通北村

一、黄河旁边，美丽乡村

黄河之水天上来，滋润乡土造福民。银川平原上的通贵乡是黄河母亲的宠儿，真正是生命之水浇灌出的一个富贵之乡。通贵乡位于银川市东郊，距市区17公里，东与兴庆区月牙湖乡隔黄河相望，南与掌政镇相邻，西面、北面与贺兰县金贵镇接壤，下辖6个行政村，分别是河滩村、司家桥村、通南村、通贵村、通西村和通北村。

沃野百里，湖沼镶嵌，草木繁盛，牛羊成群。地处通贵乡北部的通北村距黄河仅有4公里，在黄河母亲的哺育下发展极为迅速。全村现有在册耕地面积9440亩，共有13个自然村，总户数1034户，总人口3496人，其中回族人口3461人，占总人口的99%。凭借着优越的地理位置和励精图治的决心，通北村紧跟社会主义新农村建设步伐，以绿化、美化、净化农村为切入点，借助上级部门和本村人士的力量，大力加强村内环境优化改造和生产生活基础设施建设，针对村内环境、房屋、道路等方面问题制定并实施了一系列发展措施。

未来美好的愿景是村民心中的灯塔，怀着对光明与希望的追求，村民们在党和政府的领导下清理杂草、兴修新路、改建房屋、增添公厕，将满腔热情化作无穷动力，热火朝天地投入到改造家乡、造福桑梓的伟大工程之中。"功夫不负有心人"，这一切的努力使得通北村的村容村貌和人居环境得到了

通北村环境整治（展帆／摄）

极大改善。如今，村民们生产生活更加舒适、便捷、高效，集体迈向了新时代的农村幸福生活。

人民是实干主力，政府是能源动力。2019年5月22日，随着银川市兴庆区人民政府《关于兴庆区通贵乡通北村农村人居环境整治项目建设方案》的批复，通贵乡人民政府开始对通贵乡通北村五组、九组的农村人居环境和基础设施组织实施整治建设。项目新建道路6条（总长度约830米），铺设了道路两侧人行道，栽设太阳能路灯28盏，实施农宅立面改造103户。项目重点落在污水处理上，实施污水管道工程，新铺设巷道下污水主管256米，建设污水检查井64座，并增建化粪池5座、污水处理站1座。污水处理站占地面积944.16平方米（约1.46亩），建筑面积241.3平方米，出水执行最新城镇污水处理站污染物排放标准，达到一级A标准。在政府大力支持和不断帮扶下，通北村环境和基础设施建设更上一层楼，成功取得了新时代的新突破。

如今的通北村一切井然有序，硬化的路面笔直畅达，砖木的房舍整齐划一，柴草杂物堆放整齐，畜圈禽舍各归各位。乡域内沟渠纵横，草木繁盛，畜牧业发展良好，大片牛羊自由徜徉在蓝天白云之下，微风拂面，带来牛羊与青草的气息，此情此景，亦可与"天苍苍、野茫茫，风吹草低见牛羊"的草原壮景相媲美。毫无疑问，这优美的自然环境将成为日后通北村旅游业发展的坚实基础。天高云淡，黄河绕境，丰美的水草养育着遍地的牛羊，肥沃的良田收获着充足的粮食，道路四通八达，村庄整洁有致，美丽通北村在上级党委、政府的正确领导下，在全村领导、群众的共同努力下，已形成环境优美、民族团结、经济稳步发展、社会秩序良好的和谐新局面。

二、乡风文明，文化大院

物质生活水平提高了，精神文明建设也不能落下。为提升村民精神文明水平，丰富村民日常休闲时光，通北村加大对乡风文明建设基础设施的投入力度。2006年，在兴庆区委的协调帮助下，银川众一集团投资13万元协助通北村兴建文化大院，以满足村民日益丰富的精神文化需求。大院占地近2000平方米，各种文化和娱乐设施完备齐全。文化室内有书上千册，还有绘画、书法、摄影作品及光盘，成为村民们茶余饭后看报读书、汲取文化知识、提升文化修养的重要场所。文化场上，有舞台、篮球场、健身场等，少年歌舞青春，青年挥汗如雨，老年人下棋健身，很快文化大院成为了村民娱乐休闲、放松身心最乐意的去处，也是全村群众开展文化娱乐活动的主要场所。村民们在这样一种开放、包容、自由的空间中自发地营造起浓厚的乡村文化氛围，使通北村焕发出新时代乡村生活的勃勃生机。慢慢地，文化大院成为13个自然村中最具人气的地方。

读书、运动自当重视，乡风文明更是重点。乡风文明是乡村振兴的核心和灵魂，它为美丽乡村建设提供优良的人文环境。生活富裕不仅体现在物质生活的提升上，也体现在包括乡风文明在内的精神生活的丰富上。通北村的文化大院就是强化教育引导、增强乡风文明建设的好例子。在文化大院的墙壁上，一幅绘有当地景观的壁画极具感染力，兼具艺术性和写实性，全面展现了通北村的美丽与特色风貌，村民引以为傲，游客驻足称奇。在宣传橱窗内，各项关于村子的宣传信息图文并茂、形象生动，具体情况一目了然，而党报园地的开辟也成为及时有效传达党的方针政策的前沿阵地。最具特色的是文化大院的"三情园"——上情下达园、民情反映园、实情告知园，它们各占一方，格外显眼，实实在在地反映出这里的民主化进程，成为表达百姓心声、传达村民诉求和愿望的心灵园地。所有这些都营造出浓郁的文化氛围，为村民们增强文化自信、了解国家政策、反映实际需求提供了便利，对促进村民形成健康文明的生活方式，增强获得感、幸福感、安全感，建设通北村文明乡风意义重大。

通北村建设文化大院，是在农民中提倡文明乡风的新尝试。文化大院的建设，一是满足了农民在农闲时对文化生活的需求。西北农民在每年的10月中旬，农活就基本结束了，农村文化大院填补了农民农闲时文化生活的空白，健康有益的文化活动扭转了村里的风气。二是促进了村民之间的和谐相处。有了文化大院，原来从不来往的村民，现在走得近了，大伙儿在参与有益的文化活动中增进了感情。三是凝聚了各方力量共建乡村。建设文化大院，是政府、企业及多方力量共同努力的结果，且通北村乡风文明建设的成功有效吸引了城市要素资源向乡村转移，进而促进了乡村产业兴旺。

除了文化大院，通北村还有名传一方的腰鼓队和自娱自乐的文艺队，时常演出村民喜闻乐见的节目，利用文艺的魅力滋润心灵。不久前通贵乡通北村农民艺术团正式成立，腰鼓队、篮球队、文艺演出队和普法科技服务宣传队大放异彩，为村里增添了勃勃生机。富裕了的农民，对文明生活更加向往，对文化需求更加迫切，而文化大院的兴建以及各项文艺团体的成立，正满足了农民的这种向往和需求。追求文明健康的生活方式，是新时期大力弘扬社会公德、倡导文明新风的重要内容，新时代的农村是主要阵地，必将迎难而上，冲锋在前，通北村无疑起到了先锋模范作用。值得一提的是，政府倡导的乡风文明建设不仅提升了村民的文化水平和精神素养，更激发了村民爱农村、爱农业的热情。随着全社会兴起的一股"乡愁"情怀，越发让美丽乡村建设成为纾解他们心头那股难言"乡愁"的"良药"。于是，一个个美好的乡村故事由此展开了。

三、美丽心灵，乡村故事

故土难离，饮水思源，回报桑梓。通北村走出来的人总是对家乡饱含着难以磨灭的深厚感情。

"谁言寸草心，报得三春晖。"故乡犹如慈母，哺育的优秀儿女散作满天星辰，在全国各地发光发热，而在外的游子也心心念念，时刻想着为故乡做些什么。通北村就有这样一位致富不忘众乡亲的企业家，他就是宁夏宁言恒信科技有限公司的创办人段伏宁。成长于这片土地，事业成功也源于故乡亲友的支持，这一点，段伏宁铭记于心。2019年3月，为回报亲友、回报家乡，他自掏腰包2万元为村里94人，包括60位孤寡老人、14位"好婆婆、好媳妇"以及20位村级艺术团的成员赠送粮油等礼品及妇女节红包。这一举动不仅是对村里孤寡弱势群体的无私关爱和奖励，更是以个人力量鼓励和倡导了中华民族孝老爱亲的传统美德，而段伏宁也成为通北村事业成功、心系桑梓的代表人物，为后辈青年树立了一个好榜样。

走出家乡的人成功，建设家乡的人伟大。通北村还有一位心怀感恩、吃苦耐劳、一心一意建设家乡的好青年。90后女大学生董佳，毕业后于2012年9月回到故乡，担任了兴庆区通贵乡通北村党支部书记助理，成为了一名大学生村官。这位年轻的姑娘不怕困难，深入农村基层，协助党支部书记制定本村的经济和发展规划，安排村民生产，积极招商引资，促进本村经济全面发展，带领村民致富。除了在经济和社会建设方面提出了很多新点子外，董佳的组织能力也非常强，她带领村民兴办公共事务和公益事业，维护村容村貌，搞好公共卫生，改善居住环境，协助村两委开展具体工作，如土地确权、村两委换届选举、土地流转等工作，将各项任务完成得又快又好。另外，董佳还是处理农村事务的好手。基层事务繁杂，大到跑项目，小到解决邻里纠纷，各种问题都会存在，而且在排查化解矛盾时比较困难。董佳经过老干部、老党员的指点，采用将心比心、换位思考的方法，时刻保持一颗为民服务的心，耐心听取群众的问题，积极寻找解决方案，很多难题在她的手中都迎刃而解。

努力就有收获，董佳不仅在工作中得到了很好的锻炼和成长，她的付出也得到了村民们的肯定。作为一名农村党员，她用自己勤勤恳恳、爱岗敬业、廉洁奉公、恪尽职守的工作作风和高尚道德情操践行了共产党员的初心和使命，展现了一个共产党员的精神风貌，用实际行动践行着共产党员的誓言。在这片土地上，董佳实现了一个普通共产党员的光辉理想，也以一个美丽乡村人的身份和担当建设着通北村的未来。

有能力走出去的人很多，心甘情愿留下的人也不少。通北村还有这样一位勤劳而朴实的农村妇女，她没有走出过村庄，也没有成功的事业和高等的学历，只是用勤劳的双手和无私的精神默默为故乡付出着，她叫徐红梅。多年来，徐红梅和善待人、乐于助人、舍己为人，先后被评为宁夏回族自治区"民族团结先进个人"、银川市"优秀共产党员"，被通贵乡授予"三八红旗手""勤劳致富标兵""捐资助学标兵"等荣誉，连续三年荣获宁夏回族自治区"双学双比"先进女能手称号，连续当选为银川市原郊区第五、六、七届人大代表。她家的墙壁上，挂满了锦旗、奖状、奖牌，柜子里还有厚厚一摞荣誉证书，足有30多本。这厚重的荣誉背后是无私的付出，几十年来，徐红梅用自己的方式将汗水和努力奉上，换就家乡和乡亲们的美好未来，成为通北村的光荣和希望。

美丽的乡村滋养着美丽的心灵，通北村钟灵毓秀，抚育出一个个德才兼备的精英。无论是在家乡还是在别处，他们都心系桑梓，时刻关注着家乡的发展，并以各自的方式投入其中，作出自己的贡献，如此便形成了一个个故事。这些故事飘向大江南北，向各地宣扬着这黄河旁边的乡村中怀有美丽心灵的人儿。

四、多产融合，创造未来

发展才是硬道理。如今的通北村生态环境优美、人民生活富裕、精神文明充实，这一切的美好都来自经济建设的突飞猛进，而经济的进步与该村多产业融合发展的道路是分不开的。

2004年6月，兴庆区文明生态工程，在城市支援乡村、工业反哺农业的思路指导下，对通北村进行大力扶持，使其在城乡净化、绿化、美化等方面取得显著成效，并探索出了符合通北村的农村多产业融合发展的新思路，种植业、养殖业和运输加工业几大支柱产业融合发展，全村年收入不断突破新高，农民人均纯收入持续较快增长。

"问渠那得清如许，为有源头活水来。"通北村多产业融合发展的成果也成为"源头活水"，不断吸引着外来企业加入这清莹剔透的"渠水"，流向更加美好的未来。近几年，银川昌新茂种养殖专业合作社、宁夏能能奶牛养殖有限公司、银川市兴庆区仁祥和顺牛羊养殖场、宁夏黄河金岸农业科技发展有限公司、银川大地农收种植专业合作社、银川市兴庆区北河米业产销专业合作社等小微企业如雨后春笋般落户于通北村，当地农业、养殖等产业呈现出一片欣欣向荣的景象，对灵活利用农村资源，带动农民增收，促进当地经济社会发展起到重大推动作用。

面对发展势头大好的通北村，政府也不忘锦上添花。为探索文、农、旅融合发展新模式，银川市兴庆区政府加紧建设首个稻香农业公园，位置就在通贵乡通北村四组和七组。该项目计划建设接待服务区、休闲农业观光区、有机水稻种植区、花卉葡萄蔬菜设施农业区、立体种养示范区、高新农业试验区及民宿体验区等七大区块，将休闲观光旅游、户外亲子拓展、烧烤采摘体验、智慧数字农业融为一体，力图打造兴庆区农业一、二、三产融合发展的新亮点。随着时光的流逝，园区建设的成果逐渐显露出来，截至2020年5月，稻香农业公园已完成道路配套设施、景观栈桥、稻渔共生平片区及景观塔的基础设施建设，目前整个园区已现雏形。怀揣着对美好未来的憧憬，工人们越干越起劲。在稻香农业公园项目建设现场各个区域都有他们紧张忙碌的身影，他们目光坚毅，却又笑靥如花，让人相信在政府的支持和他们的积极努力下，园区定能如期且完美地完工。届时，通北村将会形成面积2000亩的乡村旅游综合体，有望解决当地300余人的就业，带动集体经济发展，拉动整个兴庆区的旅游收入。

通北村在过去几十年的发展里不断探索、砥砺前行，政府和村民携手并进，克服无数困难才取得了今天的幸福生活。多产融合发展道路是政府和村民智慧的结晶，也是通北村突破过去的良策，值得其他亟待发展的乡村学习。之前的努力已为通北村新农村建设注入新的活力，全面提升了通北村的整体形象，未来的通北村将拥有更多的优势，继续向着经济繁荣、人民富裕、山川秀美的方向又好又快地发展。

旅游产业显风情　幸福生活气象新

——银川市西夏区镇北堡镇

一、村镇进步快，村民展笑颜

"天下黄河富宁夏"，被黄河母亲润泽着的宁夏人民正在新世纪的曙光下努力探索着和谐发展之路，镇北堡镇便是在这曙光的照耀下，敢为人先，带头发展文化和旅游产业，并迅速成长为旅游新村的典型小镇。这座极富魅力的北方小镇隶属于宁夏银川市西夏区。镇北堡镇有德林村、华西村、镇北堡村、团结村、吴苑村5个行政村和1个华西社区，全镇现有人口3.25万人，其中620户是回族。各族人民手牵手、心连心，共同促进镇北堡镇繁荣发展，致力于将镇北堡镇打造成为新时代的美丽乡村。

忆往昔，镇北堡镇不但自然条件恶劣，土地盐碱化严重，而且产业基础薄弱，生活在这里的百姓叫苦不迭。移民初期人烟稀少，满眼望去尽是荒滩，村民吃的是救济粮，穿的是捐赠衣，一辈子面朝黄土背朝天，却也只能勉强糊口度日。幸运的是黑暗之后必有曙光，在当地政府、人民的艰苦奋斗和江苏华西村的帮扶下，镇北堡镇人民的生活发生了翻天覆地的变化，正所谓"苦心人，天不负"，积极进取的镇北堡镇在持之以恒的奋斗中迎来了华丽转身。

看今朝，镇北堡镇犹如在激流中行驶的帆船，拥有昂扬的斗志。这艘帆船以党和政府的英明决策为舵，以人民群众的力量为帆，锐意进取、乘风破浪，不断战胜航行过程中的风雨波涛，向着美好彼岸奋勇前行。2014年，团结村枸杞种植面积有3800多亩，产值达2600多万元。2015年，华西村流转土地300亩，建成"农夫乐园"，发展乡村旅游项目，带动周边200多户农民发展旅游服务业，吸纳100多人就业。2016年10月14日，镇北堡镇被列为第一批中国特色小镇。2017年，镇北堡镇昊苑村被列入全国生态文化村。2018年，镇北堡自来水厂通水，采用贺兰山优质地下水为供水水源，使镇区广大人民群众喝上了安全可靠的放心水。2019年，镇北堡村列入全国乡村旅游重点村之列，被确定为自治区乡村振兴试点镇之一。

从黄沙漫天到绿树成荫，从村民苦无收入到经济来源多元化，从出行困难到交通便利，镇北堡镇旧貌换新颜，迎来了翻天覆地的变化。如今的小镇高楼林立、道路四通八达，百姓安居乐业，生活富裕和谐。走进村庄，一幢幢青砖白瓦的小院绿意盎然，主路和街巷都干干净净，肥沃的农田里是苗壮成长的庄稼，一切都是那么和谐、美好。镇北堡镇以影视文化、葡萄酒文化、乡村旅游文化和温泉体验文化为特色，现已成功转型为集旅游观光、生态休憩、文化体验、商务会议、度假娱乐为一体的中国北方温泉影视文化明星镇。沧海桑田，在风雨打磨下成长的镇北堡镇完成了华丽转身，辛勤的村民们在这片土地上挥洒下炽热的汗水，也收获了甜蜜的果实，收获得了更多的自豪感和幸福感。

镇北堡葡萄园（展帆／摄）

二、钟灵毓秀地，慕名游客抵

"贺兰山下果园成，塞北江南旧有名。"宁夏以其特有的塞北风情让众多游客倾倒，近年大力开发旅游资源的镇北堡镇，是这片神奇土地上的一颗璀璨的新星。镇北堡镇地处贺兰山东麓，银川市区西北郊，是贺兰山黄金旅游带腹地。这个西北小镇虽没有南方水乡的温柔婉约，其雄浑辽阔之景却也足以让人震撼，另有延绵千年的历史承载着人们对古老文化的凝思与追忆，投身于此，仿佛置身于金戈铁马的古战场，意气豪气呼之欲出。以此为根基，镇北堡镇旅游业迅速成长起来，成群结队的游客慕名而来，沉醉于西部影城原始淳朴的古堡风光和趣味盎然的影视文化中，流连忘返。

"中国电影从这里走向世界。"镇北堡西部影城享有如此美誉跟它对中国电影事业的特殊贡献密不可分。200多部脍炙人口的影视剧，如《红高粱》《黄河谣》《大话西游》《新龙门客栈》均在这里取景拍摄。对于游客来说，远道而来的他们在这里穿上影片中人物的服装，可以重回刀光剑影的英雄世界，体验浪漫动人的爱情故事。"曾经有一份真挚的爱情摆在我面前，但我没有珍惜，等到失去了我才后悔莫及"，当素衣青年手持宝剑装扮成用情至深的至尊宝，面对装扮成紫霞仙子的女友念出感人至深的电影对白时，《大话西游》中唯美绝妙的浪漫情节顿时复现于眼前。游客们走进了影视城，便走进了电影里，身临其境，如痴如醉。

"忽如一夜春风来，千树万树梨花开。"镇北堡村不局限于一隅，而是深入挖掘旅游文化资源，形成了特色旅游文化"百花竞放"的局面。除了打造极具盛名的镇北堡影城外，镇北堡村还认真落实《宁夏空间战略规划》的镇域规划思路，建起一幢幢特色民宿别墅，为乡村振兴开辟了新途径。游客走进民宿村，便有村民热情招待，向其提供电影角色服装、道具并进行微电影拍摄。经过精心装修的民宿拥有齐全的起居用品，风尘仆仆的客人在这里会享受到最舒适的食宿服务。伴着悦耳的鸟鸣声起床后，游客们可以去给园里的瓜果蔬菜浇浇水，然后快意地品一碗有滋有味的八宝茶，和村头乘凉的大叔大婶们闲聊一会儿，在清雅温馨的民宿村中放下沉重的心事，洗涤满腹杂念，享受满怀惬意。

"欲穷千里目，更上一层楼。"镇北堡村进一步开发区域影视文化潜力和旅游服务功能，镇政府主导建设了镇北堡村影视摄影棚，吸引了更多的剧组来拍戏，带动产业发展、村民致富。这是宁夏首家专业摄影棚。影视文化产业的壮大，结合精品民宿产业的创建发展，既能充分发挥党支部在农村经济发展中领头雁的作用，又能带动群众脱贫致富，壮大集体经济。镇北

镇北堡西部影城（薛明瑞／摄）

堡村将视野放得更加长远，运用高瞻远瞩的思路拓展出了乡村愈加美好的崭新未来。

镇北堡镇物华天宝，美景怡人。镇域及周边地区旅游资源得天独厚，除了有驰名中外的镇北堡西部影城，还有苏峪口国家森林公园、贺兰山岩画、滚钟口森林景区、拜寺口双塔等旅游景区，镇域大部分用地为贺兰山自然保护区，是银川西线旅游长廊的中心。古人道："世之奇伟、瑰怪，非常之观，常在于险远。"的确，对于古人来说，美丽的镇北堡村着实"险远"。然而今非昔比，现今小镇沿山公路贯穿全镇，镇区通过镇芦公路与银川市北环高速公路连接，交通条件十分便捷，有大量游客不远千里前来一睹这"非常之观"。"大漠孤烟直，长河落日圆。"来到镇北堡镇，便可饱览西北悲壮辽阔之美，体会"塞上江南，神奇宁夏"迷人之魅力，拥有不同于往昔的飒爽豪情。

三、葡萄酒飘香，开启新篇章

"葡萄美酒夜光杯，欲饮琵琶马上催。"壮丽的西北风情蕴含于葡萄美酒中，也传承于镇北堡镇。在镇北堡镇的葡萄种植园内，一串串珍珠玛瑙般的酿酒葡萄挂满了架，使人进入园区就仿佛置身于珠宝世界。葡萄架上，红的、紫的、绿的葡萄都闪烁在叶子中间，五光十色，美丽动人；酿酒车间内，工人们虽然汗流浃背，却满怀喜悦，甜在心头。每到葡萄酒酿制的季节，十里八乡都弥漫着醉人酒香，为苍茫的镇北堡镇笼上了一层醉人的气息。

夏秋之交，白日渐短，凉风习习。盛夏的暑热还未消散，贺兰山东麓葡萄种植区硕果累累。该产区酿酒葡萄种植面积达57万亩，建成酒庄上百个，年产葡萄酒1.2亿瓶。葡萄园采用节水滴灌的方式，亩灌水量只需160立方米至300立方米，却能产出价值3万元至5万元的葡萄酒。贺兰山东麓葡萄种植区形成了银川平原一条美丽的生态屏障，勤勉的村民们在这片酒香荡漾的土地上泼洒着汗水，收获着甜蜜的果实。镇北堡镇昊苑村的酒庄能提供就业岗位3000多个，就业者多为西夏区镇北堡镇、永宁县闽宁镇、贺兰县洪广镇的村民。其中，昊苑村村民有300多名，依靠葡萄酒产业，他们人均年收入达4万元至5万元。这与党和政府的英明政策和村民们的吃苦耐劳精神是分不开的。"酿酒秋长醉，驱牛夜亦耕。"镇北堡镇的村民将自己的生活酿成了美酒，逐渐崛起的小镇在时光长河中褪去了浮躁不安，被打磨得光彩熠熠。

"葡萄四时芳醇，琉璃千钟旧宾。"芳香浓郁的葡萄酒一年四季都在飘送着香醇之味，酒液潋滟美丽，吸引众多游客纷至沓来。志辉源石酒庄一年接待游客达15万人次。外省、市考察团和客商接踵而至，网上葡萄酒订单大增。"酒香不怕巷子深"，许多外地游客慕名而来，品一杯美酒便成为镇北堡镇的回头客。太白爱酒，世人皆知，饮一盅芳醇美味的葡萄酒，听一曲豪迈动人的秦腔，真好似自由自在的诗仙般快活了！

"东风随春归，发我枝上花。"镇北堡镇人民将牢记习近平总书记嘱托，继续以生态环境修复治理作为发展方向，打造中国的葡萄酒文化，创造中国的葡萄酒品牌。未来，镇北堡将牢固树立"绿水青山就是金山银山"的理念，大力推进贺兰山东麓生态保护区环境整治和浅山区生态恢复治理，重点建设苏镇路旅游生态廊道、西部水系生态廊道、葡萄酒长廊生态防护林等绿化工程，筑牢银川都市圈西部生态屏障，同时全面扩大贺兰山东麓葡萄酒产区品牌建设，按照总书记的指示，发挥产区资源禀赋优势，走高端化、绿色化、智能化、融合化发展之路，使贺兰山东麓形成一条葡萄酒与文化旅游协同发展的生态保护线，推动宁夏葡萄酒飘香全国、走向世界。总之，镇北堡镇将保持自身丰富的影视文化、葡萄文化、移民文化，因地制宜，汲取发展经验，进一步坚定信心、突显成效，将镇北堡镇文化旅游特色发展壮大，开启小镇美好生活的新篇章。

四、谋产业转型，促乡村振兴

搬出大山挪穷窝，迁出幸福新生活。同样位于镇北堡镇的团结村，是江苏华西村1996年援建的一个回汉民族杂居的老移民村，也是回汉民族一家亲的代表村。团结村占地面积4平方公里，耕地面积5000亩。村民主要来自宁夏南部山区的西吉县、海原县、同心县、原州区等地，全村662户3083人分为四个村民小组，其中少数民族975人，占比达32%，且以回族居多。随着镇北堡镇的发展，团结村人也摆脱了往日"看天吃饭"的清贫生活。如今团结村已开始大力推动农村精神文明建设，以移风易俗工作为抓手，促进和谐文明乡风，提升团结村整体精神风貌，打造生活富足、精神富裕的"新团结"。团结村的领导班子创新"一带双促进"的工作机制，实施"先富带后富"工程，建立"党群共富联合体"，改善基础设施，整治村容村貌，致力于提升村民幸福指数，取得巨大成效。村民洋溢着幸福笑容的脸庞便是他们走出贫瘠大山、过上美好生活的最有力见证。

"积土而为山，积水而为海。"村民的幸福生活是一步一个脚印，稳扎稳打走过来的。2015年团结村争取项目资金2000余万元，硬化村级公路、巷道近5000米，铺垫土方2万立方米，绿化植树6200株，砌护粉刷院墙3.2万平方米。如今优美的环境、整洁的道路让人不敢相信，就在三年前村里的路还是漫天扬尘的土路，每逢雨天，泥泞的道路让村民们都无法出门。屋外焕然一新，屋内也改头换面。在村民家里，旱厕改成了水冲式厕所且配有洗浴间，村民以前一个冬天都没地方洗一次澡，现在天天可以冲淋浴。屋内窗明几净，干净整洁，各种家具应有尽有。团结村的美好生活不是凭空出现的，而是勇毅而笃行的村民身体力行，用敢闯敢干的勇气和自我革新的担当在这片原本荒凉的土地上闯出的一条光明敞亮的幸福路。

"单丝不成线，孤木不成林。"多民族聚居既有百花齐放之美，又有习俗不同之忧，但只要拥有共同的目标，就能呈现出"美美与共"的和谐局面。团结村几次产业结构调整都没有放弃合作社的经营模式，正是出于这方面考虑，不论是之前的枸杞合作社，还是即将转型的果园合作社，都以各村民小组、各户入股为基础，大家心往一处想，劲往一处使，为了共同的致富目标挥洒汗水。同吃同住同劳动，既增加了集体和个人收入，又磨合了各自的生活习惯，也彰显了民族团结的力量和回汉群众同心共筑中国梦的决心。在日复一日的合作中，不同民族、不同地区的村民逐渐融合、亲如一家。

"千淘万漉虽辛苦，吹尽狂沙始到金。"镇北堡镇团结村也尝试在一次次产业转型中探索新的发展之道，但可以肯定的是，转型是为了保证产业结构更加稳定，是为了村民生活更加幸福。从第一次转型的"枸杞合作社"时期，到如今的"经果园合作社"时期，团结村人均纯收入不断增加，村民拉帮结派、集体意识薄弱的现象消失殆尽，大家积极响应党的号召，听党话跟党走，实现了思想觉悟的大提升，涌现出一批政治立场坚定的党员和若干积极分子。在口袋"鼓起来"的基础上，让脑袋"富起来"。团结村的两次产业转型，正在逐步打通民族团结的经脉，使得和谐民风的"筋骨"愈发强健。

"志之所趋，无远勿届，穷山距海，不能限也。"镇北堡镇的村民从一穷二白的处境中艰苦奋斗，努力追求多姿多彩、富裕充实的生活，这种敢试敢为的精神在村镇建设中焕发出绚丽的光彩。如今，他们仍不懈怠，继续紧跟时代潮流，探索发展新形式，相信在不久的将来，一定会出现这样的画面：镇北堡镇千亩果林飘香四溢、硕果累累，行人游客络绎不绝、流连忘返，千家万户日进斗金、喜笑连连。大风泱泱数年，大潮滂滂依旧，镇北堡镇在时间浪潮中积累的改革创新经验，定将在新时代焕发出更加璀璨的光彩，成为其他村镇发展的样板，也为本镇发展助航。

田园综合产业旺　生态经济实力强

——银川市贺兰县习岗镇

流水潺潺，那是黄河在浅吟低唱；沙沙作响，那是树叶在交头接耳；窸窸窣窣，那是鱼虾在翩翩起舞。大漠戈壁与长河落日遥遥相望，湖光山色与瓜果蔬菜相映成趣，隶属于宁夏银川市贺兰县的习岗镇，正在这大好河山中绽放新颜。

一、产业兴镇

习岗镇地处贺兰县城郊，下辖6个社区11个行政村，总面积达78平方公里，在册耕地约4.8万亩。这里地理位置得天独厚，农业资源丰富，一代又一代的农民守护着这片热土，而肥沃的土地也滋养着代代农民。然而世事无常，近年来，随着城镇化建设脚步的加快，农村土地不断被征用，失地农民的数量越来越多，农民收入越来越少，政府看在眼里，愁在心里。

使命呼唤担当，奋斗铸就辉煌。面对不利现状，习岗镇的领导干部们大刀阔斧，狠抓失地农民的技能培训，短短几年，成效颇为显著。参加完培训的农民不再像之前那样只会面朝黄土背朝天种田了。如今，他们不仅掌握了烹饪、焊接等技术，还能用手机监控大棚的室内温度、指挥定时卷帘，这些实实在在的技术让习岗镇农民走出了创业致富的第一步。

2008年，习岗镇新平村作为全国发展壮大村集体经济的试点村之一，建立起了国家级现代农业设施示范园区，盘活了村里的土地资产，521户村民拿到了12000元到16000元不等的一次性流转费，家家户户建起了温棚，日子越过越红火。截至2018年年底，园区温棚规模已达2000余栋，是西北地区规模最大的设施农业园区，产值达1.5亿元，可容纳就业人员6000人。此外，新平村还成为了农业农村部农村技术人才培训基地。新平村90%以上的土地都流转给龙头企业及种植大户经营，前后引进了全农科技公司、广银米业、天骏园林

习岗镇特色温棚种植（展帆／摄）

绿化公司、德林果蔬合作社等企业和种植大户，使得新平村的百姓过上了好日子！村民的腰包一天天鼓了起来，脸上的笑容也越来越多。2018年，新平村入选中国美丽休闲乡村名单。

集众智可定良策，合众力必兴伟业。2019年，习岗镇围绕"产业兴旺、生态宜居、乡风文明、治理有效、生活富裕"的总要求，全面实施乡村振兴战略，打造全区都市近郊休闲特色示范镇。以经济桥、黎明村为核心，依托区位和农业资源优势，积极引进贺兰大数据农旅小镇、经济桥民俗文化村、林月香溪乡村旅游度假村等项目，发展循环经济、弘扬民俗文化，建设集休闲农业、都市农业、现代农业、智慧农业于一身的田园综合体。同时，小镇全面提升新平园区的承载功能，加大新平园区基础设施提升改造力度，依托全农、瑞信、天骏、德林等农业龙头企业，实行以商招商的模式，着力打造集休闲采摘、儿童乐园等于一身的休闲农业产业，不断提升园区综合实力，壮大村集体经济。在党的正确领导下，习岗镇的村民心往一处想，劲儿往一处使，家家户户做起了生意。村民开展田园观光、四季采摘、烧烤露营、特

色美食、亲子教育等农旅活动，纷纷为家乡的建设添砖加瓦，也用勤劳和智慧为本镇谱写着一支支致富之歌。

七月的习岗镇，湛蓝的天空上点缀着几丝清闲的游云，绿缎铺染在大地上，使广袤的黄土地焕发出勃勃生机。微风轻拂，绿杨轻舞，空气中弥漫着各类蔬菜的芬芳，远嗅清新素淡，近闻甜美醇郁。风景宜人，生活更是美好。崭新的公路将新鲜的蔬菜运送到香港市民的餐桌上；忙碌的农活让淳朴的农民摇身变成了有固定收入的"上班族"；利用互联网科技的果蔬农庄，为习岗镇的农业发展提供了现代化的力量。美丽乡村的建设和休闲农业的发展，让村民腰包鼓了起来，日子好了起来！一切都是那么和谐、幸福、美好。美丽的习岗镇已步入健康发展的正轨，向着更加光明的未来飞速前行。

二、党建治镇

乡村治，百姓安，国家稳。乡风文明是乡村振兴之"魂"，是全面建成小康社会的精神动力。习近平总书记指出，要弘扬新风正气，推进移风易俗，培育文明乡风、良好家风、淳朴民风，焕发乡村文明新气象。良好的乡风、环境，不仅需要每一个村民来创造维护，更需要党员领导干部起好模范带头作用。匡正社会风气、塑造乡风文明、重视道德建设，是党建引领乡村治理的一个重要着力点，良好的党风政风，是淳朴乡风民风的源泉。

群雁高飞头雁领。习岗村是习岗镇下辖的行政村之一，共有536户1966人，其中党员61人。前些年农民失地后被分散安置在贺兰县城的各个小区，使得村级管理服务难度增大不少。于是习岗村的村委班子们审时度势，结合村情实际，从"讲、帮、乐、树、行"五个方面着手，细分23项，对党员、群众参与组织生活、民主议政、平安创建、环境整治、抢险救灾、扶贫济困、志愿服务等方面进行考核积分，并且开设专门的"爱心积分超市"让村民拿积分兑奖。

习岗村"爱心积分超市"设在村部一楼综合活动室，整齐排放的置物架上摆放着琳琅满目的商品，有洗衣液、洗洁精、洗发水、鞋油、脸盆、毛巾等20余种日常用品。村民可以通过参与各类志愿活动获得一定的积分，根据自己的积分，可按月在相应的等级区域挑选产品。积分超市还设有光荣榜，每一季度的优秀志愿者都可以上榜。

积分活动开展后，村里的党员干部们率先响应，积极带头，主动参与。他们或拿起扫帚扫起了街，或带上铲子去清理小张贴，还有的背上书包向村民宣传起了环保知识，挨家挨户询问留守的老人需不需要帮忙。在他们的带领下，群众也都"不甘示弱"，纷纷做起了好人好事。这样的局面使得整个习岗村流淌着一股新鲜的血液，呈现出一种改头换面的新气象。"爱心积分超市"的设立不仅强化了习岗村党员参与村级服务的意识，还密切了党组织与党员之间的联系，同时调动了村民的积极性，让他们有了更多归属感和责任感。

除此之外，镇党委抓住"大银川新贺兰"建设的有利契机，以"三级联创"活动为载体，以新农村建设为目标，紧紧围绕农民增收这一中心，大力开展农村无职党员设岗定责、"双培双带"等活动，有力地促进了全镇各项工作的健康开展。2006年，镇党委、政府荣获"全国亿万农民健身"先进集体、"自治区篮球下乡"先进集体，自治区、银川市"党员先进性教育活动"先进集体等荣誉称号，并于2007年成功创建了银川市"标兵"乡镇党委。

"路虽远行则将至，事虽难做则必成。"曾经脏、乱、差的环境变美了，缠、闹、访的不良风气转变了，邻里关系也和睦了，村民们比着干、争着干，争先恐后地向善向好，整个习岗镇呈现出一种欣欣向荣的良好风气。

三、生态绿镇

"绿水青山就是金山银山。"习岗镇认真贯彻党的十九大精神，以实施乡村振兴战略为抓手，围绕"产业兴旺、生态宜居、乡风文明、治理有效、生活富裕"的总要求，不断提升农村环境卫生整治水平，提高人民幸福指数，努力为建设沿黄河经济带明星镇创造良好的城乡卫生环境。

好风景带来好心情。政府投资建设景观园林区，种植油松、云杉、华山松等名贵树种供人们欣赏，在山上大面积植树造林，让昔日的荒山变成绿山。走进树林，一股清新的空气扑面而来，人们置身其中，贪婪地呼吸着沁人心脾的新鲜空气，顿觉心旷神怡。当地百姓甚至惊喜地发现，有了漫山遍野的树木之后，降雨量都增加了，不仅让人感到神清气爽，就连地里的庄稼都笑弯了腰。

整治农村人居环境，建设美丽宜居乡村是实施乡村振兴战略的重要内容，是必须打赢的一场硬仗。习岗镇持续发力，全力推进农村人居环境整治，积极开展环境卫生综合整治活动，重点打造五星村、黎明村、经济桥村、新胜村、红旗村五个样板村，以点带面实现环境卫生综合整治全覆盖，建立农村环境综合整治管理长效机制。除此之外，还建立了镇、村、社三级秸秆禁烧联防和网格包抓机制，组织专职巡防员、村社干部进行全天巡查，对发现的焚烧秸秆行为实行严厉处罚，从根本上杜绝秸秆焚烧行为。村干部勤劳肯干、广泛宣传，制作秸秆禁烧条幅，更新警示牌，还结合动物疫情防治、环境综合整治、农田建设及灭茬深翻项目，用人力、车辆对辖区内存在隐患区域、焚烧痕迹、主干道等进行彻底清理，形成社会化治污的大格局。整改效果十分显著，整个习岗镇面貌焕然一新。

整治农村环境，农田是重点。关于农业田地整治，小镇结合生态林业、秋季三项作业、环境整治、秸秆禁烧等重点工作，实施经济桥、黎明村秋冬农田水利建设3000亩，完成农建片区支斗沟整治清淤5.6公里，开挖农沟21.7公里，整修斗农渠22.05公里，铺设石子路3.5公里，平田整地230亩，平整林地400亩，建设各类建筑物48座。此外，还完成了农田林网建设60余亩，有机深翻和秸秆还田5000亩，栽植垂柳、新疆杨等4000余株，并基本改善了农田水利基础设施，使得田地不仅变得规整，而且年年丰收。

风正时济，自当扬帆破浪；任重道远，更需策马加鞭。勤劳朴实的习岗镇人民，在不断的奋斗努力中，过上了属于自己的幸福生活。村干部通过大喇叭喊话、积分超市激励机制等一系列措施，通过一座院子带动一条巷子、影响一个村子的形式，逐渐转变强化了村民的文明意识，让村民从收拾屋子、打扫院子的简单模式中走出来。截至2020年6月，全镇共发动农民投工投劳900人次，动用机械200台次，清理农村生活垃圾5000吨，增配垃圾桶960个，下发限期整改通知书100余份，清理乱堆乱放419处，整治院落232个，清理残垣断壁41处，拆除私搭乱建78处，清理散乱污企业13家。村民们靠着先进思想的指导以及自身不懈的努力，让原本贫瘠荒凉的土地有了果树的驻扎。一棵棵繁盛茂密的果树不仅守护着习岗村的土地，更守护着村民致富、乡村变美的梦想。如今的习岗村，果树上硕果累累，一个个水灵的果子散发出诱人的香甜，让路过的人儿不禁停下脚步，细细寻觅味道的来源。家家户户都把自家院落打扫得一尘不染，布置得整洁美丽；鸟儿在低空盘旋，唱着动听的歌曲，唱出了村民喜悦的心情。村民们将村庄打造成一道道亮丽的风景线，书写着村美人更美的和谐诗篇，真可谓"钟灵毓秀塞上风光竞风流，人杰地灵丰饶习岗绽异彩"。

四、旅游旺镇

位于贺兰县习岗镇经济桥四社的园艺产业园，是国家 AAA 级景区。它由园艺博览园、产业创意与孵化园、科技培训与示范园、农产品物流中心四个独立的区域组成，集国际、国内珍贵植物和宁夏特色产品于一身，融植物观光、娱乐、度假、垂钓、餐饮于一体，既是现代化园区，又是永不落幕的永久性展示场所，是农业游览的不二之选。园艺产业园内以五大展厅为主，主要有花卉、蔬菜、水果、宁夏特色等园艺展示。来到这里的人们，不仅可以漫步在种类繁多的植物园中，欣赏各种各样的植物，感受大自然的奇妙，还可以坐在湖边撑着鱼竿，在等待中寻找心灵的那份静谧；并且游玩之后，在餐桌上还可以品尝到纯天然绿色新鲜蔬果。园区还精心打造了南方风光、沙漠绿洲等八大微缩景观，在领略完西北风土人情之后，不需要跋山涉水就能观赏到异域风情。

如果说之前资源丰富、风景优美的习岗镇是一块待琢的璞玉，那么如今在党的政策方针引领下积极开展旅游产业，恰恰是让这块美玉大放异彩的平台。旅游业的发展和兴盛给习岗镇注入了全新的活力，村民纷纷走出家门，迎接来自四面八方的游客。比园区风景更美的是村民淳朴的心灵，他们热心好客、诚恳待人，为每一位游客带来了"家"的温暖，使得美丽的习岗镇游人如潮。

春风和煦，轻拂着堤岸上的垂柳；夏雨淅沥，滋润着田地里的庄稼；秋阳温柔，静静看着农民丰收的喜悦；冬雪纷纷，银装素裹的习岗别有一番景致。曾经的习岗以"鱼米之乡"为人所知，如今的它是一座蓬勃发展的现代化乡镇，村民在党的领导和支持下，把习岗建设得越来越好，这种适应时代、积极进取的精神正是习岗焕然一新的秘籍。来到习岗，除了可以收获自然的馈赠，还可以从村民身上学到美好的品质，从而收获一笔无价的精神财富。

"好风凭借力，吹我上青云"，未来的习岗，一定会展现出更大的活力，习岗人民的进取精神也定会代代相传，为创造更加美好的明天提供源源不断的内在动力！

农业旅游齐并进 "空心村"变"网红村"

——银川市贺兰县常信乡四十里店村

一、改头换面"网红村"

四十里店村（张绍慧／摄）

"十里平郊人烟聚，掩映汀州几曲"，炊烟袅袅之处、山高水远之乡，坐落着美丽的四十里店村。四十里店村位于贺兰县常信乡，东靠张亮村，南与习岗镇、桃林村相连，距县城只有5公里，109国道贯穿其南北，交通便利，地理位置得天独厚。由银川市区驱车一路向北，迎着道路两旁郁郁葱葱的白杨，不出半小时就可抵达四十里店村。这里远离喧嚣，清幽宁静，温润的空气中裹挟着泥土清香，极目远眺，深浅不一的绿蔬映入眼帘，竟辨不清哪里是田埂，哪里是道路。四十里店村有19个村民小组，共4765人，其中劳动力2543人。耕地有

12458亩，土地肥沃，资源丰富。如今面对如此美丽富饶的村落，你定然无法想象几年前这里还是出了名的"空心村"，从门可罗雀的"空心村"到熙熙攘攘的"网红村"，四十里店村究竟走过了怎样的风雨历程？让我们一起重温往昔的岁月。

"不积跬步，无以至千里"，四十里店的发展不是一朝一夕完成的。现在的四十里店村是由原光明村和四十里店村在2005年通过"村村合并"形成的新村落。然而，两村的初步合并没有给这个穷困的地带来多少明显的变化。2010年以前，四十里店村一直沿袭着传统农耕农作模式，农业基础配套设施十分薄弱，全村整体收入长期处于贺兰县中下水平。幸运的是，四十里店村村民有着"逢山开路，遇水架桥"的勇气和魄力，又搭乘了时代的快车，跟随着城镇化快速推进的步伐，走上了"村集体探索土地流转，带动农户致富"的发展道路。凭借与县城仅五公里之遥的地理优势和京藏高速改线后紧靠村东口的便捷交通，在村支部的引领和村集体的共同努力下，广银米业、科海渔业、马莲湖农庄等一些颇具规模的水稻、蔬菜种植企业陆续进驻四十里店村。这些企业利用流转土地发展制种产业，在村里开展了现代化新型农业建设。自此以后，四十里店村逐步走出了一条以"村支部引领、带动专业合作社以及企业合作发展"的强村富民之路。

"人生在勤，不索何获。"在政府和村民的积极探索和勤奋劳作下，村民收入"芝麻开花节节高"，并于2018年被评为"中国美丽休闲乡村"，又入选2020年第二批全国乡村旅游重点村名录。"路漫漫其修远兮，吾将上下而求索。"在收获荣誉后，四十里店村并没有停下探索的脚步，在2019年启动了打造农业公园这一宏伟计划，目前该公园已初具规模，带动了全村经济的发展，使村民的生活水平蒸蒸日上。

如今的四十里店村，青瓦白墙、稻香飘飘、宁静祥和，真正实现了"老有所依，壮有所用，幼有所长"的美好愿景，几年前落寞孤寂的"空心村"已尘封在历史中，而"网红村"成为四十里店村新的代名词，人流如潮、摩肩接踵的繁华景象正精彩上演。时代潮流浩浩荡荡，四十里店村紧跟时代步伐，勇于抓住机遇，最终改头换面，取得了有目共睹的辉煌成就！

二、绿水青山换笑颜

"绿树村边合，青山郭外斜。"走进四十里店村，眼前整齐划一的田地里长满了绿油油的水稻，被硬化的乡村小道旁种满了乔木和灌木，层次分明、郁郁葱葱。眺望连片的稻田和蔬菜地，仿佛浩瀚无垠的绿色海洋就在眼前，走过别具风格的观光栈桥、休闲垂钓的池塘以及淳朴自然的农家乐大院，宛如穿梭于与世隔绝、安逸绝尘的桃花源。

遵循习近平总书记"绿水青山就是金山银山"的理念，近年来，四十里店村以美丽乡村建设为契机，通过改善生态环境，给破旧的小村披上了亮丽的新衣。厕所革命革除了脏乱的茅草小屋，一幢幢崭新的公厕体现了新时期农村的文明化进程；遍地丛生的杂草被五颜六色的鲜花所取代，一朵朵迎风招展宣扬着新时期农民蓬勃向上的精神面貌；过去又臭又乱、苍蝇满飞的垃圾堆如今已变成一座座整洁亮眼的绿色环保垃圾屋，百步一间隔的垃圾箱把丑陋留在了昨天，带来的是今天的文明富强。破旧房屋、废旧圈舍、建筑垃圾、生产废弃物、沟道等通通不见了，换之以草长莺飞、碧水蓝天，与干净、整洁的村民居所遥相呼应、互为底色。人居环境的大幅度整治，让四十里店村的面貌焕然一新。

走进村民家中，过去十年来翻天覆地的变化就在眼前。自来水和净水器已走进千家万户，井水、河水作为饮用水的历史已随破旧的土房一样成为了遥远的过去。免费安装的太阳能热水器稳稳地立在每家每户的房顶上，吸收着清晨的第一缕阳光、眷念着夕阳的最后一丝余热，日复一日在人们劳累了一天之后，洗涤、温暖着他们疲惫的身体。通电解决了村民与外界交流的困难，一根细细的电线连接的不光是村里与村外，更拉近了亲情、友情、爱情，也突显了割不断的乡愁、剪不断的欲罢还休！顺着这根电线，世界的一切变化都逃不过这座小村的眼睛，"天涯若比邻"的美好愿景变成了现实。这里每个人童年的记忆中似乎都有放学回家时路上崎岖不平、水面泥浆飞溅的画面，然而新修的水泥大道使这个独特的回忆不再载入新一代孩子们的脑海中了。宽阔的柏油马路、道路两旁的绿树红花将成为新时代的童年"印记"。

放眼望去，良田百顷，景色宜人，如今的四十里店村，已成为名副其实的"中国美丽乡村"。抬头青山绿水、身居砖红瓦绿，机械化农耕与立体种植和现代化农村建设带来生产力的解放与生活的幸福宜居，四十里店村的百姓终于把日子过出了甜蜜的滋味儿。

三、稻花香里说丰年

"稻花香里说丰年，听取蛙声一片。"四十里店村是名副其实的稻米之乡，漫步村中，微风轻拂，阵阵稻香扑面而来，沁人心脾。夜晚关上窗户，夏日的蝉鸣和蛙叫声此起彼伏，一浪高过一浪，仿佛一场大型演唱会。然而，伴随着声声鸣叫，炎炎夏日变得凉爽了，热闹了一天的人们褪去了白日的忙碌，享受着自然的悠歌，缓缓进入梦乡。

夏天俯瞰整个四十里店村，巨大的"稻田画"映入眼帘，人们将对生活的美好期许种在了这巨大画布上，而画面对应着的正是丰衣足食的美好生活。水田里鱼虾悠闲地嬉戏着，溅起的水花又落向水面，一圈圈涟漪荡漾开来，恰似音乐的旋律，演奏着属于湖水的优美乐章。这"塞上江南、鱼米之乡"的图景出自四十里店村的广银米业稻渔生态产业观光园。该园于2016年建立，2017年改造成为稻渔空间，如今规模宏大，影响颇广。"稻渔空间"作为特色农业发展模式，是通过综合种养使水稻、鱼、鸭、螃蟹、田螺、泥鳅等和谐共生，鱼、鸭、蟹、泥鳅等每天在稻田里不停地游动，既松动了禾苗下方的泥土，帮助禾苗生长，又给禾苗生长提供了肥料，实现了一田多用。

"鹅湖山下稻粱肥，豚栅鸡栖对掩扉"，这大概就是对四十里店村稻谷繁茂、舒适富饶的小农生活最生动的写照。稻谷是四十里店村一张亮丽的名片，无论是初春里"一把青秧趁手青"，还是暮秋时节"十里稻花香"，都成功吸引了无数的游客前来游玩欣赏。除了极具观赏性的美丽稻田，园区还开拓了农业生产、休闲观光、特色餐饮等项目，游客可以品尝当地诱人的小吃，感受舌尖上的美味，或者选一个悠闲的午后，约上三五个好友，静静地坐在河边垂钓。鉴于此，大批周边市民纷至沓来，亲身体验农耕、垂钓等活动，领略"塞上江南、鱼米之乡"的优美景色。

重温农耕文明，宣扬传统美德。凭借着旺盛的人气，四十里店村在2017年举办了首届农耕文化插秧节和乡村文化旅游节，旨在传播和发扬传统的农耕文明，提醒人们在物质生活富裕的时代也不要忘"粒粒皆辛苦"。中华民族是在水稻里生长和盛开的民族，稻米与中国人有着不解之缘，稻香更是刻在每个中国人身上的印记。在文化旅游节开展期间，来到这里的每个人都亲身体验了农业耕作的辛苦与快乐，受益匪浅。除了体验耕种，文化节现场还有文艺展演，有风车灯笼长廊、绘画长廊、非遗文化展示、大型稻草人艺术展示等，这些展演具象化地呈现了祖辈们"晨兴理荒秽，戴月荷锄归"的勤劳耕作情景。辛苦之后便是甜蜜，垂钓、烧烤、摸鱼体验、特色农产品展销等，为大家带来欢乐与开怀，突出了文化节"农耕文化"农史观赏、"稻渔空间"科普教育、"渔家风情"生活体验的主题。文化节带领游客们重回中华民族艰苦奋斗、勤奋劳作的小农经济时代，虽然那个时代已经远去，但先辈们传递的勤劳坚韧、踏实苦干的精神却深深印在了每个人的心中。

相信任何人心里都默默守护着一寸净土，远离城市的喧嚣与躁动，不受世俗的腐化与污染，那么就来美丽的四十里店村吧。这里稻香弥漫、风景宜人，再加上农耕文化的熏陶，能让您的心灵得以舒展，从而获得内心的惬意！

四、农业旅游齐并进

"冲天香阵透长安，满城尽带黄金甲。"稻谷金浪打开了局面，掀起了热潮，四十里店村的努力终于引起了全国注意并得到了认可。2020年6月9日，习近平总书记在银川考察调研时来到贺兰县稻渔空间乡村生态观光园，听取宁夏现代农业发展、农业合作社带动农民增收致富的运营模式等情况汇报，并观看宁夏特色农产品展示，了解稻渔种养业融合发展的创新做法。总书记登上观景塔，俯瞰园区全貌，还沿着田埂走进稻田，同正在劳作的村民亲切交谈，村民告诉总书记，现在有土地流转费、劳务费，还有年底分红，收入提高了，也有保障了。此时正值放鱼时节，总书记舀起鱼苗、蟹苗，放进田边水渠，鱼蟹经总书记的手带着希望游入稻田。总书记强调，发展现代特色农业和文化旅游业，必须贯彻以人民为中心的发展思想，突出农民主体地位，把保障农民利益放在第一位。要探索建立更加有效、更加长效的利益联结机制，确保乡亲们持续获益。要注意解决好稻水矛盾，采用节水技术，积极发展节水型、高附加值的种养业，保护好黄河水资源。目前，疫情防控形势稳步向好，要继续抓好常态化疫情防控，加快恢复社会生产生活正常秩序。

习近平总书记的建议督促使四十里店村受到了鼓舞，政府和村民继续探索新方法，进一步发展乡村旅游业。很快，在政府和企业的帮扶下，银川市首届乡村旅游文化节在贺兰县稻渔空间生态休闲观光园开幕。节日现场组织徒步骑行大赛和摸鱼、插秧、运粮等农事趣味比赛，以及非遗、文创、农副产品等展示展销活动。在为期一个月的文化节中，乡村游开展"吃"在乡村、"住"在乡村、"购"在乡村、"乐"在乡村等活动，引导广大游客深度体验银川乡村旅游示范区。这为四十里店村的"稻渔空间"带来了人气，促使该地旅游业"更上一层楼"。四十里店村的巨型"稻田画"成为吸引游客的亮丽名片，游客量和旅游收入快速增长。同时，每年园区能解决周边数十位村民的就业问题，帮助村民实现家门口务工挣钱的愿望。园区还通过对休闲及有机农业从业人员进行全方位培训，辐射带动周边农民致富，促进了农业和周边村镇的发展。

四十里店村曾经靠天吃饭、赖地穿衣的困顿景象一去不复返了，"现代农业＋休闲旅游＋田园社区"为一体的特色小镇和乡村综合发展模式，不仅促使该村农业获得了突飞猛进的发展，更是带动了"稻渔空间"模式旅游业的崛起。如今，村民基本都待在村里发展，加上大批的游客源源不断地到来，四十里店村从"空心村"一跃成为了银川都市圈休闲旅游"网红村"，农业、旅游业齐头并进，辉煌的未来正向着这个美丽的村庄招手欢呼。

五、脱贫致富经验传

"梅花优于香，桃花优于色。"四十里店村虽然没有傲人的梅花坐镇，也没有灼灼的桃花斗艳，却有着凝结了希望和美丽的特色稻田。这个农业小村的华丽转身就在于发挥了自身的特色和优势——水稻种植和在此基础上打造的独一无二的"稻渔空间"。"稻渔空间"充分利用农业和环境资源，打造了一处集有机水稻特色生态农业生产、渔业养殖、餐饮垂钓、观光旅游、休闲娱乐、婚纱摄影、有机农产品加工、电商销售、农民培训为一体的"银川一流，宁夏领先"的黄河金岸休闲农业产业示范基地，目前已逐步成为贺兰县休闲农业、产业融合发展的典范。

自2018年开始实施的四十里店村稻鱼田园综合体项目，由常信乡人民政府和广银米业有限公司、科海生物科技有限公司、宁夏马莲湖文化旅游有限公司及宁夏天荣农业开发有限公司等共同实施。项目计划投资2500万元，以广银米业和科海渔业为核心片区，逐步向外扩展建设，突出大地景观，用优美的田园景观吸引人，用生态农产品和优质乡间餐饮留住人。项目扩建了稻渔共生立体种养模式，引进先进养殖技术，发展特色水产品养殖，完善了娱乐及服务功能，将现代人的生活方式与乡村气息完美结合。项目建成后，政府将通过推广土地入股的形式，促进土地、宅基地合理流转活跃农村经济，增加农民收入，具体方式有三个：一是通过土地入股的方式参与经营，实现每亩土地流转费用年收益850元；二是推广稻渔共生"1+5"养殖模式，实现每亩土地收益2500元；三是通过发展乡村旅游业，带动周边农户共同发展，力求每年提供就业岗位100个。"稻渔空间"、稻田立体化种植，不仅成为村民致富新指南，更成为乡村旅游的助推器。每逢节假日，四十里店村的"稻田画"都能吸引大批游客前来观赏。有了游客就有了经济，四十里店村通过"村企互动、产村融合"的方式带动附近自然村发展民宿型乡村旅游，目前大部分村民自家的民宿都已运营多年，为他们带来巨大收益。时至今日，四十里店村的"稻渔空间"旅游模式已经基本成熟，正带领村民们朝着更加富裕幸福的生活不断奋进。

"青山遮不住，毕竟东流去"，四十里店村拭去了昔日的尘埃，拨开了困扰许久的阴霾，在历经十几年风雨蹉跎后，终于由无人问津的"空心村"，奋发向上，一跃成为人们津津乐道的"网红村"。这个成果源于宁夏践行乡村振兴战略的积极探索，也是四十里店村人民百折不挠的辛勤结晶。"百尺竿头，更进一步"，今后，四十里店村一定会继续发扬勤劳致富的精神，在困难激流中奋勇前进，在时代浪潮中披荆斩棘，不断取得新的辉煌！

特色产业促发展　美丽宜居展新颜

——石嘴山市惠农区红果子镇

"浸滔滔黄河之清流，沐鄂尔多斯台地之劲风"，宁夏回族自治区石嘴山市南接银川，北连内蒙古高原，峰峦雄伟，苍茫辽阔。在这片瑰宝之地上坐落着民风淳厚有情、良田阡陌如画的红果子镇。红果子镇是石嘴山市惠农区面积最大、人口最多的镇，也是惠农区的城市副中心。全镇面积80平方千米，辖9个行政村，42个村民小组，3个居委会，总人口21862人（2017年）。石中高速公路、109国道、110国道、红礼公路、红河公路和下简公路惠及全镇9个行政村，形成了四通八达的公路网络，为村镇发展提供了便利的条件。历届镇党委、政府按照区、市党委、政府的统一部署，带领全镇2万多回汉人民群众，依据统筹城乡经济发展的总体要求，解放思想、实事求是、与时俱进，负重拼搏，使得全镇各项事业快速发展，城乡面貌发生了巨大变化。

2018年中央一号文件《中共中央国务院关于实施乡村振兴战略的意见》吹响了乡村振兴的号角，红果子镇作为惠农区南片中心城镇和工业重镇，承担着更加紧要的任务和职责。近年来，红果子镇践行"生态优先"的发展理念，如火如荼地投身于特色小镇建设项目，使这座宁北小镇焕发出勃勃生机。而今的红果子镇，生活环境优美，经济增长稳步，群众幸福指数攀升，社会文明和谐进步，是名副其实的"魅力红果，宜居宝地"。显然，小镇今天的成就不是一朝一夕取得的，让我们走进红果子镇，去了解它一步步发展成为如今的人居胜地的精彩历程。

一、改善乡村环境，营造亮丽风貌

改善乡村人居环境，是推进乡村振兴战略的重要内容，也是缩小城乡差距、实现协调发展、全面建成小康社会的迫切要求。红果子镇意识到了改善乡村环境的重要性，因此始终坚持以改善乡村环境为突破口，以实现"田园美、村庄美、生活美、风尚美"的美丽乡村建设为目标，全面提升本镇城乡环境卫生整体水平，为推动美丽乡村建设开了好头，做出了可喜的成绩。

天晴一身灰，下雨一身泥。五渠村三队村民回忆，从前的村道坑坑洼洼，沙土松散，来往行人皆灰头土脸，夜晚出门村民也得打手电，不然很容易被绊倒，一到下雨天更是泥泞不堪，老人吃了饭只能坐在屋里，想出去走走都不行。后来红果子镇积极与上级有关帮扶单位和项目部门对接协调，申报"一事一议"财政奖补项目，对五渠村三队进行了道路硬化，硬化主干道路8条共9500平方米，人行道500平方米，新砌围墙650米，修建文化活动广场2800平方米，总投资210万元，直接受惠村民93户373人。五渠村修缮之后，其他各村也陆续进行整改，此项工程彻底改变了村民出行难、娱乐难、活动难的现实问题。

"结庐在人境，而无车马喧。"现在小镇新铺的路既宽敞又平整，出行很方便，下雨天出门走路不湿脚。村内院落干净整洁，巷道宽阔平整，道路两边绿树成荫，房前屋后干净整洁，空地上、小院里或绿意盎然，或鲜花盛开，各种景象相互辉映，散发着浓浓的乡村气息。与繁华的城市相比，这里少了一分嘈杂，多了一分幽静。夜幕低垂万家灯火时漫步于门前新修的小路，抬头月明星稀，耳边不时传来蝉鸣虫叫和庄户人家打开院门的声音，恍若置身人间仙境，令人好不惬意。

雨过齐唱黄河谣，垃圾随风漫天飘。小镇道路的平整解决了居民的出行问题，但新的困扰也相伴产生。昔日的110国道红果子段，来往大车不断，烟尘四起，空气污染严重，群众怨声载道。村里也没有垃圾桶和垃圾池，生活垃圾常常被堆放在房前屋后、田间地头，苍蝇与蚊子齐飞，腐烂的垃圾发出的臭味令人作呕，来往村民纷纷小跑而过，唯恐脏了自己的鼻眼。由于没有专门的清扫人员和清扫设备，公共设施的环境卫生更是堪忧，红宝公园黄土裸露，垃圾遍地，村民都不愿去公园里娱乐，公园一度呈现荒废状态。生活在这样的垃圾小镇，刮风对村民来说就是灾难，大风一起，漫天腥臭便掩盖住了庄稼的清香。

针对环境脏、乱、差的现象，红果子镇大力整治主干道路环境卫生。政府制定了长效管理机制，配置了生活垃圾清运车，并按照清扫人员分区域落实到位，做到生活垃圾一日一清运。与此同时，小镇大力开展石大路红果子段两侧综合整治，不断提高生态环境品质，加强水污染防治，加大扬尘治理，提升空气质量。现在村里的农民也像城里人一样享受到了保洁服务，静静的村庄里空气清新、小河弯弯、蓝天浩瀚、白云悠悠，天气暖和的时候海棠、山桃竞相争艳，充满诗意，沉浸其中，别有一番滋味。

红果子镇成功建立起了农村环境卫生长期整治机制，成立了环境卫生整治小组，组建了志愿者服务队，对环境脏、乱、差的片区定期进行集中整治，同时教育引导农民群众增强健康意识、卫生意识、环境意识，逐步养成科学、健康、文明的生活方式，正是这一切使小镇环境取得了质的飞跃。

二、建设基础设施，提升幸福指数

小镇在围绕"环境优美"做文章的同时，也在积极完善基础设施建设，致力于提高村民的幸福感，其建设成果真正惠及全体村民，不仅"美"了村庄，也"美"了人们的生活。

不畏秋高风号，村镇家家温暖。北方的秋冬寒风凛冽，村民们要想取暖只能依靠村镇供暖。但前些年红果子镇部分供暖供水设施老化，存在供暖不均、不热以及供水压力不足等问题，村民在家也要穿着厚厚的大衣，围着两三层围巾。后来红果子镇积极改造辖区供暖供水管网，实施镇区供水供热主管网改造工程，为身处严寒冬日中的老百姓送去了温暖。现在即使屋外大雪纷飞、寒气逼人，屋内依然温暖如春。可见，供暖的改善不仅缓解了秋冬的寒意，也给村民带来心灵的慰藉，使村民的日子过得更加温馨。

搭建百姓舞台，欢声笑语不断。在红宝家园的小广场上，手舞红绸、顿足踏地地扭秧歌、跳舞成了居民平常的业余生活。公园里，人们散步、健身，惬意舒畅；老年活动中心里，下棋的老人开动脑筋、斗智斗勇；红果艺术团里，"乡村艺术家"的表演精彩，欢笑声、鼓掌声此起彼伏。村民们的业余文化生活越来越丰富，这得益于红果子镇大力实施精神文明建设。近年来，红果子镇建设了老年养生大学、镇综合文化站，社区里也分别建设了文化活动广场、多功能活动室、图书阅览室等相关设施。在完善设施的基础上，小镇组织成立了红果艺术团、秧歌社火队，利用公园百姓大舞台，依托红果艺术团定期开展文艺汇演。如今，红果子镇道路越来越平，周边的树木越来越密，公园越来越多，村民自发组织文体活动蔚然成风，生活也越来越好了。

老幼皆有所依，百姓安居乐业。红果子镇落实改造建设政策，建成了红宝家园农民集中居住小区，小区里家家都是崭新的木地板、漂亮的新家具，跟城里人的生活条件一模一样，日子过得无比滋润。小镇还为村民安装了健身器械，协调上级部门为村民通水、通电、通网，不少村民下班后在健身房挥洒汗水，强身健体。除此之外，红果子镇还积极补齐基础设施短板，协调推进老年康养护理院建设。如今，幼儿园、学校、医院、敬老院、供热、供气、污水处理等公共服务机构齐全，餐饮娱乐、五金汽修、商贸流通日趋活跃。小镇用自己的力量保护着孩子们的幻想与好奇、迷惘与懵懂，记录着青壮年的欢笑与哭泣、对话与思索，守护着老年人的安康与快乐、智慧与世俗，让其他乡镇居民羡慕不已。

小镇里绿意缠绵，河水清凉见底，千丝万条的垂柳枝随风舞动；干净整洁的环境净化了村民的心灵，陶冶着村民的情操。村民们浸润在丰富多彩的生活中，一个个言笑晏晏，擂起鼓、敲起锣，迎着冬日里的阳光，舞出了幸福的新生活，把日子过出了新滋味。

三、培育特色产业，推动经济转型

惠农区红果子镇被列为全国第三批新型城镇化综合试点，其紧紧围绕"魅力红果，宜居宝地"城镇品牌，坚持规划引领，加强生态建设，不断完善基础设施建设，强化产业支撑，推进产城融合，全力打造"绿色科技农产品深加工＋乡村游融合"模式的绿色产业小镇。

绿色科技深加工，工厂企业产值足。产业是支撑乡村振兴的不竭动力，也是美丽乡村建设的可持续性保障。红果子镇将建设绿色农产品加工科技园

红果子玫瑰花（展帆／摄）

作为头等大事来抓。2018年，以农产品深加工为核心的惠农绿色农产品加工科技创业园投运。而今，在绿色农产品加工科技创业园里，一栋栋体量巨大的标准化厂房整齐排列，充满现代化的气息。两年间，科技创业园吸引26家企业入园，形成了脱水蔬菜、枸杞和玫瑰花深加工等特色产业。截至2019年，科技创业园产值达3.5亿元，其中出口创汇4800万元，辐射带动农户近万户。

2020年，陆续有企业入园投产，形成包括保健茶、大蒜深加工、非油炸食品产品在内的农产加工新兴产业。

依托绿色农产品，发展田园农业游。红果子镇美得大气，却又不失自然之贞，因此小镇抓住优势，在推进绿色科技农产品深加工的基础上发展乡村游项目，围绕创业园区打造 AAA 级旅游景区，进一步促进农民增收。农业观光区内天蓝水净、鸟语花香，温暖的阳光透过绿树稠密的枝叶洒满一地斑斓，农家小院古朴典雅，刻有花鸟走兽的灰色砖雕镶嵌在农家院墙上，院门前桃红柳绿，人与自然其乐融融。景区不仅风景优美，基础设施更是完备，新能源路灯明亮气派，游客接待中心、餐饮用房造型独特，三星级的旅游公厕整洁美观。在如此惬意的地方享受简单的生活，何人不爱，何人不想呢？来到这里吧，让生机勃勃的景区释怀你的一切烦恼。

大地天香花满蹊，千朵万朵压枝低。大地天香旅游景区坐落于红果子镇109国道与红礼路交会处东南角，占地面积2000亩，计划总投资1.2亿元。截至2020年5月，已建成玫瑰种植基地300亩、有机脱水蔬菜种植基地500亩、采摘园40亩，成为集工厂风貌、生产过程、工艺技术、产品展示为一体的农产品加工全过程展示区。一走进大地天香，十里花香扑面而来，一眼望去白的、红的、黄的、粉的，娇艳欲滴，妩媚动人。美景迷人，如梦如幻，来到这里的所有人都沉醉在挨挨挤挤、层层叠叠的花海之中，幻想自己是翩翩起舞的蜂蝶，与花海相生相伴。

"四时之景不同，而乐亦无穷也。"人生就是要体验不同的生活，倘若你还没有品尝过乡村韵味，大地天香绝对是你的最佳选择。大地天香景区为所有向往自然的人们描绘出一幅天蓝云白、水清岸绿、鱼翔浅底的美丽画卷。来到这里，除了欣赏百亩玫瑰盛景外，游人们还可以春观花、夏纳凉、秋采摘、冬农趣，体验闲适农事生活，了解产品加工流程，品尝特色休闲食品，参加各类娱乐游玩项目。景区内曾经破败的农家院、闲置的老房，经过重新设计、翻新装修，成为了时尚舒适的度假民宿。游人到此，定要小住几日，褪去包袱，卸下疲惫，来一场高质量的睡眠，然后在没有雾气笼罩的清晨醒来，与好客农家一起日出而作、日落而归，感受诗情画意的田园生活。

红果子镇始终以建设绿色产业小镇为目标，凝商气、聚人气、揽财气，通过景区各类旅游资源的挖掘开发，激发科技创新活力、吸纳就业潜力、提高产业竞争实力，全力推进本镇全域旅游在乡村振兴战略中的有机融合，推动全镇经济社会转型发展、高质量发展。

四、狠抓文化建设，复兴乡村文明

满足了大多数人吃饱穿暖的基本需求后，小镇又瞄准了物质需求之外的文化建设。文化建设对红果子镇的发展至关重要，只有文化建设抓好了，美丽乡村建设才有后劲和活力，居民的综合素质才能提高。红果子镇通过文化阵地建设使科技、信息、法律、社保、文化等多种资源共同进村入户，既富口袋，更富头脑，只有这样，美丽乡村建设才富有真正的内涵。

坚持创建文明家园，引导居民和谐生活。红果子镇近年来贯彻落实《新时代公民道德建设实施纲要》，积极推进思想道德建设。小镇组织开展"文明家庭""十星级文明户"等评比活动，增进邻里感情，营造家庭和睦、邻里团结、尊老爱幼、守法经营的良好氛围；开展群众性精神文明创建活动，积极采取多种形式向村民进行卫生、健康宣传教育，实现群众自我管理、自我约束。在如上努力下，小镇亲友间长幼有序、相亲相爱，邻里间也是互相关心、互相帮助。一到夜间，村民家里热闹不断，老人给小孩讲述传奇故事，妇女们一边织着围巾，一边谈论家常事。村民之间不仅有甜蜜、有感动、有幸福、有依恋，更有忘不掉的情感和怀念，这份情感牵绊是乡村文明的根基，也是乡村独有的精神寄托。

文明村镇惠及人人，人人文明构建和谐。小镇的生活虽然日新月异，但是依然传承着淳朴的民风，村民善良朴实、待客如宾、夜不闭户、路不拾遗，生活幸福美满。为了继续传递这份美好，小镇加大力度实施文化惠民为民乐民工程，开展秧歌社火展演、周末公园放歌音乐会等文化娱乐活动，不断繁荣城乡文化。居民踊跃加入各项活动，在活动中一展身手，享受欢乐的同时提高文明素养，以微小力量带动村镇文明进步。更有不少居民自觉加入移风易俗、弘扬时代新风、反对封建迷信、反对赌博、反对铺张浪费等活动，在日常生活中，发扬简约适度、绿色低碳、健康文明的消费观和人情观，为共建文明村镇营造欢乐祥和、平安有序、文明节俭的氛围。

楷模传精神，成事在榜样。楷模的力量犹如沙漠里的绿洲，使身处黄沙漫天困顿中的村民豁然开朗，也似一剂灵丹妙药，让越来越多的村民相信爱、传递爱，共筑爱的家园。红果子镇广泛开展"身边好人"、道德模范等先进典型评选推荐工作，抓好示范带动。在红果子镇宝马村，一个仅有900余人的村庄，涌现出许多道德模范、创业典型和好人好事。先农奶牛养殖合作社董事长吕凤龙每年都会为全村120多户困难孤寡老人带去节日问候，并对全村新入学大学生进行资助；致富能手魏创林、魏占林兄弟每年节假日都主动出资慰问孤寡老人，在全村树立了"致富不忘乡里"的道德丰碑；"最美媳妇"袁冬梅照顾重病婆婆，端水喂饭、洗衣擦身，毫无怨言。一个个平凡的村民用行动演绎着人间大爱，感动着更多的村民参与到"做文明人、说文明话、办文明事"的行动中。

复兴乡村文明重要的是发现、维系和恢复原有的情感方式、文化心理、价值观与世界观，使之与现代价值相嫁接、相融合，生长出新的价值。红果子镇在这方面做得很到位，成功塑造出了适应现代社会、具有内在动力的乡村文化，使村民在文明和谐的大家庭中各得其乐。

"精诚所至，金石为开。"红果子镇以美丽乡村创建为契机，重点在壮大集体经济、发展特色产业、基础设施建设、村容村貌整治、农村文化建设、村风民风改善等方面进行谋划，不断提升全国文明村的内涵品位，让红果子成为宜居宜业的特色小镇。相信在未来的不懈努力下，我们会看到环境更优美、经济更繁荣、政治更民主、乡风更文明的红果子镇。

从"煤"到"游"转思路　由穷至富谋振兴

——石嘴山市平罗县崇岗镇

一、栉风沐雨，美丽崇岗

二月的西北还未褪去冬日的寒冷，广袤的土地上依旧是一片荒凉。然而，一座美丽富饶的小镇——崇岗镇，乘风破浪、异军突起，摆脱了昔日的阴霾，在这片广阔无垠的平原上散发出耀眼的光芒。干净整齐的村落，绿树成荫的街道，健全完善的基础设施，纷至沓来的游客，使得崇岗镇成为宁夏回族自治区石嘴山市平罗县腹地的一颗璀璨明珠。

作为平罗县面积最大的乡镇，崇岗镇是由原崇岗乡、下庙乡、汝箕沟镇、大水沟镇4个乡镇合并组成，面积444.73平方公里。崇岗村、崇富村、崇胜村、兰丰村、跃进村、镇朔村、长青村、暖泉村、下庙村9个行政村和崇岗、北街、矿部、南街4个社区以及崇岗工业园区共同构成了这座美丽富饶的西北小镇。

"路漫漫其修远兮，吾将上下而求索。"崇岗镇历经多次重组终于在2003年2月22日这一天拥有了自己的行政区域。回首往昔，1945年的崇岗堡是崇岗镇的前身，属于平罗县八乡。中华人民共和国成立后又被分为五区，1956年下设大武口、崇岗、下庙3个乡。1958年合建大武口公社，1961年设崇岗公社，1984年改为崇岗乡。此时的崇岗乡虽占地有518平方公里，却只有0.7万人，经济发展主要依靠生产小麦、玉米，兼产水果、木材、红黑瓜子及畜养羊、牛等第一产业，乡内各村依旧十分贫困。

要致富，先修路，崇岗镇的兴起与发展得益于其优越的地理位置。西线高速、110国道、银汝公路、姚汝公路、沙湖公路穿境而过，为小镇的发展带来极为便利的交通条件。此外，西夏离宫、明长城、上庙山泉、镇朔湖、小水沟等景点不仅增加了崇岗镇的自然人文色彩，同时也带动了本地旅游业的发展。

道阻且长，行则将至；行而不辍，则未来可期。在各级领导干部的带领下，如今的崇岗镇旧貌换新颜，鳞次栉比的房屋整齐划一地排列在这块辽阔的土地上，完善的基础建设提升了小镇居民的幸福感，此起彼伏的欢笑声回响在小镇街道上，得天独厚的旅游景点又为小镇增添了几分热闹之意。历经50余年的奋斗，崇岗镇不仅成功建成了全国百强煤炭交易市场——崇岗工业园区，成为"中国太西煤集散第一镇"，并且拥有搭乘乡村振兴这趟列车而发展起来的生态宜居美丽新农村——常青村。这个被尘封在阴霾之中的荒凉小村落，经过各级干部和乡民们的多年埋头苦干和努力整治，终于焕然一新，完成了华丽蜕变。

二、抽丝剥茧，诊治陈疾

层崖翠接尉蓝天，百太清风待皎然。走进崇岗镇，天空澄碧，纤云不染，远山含黛，和风送暖。鲜艳的花儿在湛蓝的天空下显得格外耀眼，红砖蓝瓦的房屋掩映在一棵棵苍翠欲滴的杨树下，街头巷尾时不时传来孩童的嬉笑声，山清水秀的村镇与悠然自得的乡村生活让小镇的居民如痴如醉。

谁也无法想象这样一个绿荫环绕的小镇曾经笼罩在黑暗之中。"天下黄河富宁夏"，而"太西煤炭富崇岗"。贺兰山丰富的"太西煤"资源让崇岗镇从一个落后的农业生产村变为以工业为支撑的资源型小镇。自20世纪90年代开始，一大批煤炭加工企业如雨后春笋般出现在崇岗镇，小镇几乎家家户户都从事与煤炭相关的行业，镇上方圆15公里内林立着大大小小数百家与煤炭相关的各类加工、中转、运输企业。2003年5月，崇岗工业园区成立，园区依托丰富的"太西煤"资源，凭借优越的地理位置，现已有453家企业入驻。此外，园区内有小煤场342家，其他煤炭经营户120余家，其中规模企业已有45家，逐步形成了以炭电极、碳素、增炭剂等十余种产品为主打的产业集群。多样化的产品种类拓宽了园区的产品销路，各类产品不仅销往国内市场，还远销国外，内销与出口相结合共同推动了工业园区的发展。一块块黝黑的煤块犹如金子似的被捧在人们手中，在园区内闪闪发光。

崇岗工业园区的快速发展带动了整个崇岗镇的经济。三条分别延伸至银川、石嘴山市大武口区和汝箕沟的道路，将崇岗镇围成一个天然的三角，为煤炭运输提供了极为便利的交通条件，同时也为这些企业以及镇上的居民带来了可观的收入，因此人们将其称为"金三角"。煤炭产业带来了小镇的快速发展，但是一味追求经济效益却忽视了环境。

一座座洗煤厂在崇岗镇的腹地上拔地而起，密密麻麻的黑烟囱不断地向空中吞云吐雾，喷射出的黑色烟雾让人们口中的"金三角"变为了"黑三角"。"黑风镇""煤渣村"等成为崇岗镇的代名词，人们似乎已经忘却了小镇以前的模样。走在小镇的街道上，满目都是露天堆放的煤堆，人们的衣领被黑色的烟尘沾染，农田里果树上结出的果实也是黑黝黝的。30年时光沉淀，小镇的容颜逐渐被煤黑层层掩盖，岁月风蚀，一夕苍老。山上千疮百孔、满目疮痍，山下污水横流、尘土飞扬，崇岗如同一个巨大的黑色伤疤置于三角地带。30年里，崇岗镇周边的几个村子被煤渣湮灭了姓名，村民们陆陆续续搬离，他们的房舍也转租给了大大小小的洗煤厂。

曾经山明水秀的崇岗镇因煤炭的侵蚀变得满目疮痍，环境治理成为改变崇岗的首要任务。直至2018年，中央环保督察组对这里的污染问题"点名批评"，自治区党委、政府下定决心开始全面整顿和治理。

河的问题在岸上，山的问题在山外。若要彻底扫除覆盖崇岗镇多年的阴霾，必须要通过全面整治，帮助崇岗转型发展，决不能再走无序开发、粗放加工的老路。2019年5月，崇岗镇的587家企业全部停产整改。其中，488家企业关停取缔，其余整改保留的企业被设定发展"门槛"：必须实行智能化、信息化、绿色化改造，落实最先进的设备，最先进的工艺，最严格的环保。通过关停整治非法低成本经营的小散户，崇岗煤炭经营企业重新"洗牌"，市场逐渐进入良性化发展轨道。

改头换面，绿色环保，实现"新生"。宁夏恒基环保科技公司是整治后重组的企业之一。公司在申请注册时以"科技、环保"为发展理念，这意味着新生，与过去的自己"决裂"。经过整改，公司旧貌换新颜。走在厂外，衣领上不再沾有黑色的灰尘；走进厂区，偌大的工厂看不到一块煤，整个加工生产全部在管道内进行，切实做到了煤渣不落地不落灰，生产不见尘不见土。在企业的监控室，工艺流程一目了然，从进料、焚烧、炭化到出料，一切都在肠道一般蜿蜒曲折的密闭环境下进行，完全做到了"不泄灰尘""不漏废气"。重生后的恒基拂去了"重污染""重排放"的旧尘，披上了"环保""节能"的新衣，熠熠生辉。

过去，算不好生态账的根源在于舍不得经济账，然而事实证明生态与经济可以相辅相成。据统计，2014至2018年，崇岗镇587家小企业的年产值约2亿元。经过大规模整治重组，40多家企业2019年的产值达2.08亿元，书写了"以少胜多"的经济奇迹。以前，崇岗错把"绿水青山"和"金山银山"当成了一道选择题，而现在，"绿水青山就是金山银山"。

曾经，贺兰山很远，起于垒土的煤遮天蔽日。如今，贺兰山很近，看得见山上的云飘雾散。2019年，随着大规模的整治改造，小镇开始重现青山绿水，曾经搬离故土的人们也相继回迁。回到小镇，人们吮吸着清新的空气，望着纤云不染的蓝天和巍然挺立的贺兰山，似乎已经忘却了那个被黑色幕布遮盖住的崇岗。如今的崇岗，正由一张黑白底片慢慢"洗"为彩色照片，一粒粒草籽撒在崇岗缝合的伤口上，一朵朵鲜花绽放于新生的崇岗大地上，尽显勃勃生机。

三、从"煤"到"游"，振兴常青

环境变好只是基础，风景变美才是目标。经过多年治理，崇岗镇处处焕发着生机，地处崇岗镇煤炭集中区近旁的常青村走在振兴之路上，谱写着一首美丽新农村的赞歌。

"山重水复疑无路，柳暗花明又一村。"以前，常青村村里破旧的房屋、狭窄的巷道、稀疏的树木常年被煤灰覆盖，黑黝黝的煤块、满山遍野的煤渣、闻之欲呕的气味让整个村子死气沉沉。村领导屡次想要改变现状，却受制于没"煤"就没"钱"的定律，都是无功而返。转机发生在2017年，那年崇岗镇开始打造富民产业，为摆脱常年被黑暗笼罩的阴影，常青村积极破解乡村振兴难题，从外地引进红树莓种植技术，经过不断地尝试，终于使得一棵棵结满红果实的果树遍布整个村庄，染红了村子的每一个角落，也让村民的日子也越来越红火。如今，常青村到处都是果树。顺着蜿蜒的小路走进小村，映入眼帘的是古色古香的房屋与贺兰山相融成趣，微风拂过空气中含着香甜的味道，让人似乎置身于仙境之中。人们被这浓郁的香味吸引，紧紧追随着去一探究竟，最后发现原来是一颗颗红似灯笼的树莓在刺激着他们的味蕾。

路畔山沿丛棘中，未曾斗艳竞春风；几人识得修成后，一点娇羞夺目红。一颗颗玛瑙似的树莓掩映在绿叶之中略显娇羞却又格外耀眼，轻轻采下一颗，放在口中慢慢咀嚼，丰腴的汁水随即蹦出，让人不禁为之一颤。游客们纷纷前来采摘，一边欣赏着别有洞天的田园风光，一边尝着汁香味浓的树莓，悠

常青红树莓园

整顿治理（薛明瑞／摄）

闲畅快、神清气爽，仿佛置身于陶渊明笔下的世外桃源一般。时间流逝，常青村的美名渐渐传开了，前来赏玩的游客也越来越多，不仅给村子增添了许多热闹，也使村民更有信心、更有干劲，继续努力振兴他们的家园。"长风破浪会有时，直挂云帆济沧海"，常青村势如破竹，在振兴之路上越走越快，越走越远。

随着红树莓种植技术渐趋成熟，在个别致富领头人的带动下，人们的头脑越来越活，从小小的树莓果实中发现了无限商机。发展商业，引进先进技术是第一要务，冻干等相关技术和设备的引进，带动了其他产业的联动发展，延长了红树莓产品深加工产业链。小村生产了大量的树莓酒、树莓糕、树莓干等产品，并通过常青村电子商务平台进行销售，这使得村民们不用走出家门就可以将他们的劳动果实销往全国各地。一颗颗小小的树莓果甜透了人们的心，也扩大了常青村回乡创业人的队伍。村民的辛勤劳动让常青村的产业发展日益壮大，呈现出一片繁荣的景象。时至今日，常青村不再是雾霭蒙蒙、死气沉沉的荒芜之地，而是一个鸟语花香、美丽富饶、充满生机、充满希望的宜居宝地。

四、笃行致远，砥砺前行

"绿树村边合，青山郭外斜。"诗卷中的美好生活在崇岗镇正逐步实现。"乡风文明、村容整治、治理有效"的总目标如春雷一般唤醒了崇岗这片沉睡的土地。崇岗在渐渐苏醒，当地党委、政府立足实际，坚持镇级统筹、村级主导、农户主体的工作原则，以基础设施提能、综合管理提效、卫生环境提质为重点，突出农村房前屋后、通道路口等区域的专项环境整治。全镇形成了领导带头、干部驻村、人人参与、村村争先的良好氛围，在各级干部和村民的努力之下，崇岗镇发生了翻天覆地的变化。

看，街道旁23600米的新修植树带，50800株各类树木让整个小镇绿意盎然，绿色通道建设和煤炭集中区生态环境治理防护林带建设，共同绘制出了一幅绿色生态新蓝图。瞧，家园内，清扫垃圾、清除杂物、清洁房屋工作正在热火朝天地进行，扫除了往日的尘垢，焕发出崭新的容颜。望，田野外，村民们干劲冲天，争取在"清洁卫生户"评比活动中取得优异的成绩。各县、镇、村的干部们也你追我赶，通过观摩评议、座谈交流等途径，坚持做到户户参与，不走形式不走过场，让自己所管辖的区域农户家家都获得"清洁户"的荣誉称号，起到带头示范作用。

为了进一步提升居民的获得感、幸福感，2018年，崇岗镇以建设美丽乡村和发展全域旅游为蓝图，积极争取"一事一议"项目资金以助力乡村振兴，谱写乡村振兴新篇章。一场轰轰烈烈的"美丽村庄"建设运动很快如火如荼地开始了。铺设硬化入户道路；村子中心路沿路加设绿化缘石，绿化带整治、苗木种植也在有条不紊地进行；一盏盏太阳能路灯在村庄道路两侧昂起了头；一座座带有绿化带围栏的围墙也在农户家破土而出；配有健身器材、篮球架、凉亭、廊架的活动广场也已坐落在村部南侧。生活环境的改善和生活质量的提高使得小镇居民如沐春风、笑靥如花。

"万壑清光满，千门喜气浮。"清晨，迎着晨风尽情吮吸着清新的空气；傍晚，踏着夕阳悠闲地漫步于乡间小道。没有了四处飘扬的烟尘，没有了满目疮痍的土地，没有了恶臭漫天的垃圾，村民们生活在一个焕发着生机与活力的新崇岗，舒适惬意，整个崇岗大地都洋溢着幸福的笑容。

"千淘万漉虽辛苦，吹尽狂沙始到金。"崇岗镇的华丽蜕变得益于党和国家的大力扶持，在政府和人民的共同努力下，这个曾被黑暗笼罩的小村落如今已经变为一个有着青山绿水的宜居宝地。未来，崇岗镇将始终以"绿水青山就是金山银山"为发展理念，坚决做好环境治理保护工作，在新时代浪潮的推动下，让农业成为有奔头的产业，让农民成为有吸引力的职业，让农村成为安居乐业的家园。

特色小镇生态美　居民幸福收入丰

——石嘴山市平罗县陶乐镇

陶乐镇位于石嘴山市平罗县，东靠毛乌素沙漠，西临黄河，地处宁夏河东现代农业产业示范带核心区，属中温带大陆性气候，干燥少雨，日照充足，四季变化明显，昼夜温差大，具有春迟秋早、夏无酷暑、冬无奇冷的特点。陶乐镇下辖东街居委会、西街居委会、家庄村、东园村、马太沟村、施家台子村、庙庙湖村、治沙林场、良繁场，共有居民3万余人。小镇拥有沙漠、黄河、湖泊等自然资源，大漠文化、黄河文化与田园文化交相辉映，曾先后被评为"中国慢生活休闲体验村镇"、中国最具发展潜力特色名镇。

2004年，有着60多年历史的原陶乐县被撤销，撤县后的陶乐县城像被掏空一般，各机关单位人去楼空，市场房价暴跌，餐饮业备受冷落，居民人心惶惶。然而有志者，事竟成。在决策者和人民群众的艰苦奋斗下，风雨飘摇的小镇逐渐摆脱了迷茫与浮躁，最终从"突然死亡"的县城摇身涅槃为宜居、宜业、宜游的特色小城镇。

如今的陶乐镇，天高云淡空气爽朗，长河净流绿意盎然。小镇中往来的村民脸上带着和美的笑容。村庄环境变好了，群众的获得感、幸福感也增强了，这一切使得地处石嘴山市偏远地带的陶乐镇似乎比其他地方更有"热度"，村民心中的"美丽乡村"，正在一步步发展奋进，越变越好。

一、优化居住环境，打造美丽家园

改善乡村人居环境是乡村生态文明建设的基础工程，是提高农民生活质量的基本内容，也是惠及广大群众的德行工程、民心工程。陶乐镇建设特色小镇的出发点和落脚点，就是让本镇居民的生活更加美好。美好的生活，自然离不开越来越鼓的"钱袋子"，可同样离不开的，还有干净整洁、设施完备、生活有序的"美村子"。

"漫天黄沙掠过，大地寸草不生。""垃圾靠风刮，污水靠蒸发。""交通基本靠走，治安基本靠狗。"……这些曾经都是陶乐镇生活环境的真实写照。小镇本来就不宽阔的村路两旁又被村民们乱摆乱放，到处都是砖头、玉米秸秆、垃圾，甚至还有篱笆墙，绝对算得上脏、乱、差。不仅生活环境恶劣，小镇的基础设施更是薄弱，连村民基本的交通出行和休闲娱乐都难以满足。因此对陶乐镇来说，打造天蓝地绿水清、便捷幸福安定的美丽家园迫在眉睫。

从前陶乐镇是"沙中之城"，地处沙漠地带，沙丘纵横，一片荒芜。狂风一起，小镇便弥漫在满天黄沙之中，村民苦不堪言。为了改变此状，陶乐镇认真落实乡村振兴战略，牢固树立"绿水青山就是金山银山"的发展理念，结合小镇造林绿化实际，大力建设宜居美丽乡村，努力提升绿化水平。镇政府拨款投资，在村道绿化带里种植海棠、侧柏、金叶白蜡球、胶东卫矛等各色花木，在企业片区周围栽植片林和各类苗木，增加小镇植被覆盖率，净化小镇空气。除此之外，小镇集中人力物力为沙漠注"血"，许多平凡英雄积极响应治沙政策，以沙漠为家，不论春寒料峭还是三伏酷暑都坚守在沙漠，挖坑种树、修渠引水、铺设滴灌。他们尽心竭力，创造了一个又一个奇迹，用心血和汗水守护着陶乐镇儿女共同的家园。在政府和村民的共同努力下，陶乐镇发生了翻天覆地的变化，如今的小镇各色植物高低错落，村路公园百花争艳，千亩沙漠身披绿装，蓝天白云之下，入眼皆青翠，一路皆风景，绿意沁心脾。

堵路如堵心，通路通世界。想起以前的村路，村民只觉闹心，一到雨天一踩一脚泥，车辙印拱起老高，村民想卖粮，硬是出不去，老人生病需要治疗，也因行路难而一拖再拖。近年来，为了修缮小镇的村路，打开闭塞的大门，小镇对多条泥路进行硬化，同时新建了西环路，打通了花园西街、振兴西街等"断头路"，实现了镇区内道路闭合通达。除此之外，小镇还连通了西环路、北环路、花园街等镇区主干道路，有效解决了镇区道路不通制约群众出行的问题。这一系列道路整改不仅使村路网延伸更加顺畅、便捷，提高了居民的生活质量，更是连通了村内与外部世界沟通的桥梁，让无数怀揣梦想的村娃们得以走出农村，走向更广阔的天地。

陶乐镇新农村（展帆／摄）

村庄清洁齐行动，干净整洁齐分享。2019年，陶乐镇以优化人居环境为核心，高点定位，实施了一系列措施深入推进本镇环境卫生综合治理。首先，小镇实行"门前三包"制度，通过各种宣传方式使农村环境整治的目的、意义、方式方法深入人心。其次，小镇以农村垃圾、污水治理及改厕为重点，落实村庄日常保洁制度。最后，镇政府创新拓宽整治参与度，倡树主人翁精神，引导农户积极参与农村环境综合整治。每逢农闲时，村民都忙着清理生活区域和巷道两侧的生活垃圾，积攒一个月清扫积分后兴高采烈地到"积分银行"兑换生活用品，就连小学生也利用周末时间和小伙伴一起打扫，养成了讲卫生、爱劳动的好习惯。如今，小镇旧貌换新颜，河水清澈见底，空气清新香甜，村庄一尘不染，小镇整体生机勃勃、焕然一新。

公园广场镜湖美，跳舞下棋享和谐。小镇坚持"面子"和"里子"并举、"颜值"和"气质"并重的理念，不断加强基础设施建设，丰富居民休闲娱乐方式，提高居民生活水平。如今村民房内宽敞明亮，院外花木林立，生活环境舒适宜人。休闲娱乐场所多了，无论是漫步于中心公园、文化广场，还是骑车去西环路、镜湖健身公园、庙庙湖生态旅游区，都是饭后健身不错的选择。在中心公园，村民们可以行走在孝善、仁义、尚礼、启慧4个广场间感受中华民族传统美德，也可以奔跑于休闲步道和慢跑道中亲近自然。占地55亩的镜湖健身公园里，碧波荡漾、风景优美，观光栈道蜿蜒盘卧在湖中央，走在上面犹如人在画中游，湖边的观光台和健身步道也为村民提供了观光和健身的好去处，难以想象这里以前是个人人厌恶的垃圾坑。在陶乐镇文化广场，随处可见打羽毛球、跳舞、下棋的居民。夜晚也灯火通明，好不热闹。小镇虽小，五脏俱全，择栖此地，岂不乐哉！

在全镇人民团结一心的勤奋努力下，陶乐镇越来越美，村民幸福感逐步上升。未来，陶乐镇还将继续从改善农村卫生环境、提升村容村貌、完善基础设施等方面下功夫，不断优化人居环境，尽力解决村民一切问题，为他们提供更加舒适、健康的居住环境。

二、助力精准脱贫，发展特色产业

作为宁夏生态移民的一个安置点，2013年以来，西吉县陆续有7000余名群众搬迁至庙庙湖村。这些移民刚搬到人生地不熟的地方，生活窘迫难言，老人有病难医，小孩瘦骨嶙峋，家里的劳动力找不到工作，一家人连基本的温饱问题都难以解决，安逸幸福对他们来讲简直是天方夜谭，贫穷像无形的枷锁制约着村民生活的方方面面，也影响了特色小镇发展的整体水平。

小康不小康，关键看老乡。一个城镇的发展水平主要体现在居民的生活状态中，如果居民食不果腹，小镇的发展就是不健康、不合格的。陶乐镇清晰地意识到解决贫困问题是发展的重中之重，困难群体往往有更急迫的诉求，需要给予更多的关注和扶持。因此，陶乐镇针对贫困户进行重点扶持，培养他们自主脱贫的能力，帮助村民实现小康梦，进而提高小镇的小康水平，使村民真正感受到陶乐镇的温暖与关怀，坚定不移地与陶乐镇站在一起，走向美好未来。

急困难群众之所急，忧困难群众之所忧。近年来，陶乐镇为了"脱贫攻坚，振兴乡村"，在全镇实行摸实情、查问题、重整改的闭环式工作方式。通过低保提档、临时救助等社保兜底，解决双老户、患大病等发展能力不足的贫困户的生产生活问题；通过党员干部与贫困群众以心交心激发村民发展动力，还主动协调医院和慈善总会，为困难群众解决就医用药问题。此外，政府又对一座座危房危楼进行翻修重建。以上方案的实施，让包括庙庙湖村在内的贫困村村民的基本生活得到了保障，村民的生活不再捉襟见肘，老人看病吃药能报销更多，说起扶贫政策，他们言语间满是肯定与幸福。

"授人以鱼，不如授人以渔。"通过以上扶持，只能保障贫困户的基本生活，却不能从根本上消除贫困，政策的帮衬只能缓解一时的困苦，而长远的幸福生活还需要村民自己动手去创造。于是陶乐镇集中力量发展特色产业，把推进产业发展作为脱贫致富的重要抓手，充分挖掘镇域沙漠、黄河等丰富资源，在庙庙湖村周围布局了置种产业、沙漠瓜菜产业、草畜一体化产业、休闲旅游产业、康养产业和劳务产业六大产业。产业发展起来了，贫困户便有了工作的去处。扶贫先扶志。小镇统一安排贫困户到企业参加招聘会，经过现场面试、实操、体检后顺利上岗，村民的致富之路走得越来越有信心。

万亩良田果实丰，小镇村民干劲足。进入6月，太阳使出洪荒之力炙烤着陶乐镇农业生产基地，温室大棚在阳光的照射下洁白如洗、蒸蒸欲燃。躲过太阳沿着基地中心向里走，就会发现中间的几座大棚很是热闹，不时传出平罗当地口音和南部山区口音混合的说笑声，那是"变身"工人的村民在嬉笑打闹。而园区南头的几座大棚内很安静，里面的番茄已经开始泛红，每珠秧苗上也有几颗已经完全红了的番茄像宝石一样隐藏在最底层，摘一颗放在嘴里，肉嫩汁多、香甜可口。再移步来到中青大瓜菜研究所的瓜菜试验大棚，便能见到颜色和个头不一的哈密瓜挂在枝秧间，浓郁的瓜香飘满整个大棚。继续向前走便是露地供港蔬菜基地，割刀在割菜工的手上运用自如，新鲜的菜心在蓝天、白云的映衬下愈发青翠。一切都是那么和谐、幸福、美好，村民在这里找到了真正的乐趣和致富之路。

2013年，陶乐镇通过招商引资引进宁夏华泰农农业科技有限公司落户庙庙湖村，并流转了5000亩沙地。通过几年的改良和发展，这里最终成为集瓜菜种苗繁育、新品种引进推广、瓜菜生产经营、农业科技研发培训为一体的现代农业产业基地。政府鼓励村民将7025亩承包土地入股宁夏华泰农农业科技有限公司经营，使他们得以分享到更多集体分配收入，充实自己的"钱袋子"。上百名移民妇女在宁夏华泰农农业科技有限公司的番茄大棚里育苗、种植、移栽，棚外3000余亩芥蓝、菜心、夏阳白等蔬菜收割后直接装车，远销各地。这样的工作对于她们来讲非常"对口"，不仅增加了收入，日子也越来越充实。

整合资源发展经济，激发群众内生动力。尝到了万亩良田的甜头后，陶乐镇开始整合农牧、扶贫、水务等多方资源，全力发展壮大村集体经济。小镇依托庙庙湖村扶贫产业，由庙庙湖村肉羊养殖合作社将30万元盈利作为帮带资金，吸纳57户贫困户入园发展养殖产业，实现了年利润4360万元，增强了产业脱贫造血功能。与此同时，小镇加大对新丝陆扶贫车间的扶持力度，动员468名移民妇女进厂培训，成功就业130余人，人均月收入2600元以上，有效激发了贫困群众自主发展的内生动力。此外，通过招商引资，小镇引进庙庙湖、拉巴湖等旅游项目，并成功申报国家林业和草原局沙漠公园项目，成功举办了大漠桃花节等活动，年接待游客达30万人次。到了2019年，陶乐镇庙庙湖村人均可支配收入近8000元，累计脱贫700户3800余人，贫困发生率由搬迁之初的53.9%降至0.54%，并于2019年年底实现整村脱贫出列。

如今，贫困不再是陶乐镇群众心上的一把刀，村民们不光还清了大部分债务，还像燕子筑巢一样逐渐完成了房屋装修，添置了冰箱、洗衣机、电视等家电，日子越过越红火，生活也越来越有盼头。不仅如此，成功脱贫的居民也怀着感恩的心为政府排忧解难，积极参与公益事业，为脱贫致富工程奉献自己的力量。陶乐镇作为因农而起、因农而兴的特色小镇，以后将继续在"农"字上做文章，进一步发展特色、高效、新型农业，带动小镇经济不断向前迈步。

三、看漫山桃红色，品休闲慢生活

2019年，陶乐镇紧跟国家政策，大力发展生态旅游业。目前，陶乐镇已建成庙庙湖生态旅游景区、金陶乐沙漠生态旅游区、马兰花影视城、黄河古渡、金马度假村、天河湾农家乐园、莹湖湿地生态园等特色旅游景点，以及陶乐手抓羊肉一条街、风情园等具有吃、住、购、娱综合服务功能的接待服务中心，旅游总收入已达4500万元。每到节假日，小镇成为周边城市居民的理想去处，陶乐的名气越来越大，愿意来这里游玩的人也越来越多。

陶乐镇外桃花林，桃花林里桃花鲜。庙庙湖生态旅游景区位于平罗陶乐镇以北15公里处，紧邻内蒙古鄂托克旗，南北临沙。该地区因有天然泉水围堰成湖，湖旁有蒙古族牧民所筑敖包和诵经的庙宇，故取名"庙庙湖"，具有"沙海圣湖"的美誉。走进庙庙湖景区，田园式的民俗风光如画卷般铺展开来，每至阳春三月，放眼望去，漫山遍野的桃花分外妖娆，沐雨临风，尽显人间春色。若是端一杯桃花茶，优游林下，便可体会古时隐士洒脱风流、快活似神仙的心境，在黄沙绿水和遍地桃花间畅然享受春意盎然。湖旁有一灵泉寺依山而建，里面松柏苍劲、绿树成荫，又有水上娱乐区域、儿童和高空娱乐区域为游客提供丰富的玩乐体验，年轻人来到这儿可释放情怀、拥抱自然，尽情享受赏景游乐的快乐。

"大漠孤烟直，长河落日圆。"金陶乐沙漠生态旅游区地理位置独特，毗邻沙湖旅游区、银川旅游区和金水园旅游区，与三大旅游区优势互补，旅游资源丰厚，受到了甘肃、内蒙古等周边省区游客的广泛关注和认可。未经开发的原始沙漠沙丘高、沙窝深、坡度大，有不少沙漠越野爱好者，来这里穿越沙漠、狂野冲沙。旅游区集餐饮、沙漠体验、户外活动、生态景观、休闲农业项目为一体，游客们白天尽兴体验沙滩摩托、骑骆驼、滑沙滑草等娱乐活动后，夜晚便可围坐在篝火旁，吃着西北风味的烤羊肉串，感受在帐篷旁大块吃肉、大碗喝酒的质朴而豪爽的西北风俗。星辉下的大漠，高卧山冈，低傍湖泊，远处村庄袅袅炊烟，像一幅美丽的画卷。游玩于此，心随景变，震撼不已。

踏遍影城角角落落，可知人间假假真真。陶乐镇马兰花影视城是黄河文化与大漠文化交融的结晶，具有浓郁的西北地方特色，是集影视剧拍摄、地方戏曲表演、角色体验、大众文化娱乐于一体的新型影视基地，具有很强的观赏性与参与性。游客可以身着电影服饰，扮演电影角色，体验他人人生，在虚拟的人生故事中探寻千姿百态的人性，在假假真真中寻找自己的精彩活法。除此之外，影城小桥流水、阡陌纵横的美丽景致，深厚的文化和古朴的民风民俗也值得一探究竟。

从今若许闲乘月，驱车无时至农家。久经城市的喧嚣，何不给自己的心放个假，来到天河湾公园，赏河岸美景，品休闲生活。天河湾公园位于陶乐黄河大桥西岸，主要营建项目有塞上江南博物馆区、滨水文化休闲区、天河湾娱乐餐饮区、生态湿地重点保护区和杞红稻黄生态观光区。河川交汇、大漠风光、江南水乡、田园风情，如今的天河湾度假区已成为陶乐镇乡村旅游的一颗绚丽明珠。短居此地，不仅可以了解塞上文化，还可以与自然景色融为一体，物我两忘，体味自由。你可以选择住在自己喜欢的木屋、四合院或是蒙古包里，体验原生态黄河人家生活，干乡下活，吃乡下饭，与农民一起夜话人生，吟赏落日烟霞。离开的时候，还可带些土特产、手工艺产品或农副产品礼盒送给亲朋好友，与他们一起分享休闲的喜悦。

随着陶乐镇生态旅游业的不断发展和休闲慢生活理念的深入推广，2012年该镇在"金淘乐""旅友"榜调查中位列全国最值得去的50个小城镇榜单，之后又被评为"中国慢生活休闲体验村镇"。这些荣誉是对陶乐镇生态旅游业的肯定，也是陶乐镇历经风风雨雨后完成华丽转身的最佳见证，它们将进一步促进小镇文化旅游事业的发展，帮助小镇继续完善旅游体系，为游人带来更好的旅游体验。

"既然选择了远方，便只顾风雨兼程。"如今的陶乐镇绿水青山相映成趣，金山银山聚拢而来，居民生活幸福美满，绝对称得上新时代"美丽乡村"。然而怀揣着美好梦想的政府和村民并没有停下走在康庄大道上的脚步，而是加快步伐，继续奋勇前进。未来，小镇将继续按照"规划是引领、项目是抓手、产业是核心、文化是灵魂、增收是落脚点"的总体思路，坚持中心镇、特色小镇和乡村振兴建设"一盘棋"思想，力争将陶乐镇建设成为人文气息浓厚的居住区、生态环境优美的旅游区、特色鲜明的产业区，使村民过上更加富裕美满的生活。

文化振兴旅游盛　乡风文明得民心

——吴忠市利通区高闸镇

高闸镇是宁夏吴忠市下辖的县级行政区，位于吴忠市南部，距市区12公里，吴扁公路和侯汉公路贯穿全镇，石中高速穿境而过，属于引黄灌区。全镇辖7个行政村，分别是郭桥村、周闸村、韩桥村、高闸村、朱渠村、李桥村、马家湖村和关马湖农场，镇区面积75.7平方千米。近年来，受益于新时代乡村振兴战略，粮食、畜牧、工业、集市贸易成为高闸镇的支柱产业，这个曾经默默无闻的西部小镇获得了突飞猛进的发展，不仅在乡村环境治理和乡风文明建设方面取得重大成就，还利用西瓜等果蔬和文化节日大力发展文化旅游，使得高闸镇"经济文化双振兴"。2017年12月，高闸镇被命名为第七批全区民族团结进步创建活动示范乡镇，璀璨的明珠终于拂去了蒙蔽多年的尘埃，开始散发出耀眼的光芒，闪烁于精彩的西部世界。

一、甜美高闸西瓜节，乡村旅游绝佳地

"高闸镇里果蔬香，马兴大棚采摘忙，盛夏美食多冰爽……"每年盛夏之际，高闸镇的果蔬开始成熟，街边聚集了许多买卖果蔬的人群，整个镇子里都萦绕着丰收的喜悦。高闸镇的村民世世代代在这片土地上生活着，这里的土地养分充足，适宜果蔬生长，年复一年，种植的辛苦与丰收的欣喜交织，使得这里的人们与瓜果结下了不解之缘。

果蔬虽多，西瓜独占鳌头；游人如潮，欢度高闸盛宴。面对旅游致富的热潮，高闸镇也不甘落后，积极发展乡村旅游产业。天蓝、云白、山青、草绿，小镇的一切犹如山水画般存在，明朗而清丽。然而，最为吸引游客的却不是这美丽的风景，而是热闹的西瓜节。2016年6月14日，以"甜美高闸，休闲利通"为主题的利通区2016年休闲农业与乡村旅游暨高闸镇第三届西瓜节在利通区高闸镇启幕。这是一场美食与美景交融而成的盛宴，向广大游客展示着利通区高闸镇的独有特色。游客们可以在乡风民俗中感受小镇别有风味的传统饮食，也可以在享受夏日田园风光的同时，体验西瓜盛宴，爱上甜美高闸。

西瓜节日促旅游，特色活动增热闹。节日当天，种类各异、大小不一的西瓜汇集一处，绿油油的外皮包裹着的鲜红的瓜瓤分外惹眼，让人垂涎欲滴。高闸镇为本次西瓜节策划了"瓜魁"评选活动。参与评选的有极大极重的"西瓜王"，也有奇形怪状、五颜六色的特色瓜。各有千秋的西瓜在这里展开了一场"相爱相杀"的大比拼，精彩绝伦。经过层层筛选，一颗25斤的西瓜王夺得"瓜魁"。活动现场还举行了吃西瓜比赛，诚邀来自四面八方的游客尝鲜比试。除了热闹的活动外，节日现场还有西瓜雕刻展览，圆溜溜的西瓜被雕刻成各式各样的造型，有动物、人物，还有城堡，一个个惟妙惟肖，简直就是艺术品，吸引了众多游客前来观看，尤其是小孩子。高闸镇的西瓜节，让大家在乡村新面貌中找到了童年乐趣，也重新定义了乡村旅游。

高闸风景美如画，乡土旅游特色足。凭借着西瓜节和美丽的风景，高闸镇将旅游业发展得风生水起。游客来到高闸的"马兴牌"西瓜基地，不仅可以在酷夏时节因一口西瓜甜润到心，还可以在田间地头闲话家常。西瓜基地远离尘嚣、绿意盎然、瓜果飘香、和风微拂，宛如空谷幽林，无言而有画意。步入田中，游客便会察觉到生命力的旺盛、大地的亲切，到处都混着泥土的芳香，在藤蔓的包围中选瓜采果，别有一番滋味。除西瓜基地外，游客还可以在供港蔬菜园里过足采摘新鲜蔬菜瓜果的瘾，也可以独自走在马家湖村蜿蜒的石阶小道上，于鸟语花香中享受一个人的宁静。不可不说的是，这里的农家乐性价比极高，赏玩一天后好好饱餐一顿、歇上一晚，如此完美的假日，谁能不心动呢？

二、"笑脸"评分得实效，集中攻坚强治理

整洁干净的村落，绿树相依的街道，红瓦白墙的房舍，如今的高闸镇环境优美、乡风文明，处处呈现出一幅幅美丽新农村的美好画面。有因才有果，如今这番美丽祥和的景象并非横空出世，而是源自2020年的以"笑脸"积分评比形式展开的环境卫生整治活动。

2020年3月10日，中央农村工作领导小组、农业农村部发布《关于通报表扬2019年全国村庄清洁行动先进县深入开展2020年村庄清洁行动的通知》，对106个措施有力、成效突出、群众满意的全国村庄清洁行动先进县予以通报表扬，高闸镇所在的利通区榜上有名。自农村人居环境整治工作开展以来，利通区以实施乡村振兴战略为契机，大力开展"五清一绿一改三有"环境卫生整治活动，扎实推进村庄清洁行动，使得乡镇人居环境明显改善，乡风文明有效提升，村容村貌焕然一新。

整治环境勇争先，"笑脸"积分开局面。作为利通区内的先进乡镇，自利通区开展环境整治工作以来，高闸镇紧跟政策、奋勇争先，积极探索乡村环境治理的有效新模式。"功夫不负有心人"，小镇依据本镇实际情况"把脉向、找穴位"，终于利用"笑脸"积分制开启了环境治理的新局面。2020年，高闸镇

农闲（展帆／摄）

将乡风文明建设与改善农村人居环境紧密结合，以朱渠村和周闸村3队为试点，推行乡风文明"笑脸"积分制，试点群众共计700余户。乡风文明"笑脸"积分公示牌设4张脸谱。其中，文明实践脸谱以培育和践行社会主义核心价值观为引领，每年评比一次；移风易俗脸谱以利通区移风易俗"利八条"为标准，每年评比一次；而环境卫生脸谱与志愿服务脸谱最为关键，以村民自家环境和自身积极性为标准，每月评比一次。该制度的优势在于可以最大限度调动村民的积极性，村民们只要按照标准做事便可获得积分，累计到一定数量后，便可用积分到"积分银行"兑换生活用品，何乐而不为呢？

突破旧方法，喜迎新风气。以前进行环境卫生整治时，有些村民把门口杂七杂八的东西搬进院子里一藏，整治完没几天就又开始乱堆乱放，因此环境卫生问题反反复复，整治效果很难保持。现在实行"笑脸"积分制，各家各户的卫生状况都通过"笑脸""哭脸"贴在了门上，村民都好面子，私下里也在相互"攀比"，看谁家的乡风文明"笑脸"多。"笑脸"贴到自家大门旁不仅脸上有光，积分还能兑换生活用品，是拿得到手的实惠，于是村民一个个都热情高涨，竞相收拾庭院、打扫街道。慢慢地，打扫卫生在村民心里转变为一种心甘情愿、发自内心的自觉行为，使得村庄内的房舍一座比一座干净，"笑脸"积分制取得了切实成效。

潜移默化，提升文明意识。走进朱渠村党群活动服务中心，环境卫生"积分银行"格外显眼，货架上整齐摆放着香皂、洗衣液、毛巾、牙膏等生活用品，每一件商品都标着需要的积分量，这些日常所需的生活用品是村民积攒"积分存折"的最实惠动力。村民攒足积分后便可兑换所需物品，一举两得，即获得了生活物品又享受了干净的生活环境，因此积极性极高。村民在潜移默化中已经将整治村庄环境、保持房舍卫生当作自己的责任和义务。如今，这样的观念正成为高闸人的共识，家家户户门前的乡风文明"笑脸"公示牌，正督促村民进行新一轮的文明"比学赶帮超"，对提升村民文明意识具有极大的帮助，也为高闸镇乡风文明建设注了新的活力。

清扫地面、浇花洒水、擦玻璃、归置杂物……如今，每日早起整治院落卫生，做到室内室外干净整洁、垃圾打包归类、日用品有序摆放，已成为村民每日生活的常态。在他们看来，整洁有序的小院会赢得"笑脸"，而"笑脸"就是自己家的门面。当然，对于高闸镇来说，不光环境卫生要得"笑脸"，其他方面也要有"笑脸"。如今走进高闸镇，空气清新、阳光明媚，一排排平房整齐排列，一条条水泥路纵横交错，原来房前屋后的杂物堆、镇区墙面的涂鸦小广告都不见了踪迹，每个村庄都呈现出一派生态宜居的美好景象。最具代表性的当数周闸村，如今村内整洁宽阔的水泥路通到各家门口，道路两旁绿植郁郁葱葱、生机盎然，一排排路灯整齐划一，墙上的"二十四孝""中华传统美德""讲文明·树新风""社会主义核心价值观""移风易俗""家风家训"等彩绘生动地展示出了新时代的农村风貌。

多措并举，强化治理成效。当然，要想全面长久地治理乡村环境，仅凭一项措施是不够的。因此在推行"笑脸"积分制的同时，高闸镇还广泛开展"星级文明户""最美家庭"等系列创评活动，进一步完善《村规民约》，建立村民门前"三包"责任制，开展亮党员身份、上党员红榜、晒家风家训等活动，强化村民对环境卫生管理的义务和责任，激励党员群众主动参与环境整治，让环境治理维护工作由政府全面管理逐步地、自然地转换为群众自发管理，以实现环境治理的良性发展。这一系列举措切实发挥了榜样的示范带动作用，激发了群众争当先进、勇于奉献的内生动力，使得乡村文明焕发出新的气象。按照这种情势发展下去，高闸镇一定能够逐步实现乡风文明美起来、人居环境美起来、文化生活美起来的"三美"并存的美好愿景。

文明传递正能量，和谐乡村促振兴。事实证明，以乡风文明滋养乡村振兴，全面提升农村文明程度，在新时代的发展潮流中既注重了外在美，又修行了内在美，实现了"颜值"与"内涵"双赢，受到了群众好评，是高闸镇加强乡风文明建设，推进乡村振兴战略的典型缩影。农村人居环境治理长效管理制度是确保农村环境长治久洁的关键，也是解决农村环境治理难、巩固更难的关键。高闸镇因地制宜实施的"笑脸"积分评比新型管理模式，通过评比、争优、奖励、监督等多项措施，帮助村民形成了人人爱干净，户户比洁净，个个争当环境建设监督员、维护员的良好氛围，让环境治理维护工作由政府推动自然转换为群众自发维护，充分发挥了农民的主体作用，建立起了长效环境卫生管理制度，其锐意创新的精神和切实有效的管理模式，是值得其他乡村学习和借鉴的。

三、文化节日促文明，幸福生活展笑颜

2020年1月17日，吴忠市利通区高闸镇"文明利通·美丽高闸"农民文化旅游节开幕式暨"红红火火过大年"年货节在欢快的锣鼓声中拉开帷幕。舞蹈《盛世花开》、音乐快板《只留清气满乾坤》、歌曲《欢聚一堂》等精彩节目一一登场，将开幕式氛围推向高潮。

欢喜购年货，免费得春联。在高闸镇中心广场，琳琅满目的年货摊弥漫着浓浓的年味；炒花生、炒栗子的香味扑鼻而来，使人垂涎欲滴；红红的福字、中国结、灯笼等饰品挂件渲染着过年的气氛；包装精美、品种多样、口味不同的年货糖果摊前围满了选购的客人。大街上人山人海、摩肩接踵，村民们一个个喜笑颜开，忙得不亦乐乎。值得一提的是，节日当天还有一众民间书法高手写春联，他们挥毫泼墨、笔走龙蛇，一副副苍劲有力、气韵生动的春联很快就完成了。他们将春联免费赠送给村民和游客，小小的写字摊儿不一会儿就围拢了好几百人，场面相当热闹。

数九寒天，冷风凛冽，高闸镇中心广场上却热火朝天、人头攒动。文化节除了文艺演出、送春联、办年货外，还有拔河、跳绳、男女接力赛、袋鼠跳、个人跳绳、滚轮胎、企鹅漫步等欢快有趣的农民趣味运动会。放眼望去，正在参与游戏的人精神抖擞、越战越勇，而在场下看热闹的人也摩拳擦掌、跃跃欲试，随时准备加入其中一展风采。村民和游客一个个生龙活虎，他们矫健的身影，伴随着一阵阵欢声笑语，全面展现了新时代农民昂扬向上的精神风貌。

乡村振兴，文化为魂。2020年是实现乡村振兴战略的关键之年，高闸镇深入贯彻落实党的十九大和十九届四中全会精神，不断满足广大群众追

求美好生活的愿望，力求进一步丰富群众精神文化生活。这次的"文明利通·美丽高闸"农民文化旅游节便是以此为目的举办的。文化节时间跨度长达10个月，旨在通过文艺会演、社火展演、农民运动会、读书观影、书画摄影手工艺品展览等形式多样、内涵丰富、特色鲜明的系列群众文化活动，展现新时代农民风采，切实将这次节会办成贴近农民、贴近农村、贴近民间艺术的盛大节会，使农民文化旅游节真正成为"农民自己的节日"。这样一来，文化节就会高质量推动群众文化的发展和繁荣，从而为全镇乃至全区的经济、社会、文化等各项社会事业转型跨越发展营造良好氛围，进而助力乡村振兴事业。

　　立足现在，放眼未来。时至今日，借助国家乡村振兴战略的契机，高闸镇已经旧貌换新颜，成为新时代美丽乡村，在乡村发展的各个方面均取得了优异成绩。然而，成功没有终点，发展永不止步，对于高闸镇来说，目前这些成就恰如星星之火，可以用来照亮未来。未来，在已取得成就的基础上，小镇将锐意进取，再战征程，进一步加强农业基础设施建设，实施科技兴农战略，进行产业结构调整，大力发展优质米基地、西瓜基地、种桑养蚕基地以及乡村旅游业，并以奶牛园区建设壮大畜牧发展，进一步推动工业企业发展。以小城镇建设作为乡风文明建设的重点，进一步丰富群众的文化生活。一万年太久，只争朝夕。高闸镇已经踏上了继续前行的路，努力将自身建设成为连接吴忠、孙家滩开发区、红寺堡的重要交通枢纽和中心集镇，为村民创造更加美好的生活。

民俗文化留乡愁，桃园美景惹人醉

——吴忠市利通区牛家坊村

一、起发展之势，创特色产业

宁夏回族自治区吴忠市利通区上桥镇位于吴忠市区南郊，地处护城河与十大市场的交会点，毗邻城区，交通便利，人口众多，共辖8个行政村，其中最美丽的当数镇南的牛家坊村。牛家坊村，北靠秦渠，南接巴浪湖，南环水系穿村而过，得天独厚的自然条件使其风光秀美、人杰地灵。进入新时期，牛家坊村在紧跟时代发展潮流的同时，坚持守护传统记忆，村民居此，春看桃花争艳，夏赏百亩荷花，秋品特色美食，冬搞生态采摘，丰衣足食，怡然自得。

走在牛家坊的路上，四周花团锦簇，绿意盎然，深吸一口气，一股淡淡的桃花香在体内漫延开来，令人心旷神怡。不时有清脆而嘹亮的鸟鸣声从头上飘过，碧绿的河水映照着碧绿的田野，葱郁的小树林像一张长长的画卷，不断向前延伸着。村里有的养鸡，有的养羊，有的养牛，日子过得温馨安宁，质朴清欢。牛家坊村虽没有城市的高楼大厦，但各种新式家电一应俱全，家家都开上了品牌小轿车，还拥有了压箱底的"小金库"。可以说，牛家坊村的今天既涌动着现代的动感节拍，又保持着穿越时空的一抹乡愁。近年来，牛家坊村先后获得"中国美丽休闲乡村""全国生态文化村""全国乡村旅游模范村"等荣誉。然而荣耀的背后必定伴随着心酸与艰辛，让我们一起走进牛家坊村，重温牛家坊村成长过程中的苦辣酸甜。

道路崎且难，寻找带头人。牛家坊自建村开始就一穷二白，村集体经济无从发展，以至于需要村集体出钱的事，牛家坊村都得打白条。白条越积越多，人心也就越来越散。当然，村民不幸福的原因不止于此，更重要的是村里的环境卫生太差。村内有条清一沟，因被污染时间过久，淤泥沉积、臭气熏天。一到春夏季节，尤其是三伏天，村民连骑车都得一手握车把，一手捂鼻子，不敢在路上多逗留半刻，更别说在村道上闲聊了。那时的牛家坊村没有一丝城郊该有的活力。村上8个队的队长为此心急如焚，急切想推选出有能力的村支书带领大家改变现状，无奈没人敢接这个"烫手的山芋"。大家几经周折才说服了党员张少云，让他扛下了这千斤重担。好的领导者等于成功的一半，张少云不负众望，带领牛家坊村走向了蒸蒸日上的致富路。

张少云努力争取，促使牛家坊村承接了2010年美丽村庄建设工程和2011年镇上240亩温棚的拆建工程，项目所得工程款全部划归村集体。"时来天地皆同力"，又赶上牛家坊村的集体土地被征用，政府下拨了312万元拆迁款，这一切为牛家坊村未来的发展带来了极大希望。当然，"人无远虑，必有近忧"，手上有了钱，更应该努力求发展。为避免坐吃山空，牛家坊村申请建设商用房并开始出租，在此基础上，村里又引进了13个投资人，将村内流转的1480亩土地进行特色种植，带动了全村的农业发展，使其成为今后发展乡村旅游产业的重要支柱。除此之外，牛家坊村以集体为单位建设3家农家乐，解决了四五十名闲置劳动力的就业问题。一时间，村里曾经的七八台麻将机全部消失，村民朝着幸福美好的生活不断奋进。

决战新时代，喜迎新生活。近几年，牛家坊村凭借自身优势紧抓利通区政府全域旅游发展契机，大力推进乡村休闲产业发展，建成了自治区唯一一家村级博物馆：农耕民俗文化博物馆，并配套建成面积3000平方米的农耕民俗文化体验区，形成了以餐饮服务、特色养殖、牛羊屠宰贩卖、畜禽加工、蔬菜种植、果蔬采摘、苗木繁育、劳务输出、家政服务、生态观光农业为主的特色产业。该产业促使大量财富涌入牛家坊村，截至2018年，小村人均纯收入已达16800元。

民之所盼，政之所为。牛家坊村在创产业增收入的同时，也坚持持续改善民生，不断增强村民的获得感和幸福感，使村民没有后顾之忧，全力投身美丽乡村建设。如此，清一沟便成为重点目标。很快，利通区政府争取项目资金填平了这条恶臭的水沟，并配套建成了生活污水一体化生物处理设备，给近400户村民家中都安装了独立的污水处理系统，建成了下水道和水冲式厕所。从此，村道变样了，臭味没有了，村民经常搬着小凳子在门外闲话人生，娃娃们唱着儿歌满村玩耍，其乐融融。

"锲而不舍，金石可镂。"牛家坊村对美好与幸福的追求绝不限于眼前，针对未来的发展，小村有着详细周密的计划。新建的利通区南环水系景观公园紧邻牛家坊村。以此抓手，牛家坊村决定一鼓作气再打造一条"吴吃堡街"，以现有的民俗农耕文化、民族特色文化资源带动形成以特色小吃、手工艺品为主的休闲街区和南环水系景观带，持续推动集果蔬采摘、休闲垂钓、户外拓展等功能区为一体的发展模式，使牛家坊村站在新时代的发展轨道上一路高歌。

二、赏怡人美景，品农耕文化

在政府和村民的共同努力下，牛家坊村旅游文化产业链已经初步成形。农耕民俗文化博物馆和大片桃园已成为牛家坊村的亮丽名片。村委会因地制宜发展乡村旅游的思路满足了人们日益多样的度假需求，这座因为搬迁而空出的村子也因此焕发生机，成为苦水河畔的一颗明珠。

弘扬农耕文化，保留时代根脉。农耕文明是中华文明之根，传统文化之魂，悠久而厚重，苍茫而辽远。回望悠远历史，我们的民族从遥远的农耕文明走来，我们的祖辈从广袤的农村原野走来，我们的文化从广大的庶民百姓走来。如何传承农耕记忆，弘扬传统文化，是时代的呼唤，更是历史的责任，而牛家坊村响应了时代、担起了责任。小村投资1500多万元建成总面积900平方米、内含1万多件展品的农耕民俗文化博物馆，用文化和器物为现代人留住了文明的根脉。推开博物馆的木门，扑面而来的是一股泥土的清香，映入眼帘的是电视里出现过的农耕用具，陈列墙上挂着经过风雨浸润的竹编筛子，缝隙间的灰尘似乎一掸就能四散开来。你可以亲手触摸耙子、铁锹、背篓、手拉风箱、鼓风机等褪色的老物件，倾听光阴故事，了解黄河流域的农业发展历程、农作物生长过程和农耕文明进程。

看得见逝去的旧民俗，尝得到小时候的味道。牛家坊村创造性地在馆内开辟农耕民俗文化体验区，体验区浓厚的烟火气息"情景再现"了昔日农耕民俗。游客可借助村里提供的原生态食材和石碾、风箱、土灶等展品，亲自动手烹制一碗酥烂绵软的羊杂碎或香气四溢的烩小吃，也有不少游客自发地将自制美食与另一间体验作坊里麻辣鲜香、嚼劲十足的辣条搭配在一起吃，直呼过瘾。简单的一顿地道农家饭里包含的是丰满的乡愁、丰盈的文化和丰盛的故事。一圈体验下来，相信深埋于你心底的那份无法言说的乡愁已经得到了缓解，但行至此地的意义不仅是使情绪得到疏解，更重要的是在快速发展的今天不忘传统，让久经漂泊的心得以沉静，不让自己因为走得太远而忘记为什么出发。

悠悠醋韵连古今，浓浓醋香迎客人。从推着手推车走街串巷的叫卖到今天，强家醋的技艺传承了近百年。如今，老醋坊那一溜青瓦起伏的农家院墙、古朴大气的牌楼式大门、古色古香的酿醋"车间"，无一不吸引着游人的目光。走近坛醋，打开封印，舀一小勺，深褐色的老醋闻起来酸香扑鼻，尝起来回味悠长。苹果醋、枸杞醋、红枣醋等各式精品果醋陈列在柜台上，倒入高脚杯后轻轻摇曳，如品红酒般小口细抿，顿觉酸甜生津、唇齿生香。强家老醋坊还推出一整套醋疗服务：通过加热醋、醋糟及中草药，为消费者提供泡脚、热

老醋坊（展帆／摄）

敷、熏蒸服务，具有缓解疼痛、消减疲劳、强身健体等功效。

"桃花春色暖先开，明媚谁人不看来。"牛家坊村的桃源农庄是寻觅田园风光、欣赏鲜花盛放的绝佳之地。早春时节，农庄四周100亩桃树绽放新绿。进入农庄大

牛家坊农耕民俗文化博物馆（展帆／摄）

门，没几步就是一个幽深的植物长廊，拱形的金属架子上攀着还没返绿的葫芦藤，零星的叶子点缀其间，没被摘走的葫芦依然挂在那里。抬眼望去，一片片枯黄之间填满了蓝天的颜色，偶尔一两只喜鹊落下，叽叽喳喳地说着些我们听不懂的语言。穿过廊子向外望去，几个蒙古包散落开来，可以走进走出，尽情赏玩。玩累了即可品味美食，室外枯藤老树，寂静无声，掀开庄园生态餐厅的帘子则是另一番景象——绿意盎然，小桥流水。游客们周末驱车来此，约上三五好友坐在园里喝喝茶吃吃饭，之后再去包厢里唱唱歌玩玩牌，有兴趣的还可以去给蔬菜除除草施施肥，体会生活的美好、生命的真实。

"接天莲叶无穷碧，映日荷花别样红。"2019年利通区投资1000万元启动了水系景观灯光亮化工程，建设庭院灯、LED投射灯、树灯、芦苇灯、荷花灯及多彩色带，点亮了整个城南的夜晚。牛家坊位于吴忠城南，白天游览完小村后，晚间城南水系景观公园绝对是游客的好去处。漫步于城南水上栈道，水面上一盏盏荷花灯形态逼真，荷花亭亭玉立、粉嫩多姿，荷叶碧绿田田、愈显苍翠，夹岸的各色格桑花在风中摇曳。栈道两侧吞云吐雾，在多彩色带的照耀下，不断幻化出绿、红、黄、紫等各色云雾，恍如梦境，一时竟不知今夕何夕。游客可以迎着习习凉风，凝视夜幕中的流光溢彩，放声高歌数曲，尽情享受这惬意时光。

世间何处避炎凉，漫步农庄小院香。夜幕降临，华灯初上，尽兴而归的游客纷纷来到心仪的农家乐餐厅用餐。流水潺潺、小桥弯弯、花木苍翠、鹅卵铺地，牛家大院是一间温室生态餐厅，温度湿度恒定，草木四季常青。在牛家大院餐厅，游客有着置身江南的强烈"代入感"。牛家大院以"远离尘埃，修身养性，生态养生"为特色，主要经营传统农家菜，以黄河鲤鱼、散养长腿大红公鸡、野生沙葱、野生苦苦菜等为食材。黄河大鲤鱼可以一鱼多吃，另有辣爆土鸡、铁锅滋补羊、凉拌苦苦菜、沙葱土鸡蛋、土辣子烧大鹅等一系列家常菜，包游客吃得放心、吃得舒心，绝对适合四方客人前来大快朵颐。

三、发展成效好，经验模式足

为深入贯彻落实党的十九大精神，推动乡村振兴战略实施，牛家坊民俗文化村以城南水系景观公园为依托，整合并利用场地内已有的农宅、农耕博物馆、休闲农庄等资源，挖掘民俗文化、农耕文化，打造差异化的公共空间，塑造区域形象，在为当地居民服务的同时，利用自身优势吸引外来游客观光，形成一个新的旅游目的地，带动当地的经济发展，让农民不离乡、不离土，就地就业，增收致富。

坚持"以点连线、以线扩面"的工作思路，科学打造休闲旅游业布局。牛家坊村隶属于吴忠市利通区上桥镇，吴忠市的发展离不开牛家坊村的努力，牛家坊村的成功离不开吴忠市的引导，二者利益相连。因此，为使上桥镇各村旧貌换新颜，吴忠市特聘请专家为上桥镇编制全域旅游规划。该规划力求融合周边十大市场、休闲农业产业，合理利用中华美食街、新民路商圈、牛家坊民俗文化村等商业资源，逐步做大做强商贸服务及休闲旅游产业，全面构建要素聚集、功能完备、多元发展的休闲旅游产业体系，着力实现景区连接镇村、镇村承载服务、服务带动农户的"全景、全域、全季"旅游发展格局。

立足生态循环，推进传统农业转型升级。在乘借吴忠市发展东风的同时，牛家坊村也坚持寻找自己的品牌。近年来，借助南环水系生态绿化建设机遇和利通区现代休闲农业及乡村旅游业的发展思路，牛家坊村始终坚持"调结构、重特色、配设施、增收入"的农业发展方式，构建生态观光农业、民俗文化、特色美食等休闲农业集群，并大力实施特色设施农业生态观光园项目，依托原有苗木、林业等产业发展，完善全域旅游业配套服务，逐步将传统的行政村转变为经营村、传统的耕作农业转变为观光休闲农业，示范性地走出了一条以现代农业发展旅游业，以旅游业激活一、二、三产协同发展的光明大道。

突出休闲创意，力促乡村旅游发展。牛家坊村在促进农业转型后，奋力投身于旅游业发展，不断提升创造力。小村以"特色、美食、农耕"文化为主线，以"乡土、乡情、乡味"为主题，全力推进牛家坊民俗文化村现代服务业产业集聚区建设，将农副产品加工、手工艺品制作、石磨加工等传统工艺与现代服务业相结合，扩充休闲旅游服务功能。独具特色的是，牛家坊村还以美食美拍、游客消费、群众点评等形式，不断推介美食文化，着力打造观光、制作、销售、休闲、娱乐为一体的经营模式，实现了四月赏桃花、五月自驾游、六月摘西瓜、七月游田园、八月垂钓赛、九月摘红枣等全季旅游模式，提升了知名度。

千淘万漉，沙尽见金。在吴忠市的统筹规划和牛家坊村的不懈努力下，牛家坊村探索出了村镇与商户相互带动发展旅游的成功模式。2014年以来，小村成功举办了书画展览、桃花欣赏、亲子同游等主题活动，完成了40多个参观团近15000人的接待工作，创收约300万元，成为吴忠市利通区乡村旅游发展的典范。牛家坊村还打造了"吃喝住行游购娱"为一体的服务业新业态，村内餐饮从业人数占到总人数的40%。牛家坊村的成长虽然经历了艰难险阻，但拨开层层迷雾后终于得见彩虹。2019年7月28日，牛家坊村入选首批全国乡村旅游重点村名单，与此同时，牛家坊村60%的农户被利通区评为乡村好人家，共计申报各级"最美家庭"85户。

播种经验，收获成功。牛家坊村的成功再次向我们证明小乡村脱贫致富不是天方夜谭。环境优美、生态秀丽的小乡村要因地制宜发展特色旅游产业，把发展旅游产业作为拉动经济增长的重要动力，作为稳增长、调结构、增就业、惠民生的重要抓手，作为推动绿色发展、决胜全面小康的必由之路。当然，贫困乡村的发展仅仅依靠自身的风光是不够的，更重要的是紧随城市发展的潮流，融入城市这个"大景区"，为沿线乡村休闲旅游观光产业带奉献自己的力量。另外，以牛家坊村为榜样，小村庄还要通过"农业＋旅游""农业＋生态""农业＋文化"等方式，推动一、二、三产业深度融合，促使农业强起来、农村美起来、农民富起来，这样便能走上发展的坦途，实现"美丽乡村"建设。

今美于昨，明日复胜于今。牛家坊村春有桃花、夏有荷的美丽乡村梦，正逐步变为现实，村民们富裕、幸福、喜笑颜开，相信未来会更加美好。也希望每个身处困境的小乡村都能从牛家坊村的发展历程中学习到宝贵经验，将梦想照进现实，大胆地去改变、去实践、去创造，开创属于本村的美丽建设之路，带领村民奔向更美好的幸福人生。

扶贫车间致富快，移民生活劲头足

——吴忠市红寺堡区弘德村

一、移民搬迁开启幸福空间

众所周知，宁夏回族自治区素有"塞上江南"之美誉，然而很少有人知道这美丽的称谓仅仅是指其北部黄河河东灌区。在宁夏南部山区，千山万壑，土地贫瘠，再加上干旱、风沙，农作物难以生长，这里的农民经常颗粒无收，与北部的繁荣富裕形成鲜明对比，素有"苦瘠甲天下"之称，是国家级贫困地区之一。"一方水土养活不了一方人"，是位于宁夏南部西海固的一些生态极其脆弱地区的最真实写照。因此，摆脱贫困，走出穷苦，成为宁夏尤其是南部西海固地区千百年来难以破解的一道难题。

另辟蹊径，迁出幸福生活。既然西海固地区不适宜人类居住，那就搬到美丽的"塞上江南"去。1997年，时任福建省委副书记的习近平同志牵头负责闽宁协作对口帮扶。来到宁夏后，习近平同志经过缜密调查、统筹谋划后，推动实施了一项重大工程：吊庄移民。所谓"吊庄移民"就是让生活在贫苦之地的西海固群众，搬迁到贺兰山脚下的黄河灌区。自20世纪80年代开始，宁夏在全国率先实行"吊庄移民"。

寒来暑往，明如梭，30多年来，宁夏陆续将120多万贫困群众从山大沟深的西海固搬迁出来，落户到近水、沿路、靠城的区域，并为他们营造了房暖路通、便捷安全的生活环境。吴忠市的红寺堡区就是这样诞生的。该区是全国最大的易地生态移民集中安置区。1998年以来，来自宁夏六盘山区最贫困的8个县（区）的23万群众陆续搬迁到这里，实现了"荒漠变绿洲、沙丘起高楼"的伟大壮举。

坐落在吴忠市红寺堡区红寺堡镇的弘德村就是这项伟大移民政策的新成果。这个西部小乡村是黄河岸边的一个新村，也是"十二五"生态移民村，地处宁夏中部，居民主要来自宁夏西海固地区。当时弘德村辖6个片区1699户7013人，其中建档立卡户1036户4497人，2014年被确定为贫困村。

像很多未经开发的迁入地一样，刚成立时的弘德村一片荒芜，环境恶劣，刮起风来"一碗饭半碗沙"。然而，在党和政府的支持下，20世纪90年代建成投运的红寺堡扬水工程改变了这一切。如今，一级级泵站把黄河水扬高数百米，有了水源，就有了一切，村民紧抓希望，依靠智慧和勤劳的双手将弘德村建设成了一片生机盎然的绿洲。

居住环境改善，生活水平提高。自从来到弘德村，一切都不一样了，原来在山沟沟里走的是泥土路，住的是土坯房，现在在弘德村却住上了砖瓦房，水泥路修到了家门口。这翻天覆地的变化，是村民以前想都不敢想的。从尘土飞扬到空气清新，从与世隔绝到网"络"天下，从孩子上学路途遥远到家门口就有小学、幼儿园……搬出来后，村民的生活条件得到了极大改善。

切实关注民生，及时解决问题。村民刚搬来的时候也遇到过一些问题，比如土地短缺等。由于弘德村的土地并不多，每人只能分到1亩地，这可愁坏了习惯种地养殖的村民。于是村干部积极筹措谋划，把土地整合流转给企业发展特色农业，这样一来村民就可以去企业上班，收入不比自己种地低。弘德村又成立养殖合作社，联系养牛企业，搞托管养殖，不仅减少了养殖成本和养殖用地，还解放了村里的劳动力。村民摆脱了家畜的羁绊，可以自由选择打工或务农，收入大幅度提高。除此之外，村内还成立了就业超市，及时向村民推送周边企业的用工信息，使劳有所用，对企业和村民双方都有好处。

脱去"旧帽子"，喜迎新生活。如今的弘德村村民住着政府统一修建的移民新居，一条条水泥硬化路四通八达，学校、幼儿园、医院等公共文化服务设施一应俱全，生活便利，衣食无忧。截至2019年，弘德村的贫困发生率已降至0.78％，人均可

牛圈（展帆／摄）

支配收入达8435元，成功脱贫出列。从靠天吃饭到依托扶贫车间、种养殖业稳步脱贫，弘德村村民的新生活越过越红火。

二、扶贫车间助力脱贫攻坚

20多年间，习近平四赴宁夏，为宁夏各地区的发展提供了很多切实有效的指导意见。2020年6月8日，总书记再赴宁夏考察调研。当天下午，他便来到吴忠市红寺堡镇弘德村的扶贫车间，同正在加工制作纸箱的村民亲切交流，了解当地脱贫攻坚事业的推进情况。

在扶贫车间，习近平总书记说："吊庄移民，不是搬过来盖几间漂亮房子就行了。乡亲们搬出来后，要稳得住、能致富，才能扎下根。"参观结束后，总书记为弘德村的扶贫车间点赞。他还特别叮嘱，"兴办扶贫车间，目的就是为了扶贫。要坚持扶贫性质，多招收困难乡亲就业。企业参与兴办扶贫车间，先富带后富，很有意义。"说起来，弘德村的扶贫车间也算是在总书记的支持下建成的，是闽宁协作的新产物。

东西协作，闽宁情深。弘德村的扶贫车间占地3300平方米，是由福建德化的一家企业帮扶建立的，是一家闽宁协作的扶贫工厂。本来由于资金问题，

车间建设几乎止步，好在一方有难，八方支援，2017年，转机来了。这一年，兴业银行银川分行向弘德村捐赠100万元，再加上各项扶贫资金共计500万元，全部投入到建设扶贫车间。这些资金的输入如同雪中送炭，很快宽敞明亮、设施齐全的扶贫车间便建成了。车间建成后，村里引进了一家纸箱厂，专门生产各种规格高、中、低档的纸箱、纸盒、礼品盒等包装用品，这为村集体带来巨大收益，也为村民提供了众多就业岗位。

天赐食于鸟，而不投食于巢。扶贫车间的目的不是无条件施舍，而是教会村民自力更生。车间专门为村民提供技术培训，培养他们的工作能力。到现在，车间已经解决了100多人的就业问题，其中大部分是村里的"老病弱"。像塑料提手安装这种"门槛低"的工作，老人就能轻松完成，每天近40元的收入吸引着他们走出家门、走进车间。事实上，经济上的帮扶是次要的，能让老年人老有所为，他们自己打心眼里高兴，随之而来的精神滋养才是最可贵的。老弱病本是脱贫的短板，如今可以在家门口干活，力所能及又增加了收入，何乐而不为呢？当然，在车间上班的不仅有老年人还有年轻人，车间现已吸纳了30多名中青年员工，在家门口就业已经成为越来越多弘德年轻人的最佳选择。

关切民生，不仅仅在于脱贫致富，还要让他们活得舒心，没有顾虑。针对上有老下有小，无法外出务工的妇女，车间为她们合理规划时间，允许她们在工作间隙去接送孩子上下学、洗衣做饭。接下来，弘德村还考虑在扶贫工厂里增建一些附属设施，让孩子可以在这里看书、玩游戏，等母亲下班后再带他们一起回去。弘德扶贫车间处处为村民着想，致力于造福民众，使得一家老小各得其乐、喜笑颜开，真正实现车间墙上的那句标语：我和家人一起奔小康。

扶贫车间助脱贫，村民一起奔小康。在扶贫车间等项目的带动下，弘德村贫困发生率从69.8%下降到了0.78%，建档立卡贫困户从1036户减少到了20户。村支书欣喜地说："去年我们成功实现了整村脱帽。有很多村民在扶贫车间里找到了脱贫路子，走上了致富大道，我们要一起奔小康！"

山乡巨变改善生活，幸福村民如沐春风。如今，弘德村村民觉得日子越来越有奔头。家家户户都有了几份稳定的收入，吃饭、医疗、教育条件全方位提升，考上大学的小孩还可以申请教育扶贫资金，即使有困难也不用愁，村里的一系列精准扶贫政策足以为他们排忧解难。村民的生活水平也大幅度提升。走进村民家里，窗明几净，家具齐整，几盆鲜花装点其中，温馨而又惬意；各家门口停放的小汽车五颜六色、款式不一，生活用车已是再寻常不过了；村民穿着崭新的衣服，鱼、肉已成为家常便饭。他们的日子越过越好，一个个笑靥如花，使得整个村子都洋溢着幸福的气息。

三、种养殖业推动发展致富

产业是经济发展的引擎和动力。对于贫困乡村来说，扶贫车间虽然是脱贫的一把"利器"，却未必能帮助本村致富，要想发展致富还是得依靠产业。因此弘德村将全村6646亩土地全部流转，大力发展种养殖业。在种植业方面，村里主要种植紫花苜蓿、青贮玉米和甜瓜，每年光是流转费就能收入357万元。更令人惊喜的是养殖业，全村现有724户从事牛羊养殖业，肉牛存栏1481头，羊存栏5989只，每年收入达740多万元。目前，肉牛养殖业已成为弘德村脱贫致富的支柱产业，正凭借其丰厚收益，为本村脱贫攻坚事业源源不断地输送动力。

"两年多前，弘德村的肉牛养殖还不'牛气'。"弘德村党支部书记任军不无感慨地说。2018年，弘德村试水养牛合作社，农户只需投入2万元，加上10万元的银行贷款，即可成为合作社股东，由合作社集中购买、养殖、销售肉牛，农户什么也不用做，只需等着年底分红。然而，情势并没有按照预想的顺利发展，因看不到具体收益，"征集令"响应者寥寥无几。眼看这件造福于民的好事就要陷入僵局，村干部一个个心急如焚。

"有条件要上，没有条件创造条件也要上。"弘德村坚决不肯放弃养殖致富的发展机遇，于是村两委班子成员带头行动，发动29户亲友成立了3个养牛合作社，集中养殖肉牛300头，以身作则，向村民证明加入养牛合作社是可以切切实实挣到钱的。当年年底，参与合作社的村民便得到分红1.2万元，红色的百元大钞摆在眼前，其他村民终于心动了。2019年，243户村民积极争取入社做股东，合作社增加到10个，共养牛1700头，年底户均收益超过1.8万元。弘德村的村干部用实际行动打开了局面，引领村民走上了产业致富的康庄大道。

"长风破浪会有时，直挂云帆济沧海。"打开局面后，弘德村的养殖产业越做越大，越来越红火，截至2020年3月，村里的合作社已增加到15个，共有520户村民参与其中。政府又锦上添花，帮助弘德村成立了吴忠红寺堡区鲁家窑农民养殖专业合作社联合社，实行"统一品种、统一技术、统一饲料、统一防疫、统一销售"策略，专门雇2名饲养人员进行机械化饲喂管理，将2940头肉牛"服侍"得妥妥帖帖。

策马扬鞭，再求精进。目前联合社牛场养牛头数趋近饱和，但还有很多村民主动要求加入合作社，村委会再三商讨后决定扩建。经过申请，牛场二期项目已通过审批，2020年年底已建成，联合社肉牛养殖能力将超过6000头。村委会也准备把村集体土地流转和房屋租赁的钱投入合作社"生钱"，这样村集体经济就有了更多的底子，本村未来的发展也会有更大的底气。

如今，奔跑在小康路上的弘德村，把日子过成了飞驰的列车，每天都在不断向前，进步越来越快，幸福越来越多。

四、"更好的生活还在后头"

"不经一番寒彻骨，怎得梅花扑鼻香？"多年来，宁夏先后实施了6次大规模的移民搬迁，累计搬迁123万人。作为中国最大的易地生态移民区，红寺堡区共安置移民23.3万人，并让包括弘德村在内的贫困群众告别了"看天吃饭"的贫瘠和无奈，走上了在中国特色社会主义制度下脱贫发展的康庄大道。过程是艰苦的，成果是巨大的，如今的弘德村牛羊成群、交通便利、房舍依依，白云、青烟相映成趣，高树、低柳俯仰生姿，绿草如茵，鲜花盛开，彩蝶飞舞，伴着来往人群的欢笑声，汇成了一幅幸福美好的美丽乡村新图卷。

"乡亲们搬迁后，更好生活还在后头。希望乡亲们百尺竿头、更进一步，发挥自身积极性、主动性、创造性，用自己的双手创造更加美好的新生活。"这是总书记对弘德村的殷殷期望与嘱咐，也是这座移民村美好蓝图的新起点。

"总书记的关怀让我们深受鼓舞，更有干劲儿"，弘德村党支部书记任军说，"要牢记总书记的嘱托，带领全村乡亲们苦干实干奔小康，让村子更美、百姓更富。"对于弘德村未来的发展，村委班子信心满满，已经制定了具体规划。首先，要在发展养殖合作社上发力，让全村的养殖户都加入合作社，入驻"飞地"养殖园区，发展集中养殖。其次，要加大招商引资力度，让更多的企业进驻弘德产业园区，通过产业园区的发展，使农民变工人，短期工变长期工，让每个人都有一份稳定的工作。最后，村里还要继续建设扶贫车间，让更多老人和妇女就近就业，并要全力发展乡村旅游，打造更多观光旅游景点，吸引更多游客前来"一睹风采"。目标明确、切合实际、步步为营，凭借如此计划，弘德村一定能够将决胜脱贫攻坚的战役打响打漂亮，为国家全面建设小康社会推力助航。

脱贫攻坚，成就非凡，这是当代最生动、最真实、最具说服力的中国故事。全面建成小康社会，贫困人口全部脱贫，是我们党向历史、向人民作出的庄严承诺。党的十八大以来，党中央以前所未有的力度实施脱贫攻坚战略，使得贫困人口从2012年年底的9899万人，减到2019年年底的551万人，每一年、每一月甚至每一天，数字都在变化。

"其作始也简，其将毕也必巨。"习近平总书记的判断是正确的，2020年我们完全可以完成全面建成小康社会的宏伟目标。然而越到最后，越有难啃的硬骨头，突如其来的新冠肺炎疫情，又增加了脱贫难度。所幸魔高一尺，道高一丈。面对艰难险阻，在习近平总书记的英明领导下，中华民族团结一心、不屈不挠、自强不息的伟大民族精神再一次爆发出巨大力量，全国人民战胜疫情，重新走上了脱贫致富的正轨。今美于昨，而明日复胜于今，在党中央的正确领导和关怀下，凭着老百姓的勤劳智慧和不懈奋斗，我们相信，弘德村的未来一定会更加美好，中国的未来一定会更加美好。

特色产业助脱贫，美丽乡村入画来

——吴忠市红寺堡区杨柳村

杨柳村隶属于宁夏回族自治区吴忠市红寺堡区新庄集乡，是2004年从隆德县整体搬迁到新庄集乡的一个行政村。起初的杨柳村黄沙呼啸、寸草不生，搬迁至此的村民陷入无限哀伤，一声声叹气里既有对故土的不舍，更有对前路未知的迷茫。然而，幸福生活是奋斗出来的，之后的十几年，栽葡萄、种枸杞、发展设施温棚……村民们将坚定不移地与黄沙比倔强，与草木赛坚强，坚持美化亮化村庄。随着时光流逝，小村终于在艰苦奋斗中发展起来了。有多少苦涩浸染，就有多少甜蜜收获。如今，罗山脚下的杨柳村生态优美、产业兴旺、百姓安居，正处处书写着关于"幸福"和"希望"的动人篇章。

一、美化居住环境，提升幸福指数

实施整村推进，综合整治环境。2013年，杨柳村正式成为红寺堡区首批确定的4个幸福村庄示范点之一。同年8月，杨柳村开始启动"美丽村庄"建设工作，在各级领导的组织带领下，村民积极响应号召，为打造美丽家园添砖加瓦。如今的杨柳村，一栋栋青瓦灰墙的农房整齐划一，花草树木绿意盎然，广场上村民的健身操动作优美连贯，村庄内垃圾分类处理箱遍布街头巷角。一幅环境优美、人民幸福的美丽乡村图景在这里徐徐展开。

不是沙进人退，就是人进沙退。过去的杨柳村是典型的生态环境恶劣地区，大风一起，黄沙遮天蔽日，村民记忆里全是模糊的土黄色。百姓一年到头全给沙子打了工，地里种上的粮食，刚露出嫩苗，便被风沙刮走或掩埋，一亩地最多年产七八十斤

村庄一隅（展帆／摄）

粮，单薄的产量连村民的温饱问题都难以解决。后来在党中央、国务院的大力支持下，宁夏在这块荒原上实施了"1236"工程。此后，黄河水被一级一级地"扬"了上去，最终"扬"到了高于黄河水面300米的杨柳村。于是，移民们开始在湿润的土地上种花植草，又在风障边种上沙柳树和杨树，积少成多，成功"管住"了风沙。现在的杨柳村天蓝地绿水清，小村生活随着田地苗木地不断铺展日渐美好，村民举手投足之间都流淌着幸福喜悦之感。

新房迎百福，好地风光好。和风暖阳、绿树成荫、白墙红瓦、错落有致，杨柳村过去的小院房摇身变成了宽敞的砖瓦房。十几年间，村民的房子换了三代，生活也发生了翻天覆地的变化。刚搬过来的第一代住房是两间54平方米的安置房，房屋空间狭小，极具压迫感。如今，村里为七成老百姓翻盖了整齐统一的新房，全屋吊顶，瓷砖铺地。过去村民一年四季守着烂房子、围着火炉子发愁的日子彻底成了往事，如今他们住在暖气、空调等新式电器一应俱全的精装民居里，没有了饥寒交迫的烦恼，日子越过越旺。除此之外，新房附近市场云集，村民经常添置新衣，街上流行什么穿什么，几乎天天不重样，而且年货也不用提前囤了，随时都能置办。百姓的生活越来越方便，越来越幸福。

卫生干净整洁，村庄面目一新。以前，杨柳村卫生"脏、乱、差"现象严重，村内塑料袋、农药瓶、化肥袋、破衣烂鞋等垃圾随处可见，再加上大量建筑垃圾乱堆乱放，居民们房前屋后环境极差。随着村庄清洁行动的深入实施，村内道路两侧及道路边沟内积存的垃圾得到了及时清理，新产生的垃圾也被村民规范有序地堆放和收集。除此之外，村委会组织村民对所有墙体进行粉刷，墙上写上了村规民约、文明新风、社会主义核心价值观等内容，让人耳目一新。如今村里人保护环境的意识不比城里人差，男女老少将房前屋后拾掇得干净整洁、美观漂亮、现代时尚，令人赏心悦目。

完善基础设施，丰富村民生活。为进一步提高村民生活质量，村委会在为村民翻盖新房的同时，加大力度硬化乡村道路，配套安置路灯，围建景观绿化苗圃，并在本村建设文化广场等公共场所。如今，小村彻底结束了"白天一脚灰，夜晚一抹黑"的历史，一盏盏明亮的路灯照在平坦的村路上，点亮了乡村的夜晚，也照亮了百姓的生活，给原本沉寂的乡村增添了无限生机。村里打麻将、闹矛盾的人越来越少，吼秦腔、打篮球的人越来越多。动作整齐划一的广场舞团队更是杨柳村一道亮丽的风景线，精神抖擞的中老年人伴随着悠扬的乐曲欢快起舞，展示出本村特有的生机与活力。

随着杨柳村美丽乡村建设这把"金钥匙"的开启，阻碍本村发展的迷雾被逐层拨开，老百姓感受到了真真切切的好。下一步，小村的目标便是寻找到富路，让富裕美好的生活在杨柳村"生根发芽"。

二、优化产业结构，点亮脱贫希望

近些年，红寺堡区尝试在节水和调优种植业结构上大做文章，把有限的资金重点放在产业上，立足区情地貌，有效推动农民增收脱贫。杨柳村紧随红寺堡特色产业的发展热潮，不断扩大组织队伍，依托葡萄、枸杞、油桃等产业的种植优势，致力于将本村打造成红寺堡区现代农业融合发展示范村，以乡村旅游发展助力精准扶贫，让老百姓脱贫致富，实现脱贫销号。

依托自然优势，种植增收"宝石"。红寺堡区地处北纬38°，昼夜温差大、日照时间长、降雨量少、土壤透气性好等地理优势为种植葡萄提供了得天独厚的条件。2013年年初，乡党委、政府积极与宁夏天得葡萄种植有限公司洽谈，成功流转了西川组土地3160亩，发展酿酒葡萄种植项目。很快，红寺堡成功培育形成40多个葡萄酒品牌，先后在法国巴黎葡萄酒挑战赛、亚洲葡萄酒大奖赛、德国柏林葡萄酒大赛等国内外赛事获奖139个，真正把小葡萄做成了大产业。杨柳村抓住这个机会，调整产业结构，鼓励农民种植酿酒葡萄，并且引进红酒酿造企业包销农民种植的葡萄，依托"企业＋基地＋农户"的合作模式，大力发展葡萄酒产业，形成了集酿酒葡萄种植、葡萄酒生产和销售、葡萄酒文化旅游于一体的产业链。

葡萄破土展藤，村民扬眉吐气。酿酒葡萄的种植不仅打开了本村的大门，让企业得以投资建厂，也为村民增收打开了一扇新窗，企业和农户实现了双赢。2012年以前，村里人均年收入只有3000元左右，除了外出打工的村民，剩余劳动力种一年地几乎没什么收入。而村民将家里的地流转出去后，不仅能拿到一份土地流转费，就地务工每月还能增添3000元收入。土地流转吸引了杨柳村的劳动力，从低效率劳动中解放出来的农民纷纷来到种植基地打工，成功转型为农村的上班族，告别了此前四处打工、靠天吃饭的生活，日子一天比一天好起来，心里感受到了前所未有的踏实安定。

科学优化品质，果园寸土寸金。除了种植葡萄外，农户在自家庭院前后还栽种了包括桃树、李树、杏树、枸杞树等品种的近4万株经济果林，使自家庭园变成了小小"花果山"。这些果树挂果后每年可为每户农民带来三四千元的收入，效益十分可观。近些年，杨柳村为了进一步扩大优势，坚持因地制宜引导群众发展设施大棚种植，并通过组织群众外出考察学习、聘请林业专家现场指导，不断优化果品品质，提高果农科学栽植、科学管理水平。目前，全村共建设施大棚48座，根据不同季节分别栽种油桃、香瓜、蔬菜等优质特色果蔬，预计年产值达80余万元，使得百姓收入大幅增加，彻底摆脱了过去"苦等苦熬"的生存状态。在未来的发展中，杨柳村果园将持续显现它的经济效益和生态效应，美化村庄环境，拉动经济发展。

打造旅游业态，加快脱贫攻坚。近年来，红寺堡区引导农户采用"种植+旅游"的全域旅游模式，通过一、三产业的深度融合，打造乡村休闲旅游新业态，开发休闲农业精品旅游线路，以生态游、采摘游、休闲游、体验游为出发点，培育农业增收、农村发展、农民致富的新路子。如今，红寺堡区依托西川葡萄、枸杞、油桃等特色产业优势，已成功打造了以休闲、体验、观光、旅游为主的田园旅游特色村落，2018年累计接待游客6万余人次，总收入达300余万元。杨柳村抢抓红寺堡全域旅游及东部旅游环线发展机遇，努力打造以休闲、体验、观光、旅游、度假为一体的乡村旅游业，积极构建"一带一环三片区"的西川特色旅游示范村。努力就有收获，2019年，杨柳村荣获"第一批国家森林乡村"荣誉称号。发展旅游业不仅使本村知名度大幅提升，也拓宽了农民的增收渠道，加快了脱贫攻坚的进程。

种植旅游相辅相成，喜悦财富如约而至。杨柳村大力实施文化旅游植入工程，通过举办乡村旅游节庆活动，更好地展现本村丰富的乡村旅游资源和独特的文化资源，助推休闲农业特色产业示范乡村的建设。乡村休闲旅游产业不仅促进了杨柳村餐饮、住宿、商品零售等的发展，拓宽了村民的致富渠道，还带动了本村葡萄、枸杞、黄花菜、庭院经果林等特色产业的发展，提振了农户脱贫致富的信心和精气神。值得一提的是，在乡村休闲旅游产业促进居民增收致富的同时，来自全国各地的游客也为当地居民提供了一条与外界接触的渠道，开阔了村民的眼界，丰富了他们的精神世界。

提供示范案例，传递发展经验。杨柳村的安定富裕对整个中国乡村振兴事业的贡献可能微不足道，但其成功脱颖而出的背后所蕴含的经验却是无价之宝。杨柳村的成功再次证明乡村脱贫致富离不开兴旺发达的产业，这就要求与杨柳村经历类似并身处困境的移民小村庄应以特色农业为"媒"，激活乡村振兴新功能，围绕"绿色、生态、有机"发展方向，积极引导农民依据土质、气候和市场要求，因地制宜优化产业结构，大力发展特色农业，把"菜篮子""果盘子"变成富农兴民的"钱袋子"，进而加快百姓增收致富进程，推动乡村全面振兴。

目前，杨柳村已打造以酿酒葡萄、枸杞和油桃为主的特色产业8100亩，不仅吸引了许多企业前来建设基地，而且拓宽了群众务工渠道，加快了脱贫致富步伐。2016年，小村农民纯收入已经达到每月3600元，被自治区确定为首批"十大特色产业示范村"之一。未来，杨柳村将再接再厉，继续以特色产业发展助力精准扶贫，带领村民摘掉"穷帽子"，实现脱贫销号。

三、感受果园风光，品尝特色美味

当下，新庄集乡杨柳村的变化是巨大的。通村公路修到了家门口，自来水覆盖了全村，村里卫生室、幼儿园、文化广场应有尽有，一排排银白色的种植大棚鳞次栉比、蔚为壮观，棚内各色果蔬交相辉映、长势喜人，农民个个喜笑颜开。因杨柳村设施齐全、景色秀丽、声名远扬，越来越多的游客专门到此休闲娱乐，一睹美丽乡村的大好风光。

桃花四散飞，桃子压枝垂。杨柳村油桃大棚依山傍水，风景优美。春日，游客至此可以欣赏满园的粉红争艳，吮吸扑鼻的花香，行走于桃花飞舞的树下，尽情享受俏丽妩媚、芬菲烂漫的桃花带来的神迷欲醉之感。五月，娇艳的桃花化身为累累硕果，鲜红的油桃掩映在绿叶之中格外诱人。采摘果子的农户个个虽挥汗如雨却满脸笑意，问候声、说笑声、吆喝声，不绝于耳，场景十分热闹。工作人员会为每位进入大棚的游客端上切好的天然无公害水果，游客可以品尝到鲜嫩多汁的油桃、香脆可口的甜瓜和酸甜相宜的西红柿。除此之外，来到这里的游客一定会体验采摘的乐趣，同时还可以把这份成熟的喜悦带走送给家人朋友，向他们表达自己的爱意和融入自然的快乐。

葡地水美聚精华，颗颗碧玉放光彩。游览完油桃大棚后，一定不要忘记来葡萄园转转。放眼望去，一大片葡萄藤在微风中摇曳，一串又一串葡萄沉甸甸地挂在架子上，走进其中，一颗颗晶莹剔透、鲜嫩水灵，仿佛置身玛瑙秘境。走在葡萄园又湿又软的地上，摘一颗葡萄放进嘴里，舌尖触到葡萄那柔软细腻的果肉，一股甜津津的汁水流入心田，好似喝了蜂蜜一般；再尝一口葡萄酒，曼妙醇香，回味无穷。如果你不满足于油桃和葡萄带来的享受，大可到周边采摘园里转转，大棚里红杏、黄花菜、枸杞各具特色，总有一款适合你。不过，吸引孩子们的不只是水果，还有采摘园里的儿童娱乐区，孩子们在那里开着小挖掘机，体验挖掘的乐趣；动手种植多肉花卉，感受培育的喜悦，玩得不亦乐乎。

参与特色活动，品尝农家美食。杨柳村一年一度的油桃采摘节活动办得风生水起。每至佳节，小村内人头攒动，大街小巷里洋溢着欢声笑语，游客们不约而同地拿起相机捕捉美丽的瞬间。来自四面八方的游客不仅可以到大棚里体验果蔬采摘之乐，还可以在活动现场观看精彩的文艺展演、茶道表演、红酒鉴赏等。他们可以与乡村书法家同台竞技、泼墨献宝，写下对杨柳村未来发展的美好祝福；可以与茶艺师切磋探讨茶文化，与农村艺术家分享歌舞表演经验，也可以与三两好友一起品酒闲逛，寻找属于自己的乐趣。活动现场最引人注目的莫过于村民亲手搭建的"锅锅灶"，特色土锅土灶经常被游客围个里三层外三层，用其制作出的原生态农家美食色香味十足，令无数游客流连忘返。

赴一场杨柳村之旅，读书喝茶不争朝夕。游客们体验完采摘之乐后，如果还想继续感受乡村生活，便可以入住杨柳村农家小院。农家小院可以满足游客回归田园、感受大自然之美、享受别致悠闲慢生活的愿望。青砖灰墙的农家院被主人拾掇得干净整洁，院子一角摆放着的背篓藤椅和农耕用具，让农家充满了灵动的气息。清晨，推开农家小院的门，让思绪跟着纤纤细柳一起随风飘荡，放空自我。中午，可以与农家主人一起摘菜、洗菜、做饭，饭后再与他们一边品着枸杞茶，一边闲话人生，分享不同的人生故事。待到夜幕降临之际，便可在小河流淌声与知了吟唱声中拿起书本，远离城市的喧嚣，享受独处的快乐。

硕果盈枝的种植业不仅使杨柳村农户的腰包鼓了起来，也为当地及周边群众踏青游玩提供了好去处。游客们散着心，呼吸着新鲜空气，采摘着鲜嫩的果蔬，喜悦之情溢于言表。今后，杨柳村将加快推进乡村旅游文化产业发展，让乡村旅游成为城里人向往的假日活动和农民增收致富的聚宝盆。

紧紧抓住现在，坚定拥抱未来。如今的杨柳村人人忙致富、家家争脱贫，生活光景越来越好，每个村民的脸上都洋溢着喜悦与自豪。未来，在党和政府的帮扶下，生活在这片土地上的村民将继续积极开拓、再创辉煌，手捧"致富果"，甜甜蜜蜜走向更加美好的未来。

塞上风景美如画，稻花香里说丰年

——吴忠市青铜峡市叶盛镇

"天下黄河富宁夏，黄河明珠青铜峡。"古老的黄河文明、悠久的丝绸之路、浓郁的农耕文化、神秘的西夏历史、独特的民俗风情交相辉映，构成青铜峡灿烂多姿、源远流长的地域文化。位于青铜峡市东北部的叶盛镇，距离青铜峡市中心14公里，惠农渠、汉延渠、黄河穿流而过，109国道纵贯辖境，水系发达，区域优势明显，是宁夏回族自治区首批命名的现代农业示范区和重点建设的沿黄特色小城镇，也是青铜峡市创建全域旅游示范市的重点之一。

一、农民变股民，红利来敲门

叶盛镇五星村地处青铜峡市北部，与永宁县接壤，是一个并不起眼的传统农业村，耕地面积7328亩，辖10个村民小组，共688户2862人，因水稻品质优良而远近闻名，老百姓过着能吃得饱饭但并不算富裕的生活。

前些年，五星村的一些农户将土地流转给大户经营，大规模发展有机富硒水稻生产，取得了不错的经济效益。但是，大户赚钱了，村民的收益却仅限于流转费，很难参与经营与分红，村集体收益也不大。老百姓眼看着别人的腰包一天天鼓起来，自己却还原地踏步，心中不免有些失落。村两委班子商量后决定：与其让大户、公司来流转村里的土地，不如我们村集体自己干！

2014年，全区第一家土地股份专业合作社正式成立。五星村成为青铜峡市"土地变股权、农民当股东、收益有分红"为基本特征的土地股份合作社改革试点。五星村的人们积极响应村干部的号召，踊跃参与土地股份合作社，凭借着敢为人先、奋勇前进的精神，将每一滴汗水都挥洒在这片广袤的土地上，终于干出了一番大事业。当年年底，合作社种植的800亩优质粮食喜获丰收，入股农户每亩土地拿到保底租金和二次分红两份收益共913元，全村人均纯收入达到12300元，村集体经济增收26万元。老百姓的钱袋子鼓起来了，便对生活有了盼头，对未来充满希望，苦干实干的劲头更高了！

不仅如此，五星村还积极争取项目资金建设"十三五"易地扶贫、搬迁扶贫产业园。村委会将新建的应季蔬菜大棚采用抽签的形式进行分配，共有26名移民承包并种植，具体种什么品种由村民自己决定。在种植过程中，遇到任何困难，都有技术人员为大家及时解决，大棚的种植效益非常有保障。每个大棚每年的租金为5000元，另有政府扶贫资金支持，为每户补贴3000元，这一切让特色产业这个源头活水源源不断地为精准脱贫输送力量。

走进五星村的扶贫产业园，放眼望去，一排排简易大棚整齐地排列在田间，棚内各种蔬菜瓜果长势喜人。圆溜溜的麒麟西瓜，惬意地躺在地上，露出大肚子，好似在闭目养神；叶子青翠的香芹，就像一个个身姿曼妙的大姑娘，头发茂密，飘然间还散发出一股淡淡的清香，让人神魂颠倒。在有机"活体蔬菜"大棚里，一盘盘"活体蔬菜"一字排开，乍一看还以为是一盆盆绿植呢，非常可爱动人。这种"活体蔬菜"有两大特点：一是它能够最大限度地保证蔬菜的新鲜；二是可以当花养，具有观赏性。随着人们生活水平的提高和对健康新鲜食品的日益关注，"活体蔬菜"越来越受到人们欢迎。村民介绍说，这些蔬菜生产周期快，约半个月即可食用，市场售价每盘6.5元，一个大棚每年能产14茬至16茬，产量非常可观。

一分耕耘，一分收获。为了保证蔬菜健康成长，穿梭在田间的农民辛勤忙碌着，有的踮着脚抬起头为瓜果嫁接，有的蹲在地上歪着身子给菜苗"治病"，还有的提起水桶拿起剪刀为蔬菜浇水剪叶。他们像对待自己的孩子一样对待这些瓜果蔬菜，悉心照料、百般呵护，盼望它们"成人成才"。

不断地奋斗就能走上成功之路，仅仅三年间，五星村的投资增速就像过山车一样，资金越来越多，家底越攒越厚。小村前后共投资120万元建成韭菜大棚88个、蔬菜大棚33个、育秧大棚50个，投资120万元购置农机具32台，投资30万元建设农机库1200平方米。截至2018年年底，358户社员入股占比43%，国家扶持资金入股占比43%，村集体入股占比14%，总股本金580万元。老百姓的幸福溢于言表，坚信在党的领导下，路子会越走越宽，日子会越过越好！

努力就有收获。短短几年间，五星村先后获得了吴忠市文明村、吴忠市"民族团结进步示范村"和宁夏回族自治区"先进基层党组织""村民自治模范村"等荣誉称号。2015年10月，五星村代表就"依托土地股份合作社探索资产收益扶贫"的经验做法在全国产业扶贫论坛上作交流发言，取得良好成效，宁夏全区开始积极推广这一乡村治理的成功模式。2016年在大坝镇上滩村、叶盛镇盛庄村等9个村成立了土地股份合作社，总数达到10个，涉及5镇10村，入社社员1428户，入股土地面积6486亩，已挂牌运营，运行良好。

产业兴旺是实现乡村振兴的"火车头"。叶盛镇的人民抓住了产业发展这个"牛鼻子"，立足自身资源禀赋，找到了适合自身发展的产业路子，构建起了绿色安全、长远发展、优质高效的产业体系，为村民致富增收提供了坚实保证。

二、塞上小江南，稻香随风来

池面风来波潋潋，波间露下叶田田，幽静美丽的地三村，总是让人忘记回家的路。位于宁夏平原引黄灌区中部的叶盛镇地三村，气候适宜，土地肥沃平整，硒元素含量极高，具有种植水稻的独特优势。清朝时期，康熙曾三次率兵亲征噶尔丹，路过宁夏时，当地县令拿出最好的地三（村）大米，虔献给皇上，皇上吃了赞不绝口，当即赐封地三大米为"宫廷贡米"。

2008年，正鑫源集团在叶盛镇流转土地近10000亩，建立了宁夏全区规模最大的有机水稻种植示范基地，先后进行了180多项新技术、新品种试验，实现了叶盛贡米品种优质化、生产标准化、种植规模化，确保了水稻的优质高产，并辐射带动了叶盛镇及周边2850户农民种植优质水稻近30000亩。叶盛大米不仅产量丰盈，且品质优良，具备粒圆、色洁、油润、味香四大特点，蛋白质、脂肪含量尤高，极富营养价值。用这种大米蒸制的米饭，洁白如脂，粒粒晶莹，黏而不腻，油润香口。尤其是地三村

雕塑"贡米之乡"（展帆／摄）

种植的水稻，光映半透，粒圆饱满，是款待亲友的佳品。多年来，这里出产的大米一直是宁夏最值得称道的农产品之一，畅销宁夏区内外，"叶盛贡米"也成为长三角地区广受欢迎的大米品牌。

以农业为基础，以旅游业为龙头。依托叶盛万亩良田土地资源，结合黄河、农耕、贡米等文化资源，地三村以正鑫源现代农业集团为龙头，以"村企互动、产村融合"为发展模式，结合小城镇规划建设，积极发展休闲农业和美丽乡村旅游业。村干部在党的正确领导下，勇于创新、积极探索，努力将地三村建设成集稻作文化传承、农事休闲体验、田园观光等为一体的稻文化旅游产业示范村。勤劳质朴的地三村村民在稻田种出精彩的创意农业文化，把种水稻变成种风景，让普通稻田变成百里稻香花海。他们还根据不同季节种植油菜花、薰衣草、向日葵等，带给游客百花争艳的画面感，形成强大的视觉震撼力。微风吹过，稻浪一层盖过一层，涌动的浪花带着收获的味道，吹向游人的脸庞，似乎在诉说着曾经的回忆。紧随稻香而来的还有薰衣草的气息和向日葵的微笑，群稻如海，花草轻缀，一切的一切都让人不禁驻足欣赏。

走进万亩稻田，游客不仅可以体验做农活儿，还可以学插秧、磨豆花、烧土鸡，感受农事生产的乐趣。叶盛镇为游人们真正创造出了鱼米稻乡游的

"大地景观"，用智慧和汗水绘成了一幅生态种养、田间漫步、柳下垂钓、稻香蟹肥的美丽江南画卷。不论是成群结队的驴友还是婚纱摄影者，抑或是寻找儿时记忆的文人墨客，都在这稻香中流连忘返，诉说着乡愁。

三、风貌留乡愁，宜居也宜游

"中国要美，农村必须美，村庄干净整洁是小康社会的基本要求。"近年来，青铜峡市叶盛镇认真贯彻落实乡村振兴战略，加快建设美丽宜居乡村，把提升农民群众幸福指数放在重要位置，聚焦村容村貌整治提升、"厕所革命"等重点工作，持续改善和提升人居环境，让更多群众享有高品质生活。

从2018年开始，叶盛镇加大对农村环境综合整治的力度，深入推进美丽乡村建设，形成了农村人居新风貌。镇上打造了两户以农家特色餐饮为主的特色农家小院，一户以贡米为主题的文化大院；建设了垂钓平台和休闲长廊等服务设施以及旅游线路景点标识牌和文化广场；硬化了路面，铺设了游览步道，修建了规整有序的停车场。乡村旅游硬件设施已见雏形，为进一步发展旅游业、促进产业融合、增加农民收入、推动乡村振兴打好了基础。

小康不小康，厕所是一桩。要改善农村人居环境，提升乡村"颜值"，"旱厕革命"势在必行。2020年，叶盛镇将"厕所革命"作为实施乡村振兴战略的主要抓手之一，高度重视，精心组织，力求在农村最大限度消灭旱厕，让群众家家户户都可以用上干净卫生的现代化厕所。走进叶盛镇各村，挖沟、压管、填埋、铺砖，改厕作业正有序进行。

2020年，叶盛镇已完成厕所改造2779户，涉及全镇9个行政村，完成主管网铺设5.1公里，安装沉淀池311座。"厕所革命"看似小事，却是关系群众生活的民生大事。叶盛镇推进"厕所革命"，实施农村厕所改造工程，不仅解决了群众关心的民生问题，还带动了农村人居环境的整体提升，让群众获得了实实在在的幸福感和满足感。

当然，"厕所革命"只是村居村貌整改的一部分，如今在叶盛镇，广大村民还深刻体会到了环境综合整治给日常生活带来的新变化，"晴天一身土，雨天一脚泥"的境况已渐渐淡出老百姓的记忆。而太阳能热水器等清洁能源的投入使用，更是让村民对村庄的健康可持续发展充满了期待，对今后的幸福生活充满了期望。村民都说："现在环境美了，人们的心情也好了，出来干活也有劲了！"村容村貌的改变，使得日日夜夜待在这里的村民幸福指数一天天提高了，精神面貌也有了很大改善。

风景如画地，美丽宜居村。穿行在叶盛镇的乡间小路上，满眼都是绿色，景观稻田、休闲农园随处可见，青砖黛瓦的民居镶嵌在扎扎实实的产业带上。一条条柏油路纵横交错、一排排行道树庄严威武、一朵朵小花摇曳生姿，它们将村子点缀得五彩缤纷，村民看在眼里，美在心里。到了晚上，路灯照亮了村民房前屋后的路，寂静的村庄里传来几句知了的鸣叫，使人不禁感慨：原来夜晚的村庄也可以如此别有风味。

"酒香不怕巷子深。"随着各地游人纷纷而来，今天的叶盛镇已经成为城里人呼吸新鲜空气的天然氧吧。绿树葱郁、花海滚滚、稻香弥漫，再加上清新的空气，这里无疑是人们缓解压力、释放烦恼、修养身心的最佳之地。清晨，太阳快要升起的时候，带着孩子在农棚里摘大青葡萄、采农家蔬菜、观田园风光，体验农忙的乐趣；午间，走进小镇农家乐，品味肥美的黄河鲤鱼、嫩滑的农庄土鸡、鲜美的宁夏羊肉，就着野菜，感受不一样的西北风情；傍晚，和三五好友谈天说地、打牌品茶，等待正宗的烧烤出炉；夜晚，坐在小院的椅子上抬头看着一闪一闪的小星星，唱着歌跳起舞，累了便在农家土炕上睡一觉。面对如此惬意的生活任何人都会失去抵抗力，然而身临其境才能体味小镇真正的魅力，如果你也有所期待，就赶快前来吧。

四、叶盛好成绩，托起致富梦

产业发展是美丽幸福小康的根基，生态宜居是美丽幸福小康的底色。在脱贫攻坚这场战役中，叶盛镇积极探索产业扶贫方式，带领移民群众发展设施农业，开创农旅融合发展新格局，打造美丽田园，着力改善人居环境，使得乡民们有了归属感和幸福感，走出了一条产业脱贫致富的新路子。

　　为了发展壮大村集体经济，使人民过上好日子，五星村依托村级现有资源，采取"支部＋合作社＋农户"的模式，在不改变村民土地承包经营权的前提下，吸收了218户农民，成立了宁夏首家土地股份合作社。种植了800亩有机水稻，实行统一品种、统一种苗、统一种植、统一管理、统一收割、统一销售的"六统一"一体化经营模式，并与中航郑飞塞外香食品有限公司签订销售订单，解决了多年来村集体收入增长难的问题。2016年，叶盛镇又投资60万元建设粮食晾晒场和储粮仓，投资220万元建设了粮食加工厂和农民职业培训中心，使得这一体系更加完善。

　　要想过上好日子，必须开辟新思路。五星村牢牢把握自身支柱产业优势，一手抓村集体收入，一手抓农民增收。在农民增收问题上，针对村里有搞养殖传统的现实情况，大力发展奶牛养殖产业，建设了260亩的奶牛养殖园区，采取"出户入园"和"奶牛托管"的方式，有效提高了奶牛饲养管理水平，解决了农户卖奶难的困局，让群众从奶牛养殖中尝到了致富的甜头。与此同时，村支部积极鼓励和引导农民种植青贮玉米，与养殖大户签订订单，不仅解决了奶牛饲料问题，节约了养殖成本，每亩还能产生收益。

　　始终跟着党走，日子越过越红火。叶盛镇的领导干部还积极响应"十三五"易地扶贫搬迁扶贫产业园的号召，鼓励移民种植大棚蔬菜，由政府提供资金和技术支持，百姓放心踏实，大干特干。不仅如此，叶盛镇凭借其独特的贡米文化、古渡文化、黄河文明、白皮稻遗产文化等，种植万亩富硒有机水稻，建成集稻田文化与休闲旅游于一体的乡村旅游新模式，吸引了大批游客前来观赏体验，大大增加了村集体收入。小镇还开发建设农家乐，不仅增加了当地农民的收入，也为前来游玩的旅客提供了良好的休闲娱乐场所。

　　"果树满坡，暖棚成行，山顶风景林，映美家乡。轿车代步，机械插秧，产居一体，网络电商。人们在党的领导下生活，生活在辛勤的劳动中变样。"走在小镇的村民们哼唱起这欢快的歌儿，向世人证明叶盛镇脱贫致富的发展举措从根本上提升了百姓的幸福感。

　　好日子越过越红火！叶盛镇的好成绩是脱贫攻坚战役中一道亮丽的风景

线，其发展治理模式值得我们学习借鉴。老百姓的日子好了起来，生活富了起来，但他们深知：脱贫并不是终点，而是新起点！未来的叶盛镇，将持续巩固脱贫成果，推动脱贫攻坚与乡村振兴有效衔接，同时发挥模范带头作用，为全国各地其他贫困乡村传授发展经验，带领广大农民实干苦干、务实求效，奋力写好乡村振兴这篇大文章。

冷凉蔬菜致富路　幸福生活"种"出来

——固原市原州区彭堡镇姚磨村

一、总书记贴心指导

姚磨村位于宁夏固原市原州区西北，六盘山东麓，属彭堡镇所辖，距离固原市24公里，辖3个自然村。全村总人口1324人，常住人口280户1110人，是个纯汉族村。由于地处"苦瘠甲天下"的宁夏南部山区，姚磨村土地贫瘠，交通不便，曾经是一个地地道道的贫困村。然而就是这么一个不起眼的小村庄，如今却声名在外，常年有上海、广州、深圳来的蔬菜批发商追着要收购他们的冷凉蔬菜。这一判若云泥的变化开始于2016年那个不平凡的夏季。

2016年7月，习近平总书记来到固原市视察脱贫攻坚工作，其间，总书记前往姚磨村考察冷凉蔬菜的种植销售情况，并亲自到村民家中体察民情，了解当地脱贫攻坚进度。总书记指出，好日子是通过辛勤劳动得到的，发展产业是实现脱贫的根本之策。在聆听了习近平总书记的教诲后，姚磨村村民大受启发，全村上下开始在冷凉蔬菜产业的提质增效上下功夫，积极打造姚磨冷凉蔬菜品牌。除了大力整修冷凉蔬菜基础设施外，小村还积极发挥"两个带头人"作用，努力拓宽蔬菜销售渠道，同时发展农村电商，做好产业发展后续信息服务工作。"功夫不负有心人"，通过整改与开拓，姚磨村的冷凉蔬菜产业越做越大、越做越好，村民踏实肯干、辛勤劳作，留下汗水的同时收获财富，使这个"中国（西部）冷凉蔬菜之乡"迅速发展富裕起来。2017年

10月16日，姚磨村获得宁夏回族自治区第二届"美丽乡村文明创建工程示范村镇"的称号，完成了由贫困落后村到新时代美丽乡村的华丽蜕变。

规模化种植系统，现代化产业体系。在习近平总书记的叮嘱下，姚磨村的冷凉蔬菜种植产业取得突飞猛进的发展，各方面的进步集中体现在姚磨蔬菜一、二、三产融合示范园中。为打造现代化产业体系，在习近平总书记讲话的启发下，在原州区政府的支持下，姚磨村集资1.5亿元建成姚磨蔬菜一、二、三产融合示范园。该园区占地450亩，是集生产、育苗、加工、冷链、销售为一体的融合蔬菜产业园区。园区内建有蔬菜基地1.2万亩，其中露地蔬菜基地1.16万亩，内含有机蔬菜基地129亩（已取得有机认证转换证）、新品种示范园50亩（展示20类蔬菜220个品种），种植品种以菜心、西蓝花、娃娃菜为主。除此之外，园区还有日光温室135栋，种植番茄、辣椒、黄瓜、草莓等。该种植温室利用科学技术进行智能种植，推广轨道采摘、雄蜂授粉等新技术，采用智能化管理，土壤中插有输送水分养料的软管，水肥一休自动添加，年棚均收益达12万元以上。融合蔬菜产业园区呈现出规模化、现代化、科技化特征，并以绿色健康为标准，对种植出来的蔬菜有严格要求。目前，园区种植的蔬菜中有十几个品种已经取得了有机认证。有机认证非常严格，需要通过实验室的二三十项化验指标，完成有机认证后的蔬菜销售价格也会比普通蔬菜高出至少两倍，这就意味着园区的收益会大大增加。通过建设发展姚磨蔬菜一、二、三产融合示范园，姚磨村的冷凉蔬菜种植已实现规模化、产业化、品牌化，踏上了产业致富的康庄大道，村庄发展一日千里。

盛夏时节，走进姚磨村就像走进了绿色的海洋。沿着姚（磨）惠（德）公路（西大路）前行，会发现绿柳成荫，恣意铺洒在已被硬化的路面上；片片被道路分割的农田里生长着各色蔬菜和庄稼；零星的房舍点缀在一片片绿海之中，别具风味。置身于此，很快就会被这幅美丽的田园画卷所陶醉。再往里走，映入眼帘的是一排排整齐的联栋自动化日光温室，平整宽敞的乡间道路上一辆辆农用小汽车穿梭往来，看不到贫困的半点影子。村内的万亩冷凉蔬菜基地也已成为一道独特的风景线，豆角、辣椒、西红柿、玉米，各种蔬菜应有尽有。如今的姚磨村各项脱贫产业发展正盛，乡村旅游发展也是如火如荼，重点项目更是井然有序地进行着。这个青山绿水环绕下的西部小乡村，正在以实际行动追求梦寐以求的美好生活。

蔬菜基地（展帆／摄）

二、冷凉蔬菜带来红火日子

姚磨村所在的原州区位于宁夏南部山区，境内海拔1450~2500米，年均气温6.3℃。由于海拔高、气候凉爽、光照充足、昼夜温差大，加之原州区无工业污染，病虫害少，这里生产的蔬菜质地脆嫩，肉厚纤维少，营养丰富且可口美味，颇受消费者喜爱。然而，十几年前的姚磨村并未充分利用这一先天地理优势种植蔬菜，而是种植传统农作物，如玉米、小麦、马铃薯等，8000多亩耕地有2/3都是靠天吃饭的旱地，一年下来挣不了几个钱。眼看着周围其他村落已经开始改种蔬菜发家致富了，姚磨村的村民羡慕不已，心急如焚。

"临渊羡鱼，不如退而结网。" 2005年，姚磨村的村民姚选开始尝试种植冷凉蔬菜。冷凉蔬菜，又叫喜凉蔬菜，是指在气候冷凉地区的夏季生产的蔬菜，其最适宜生长温度在17℃~25℃之间，品种主要包括甘蓝、大白菜、萝卜、西蓝花、洋葱、南瓜、莴笋、娃娃菜、生菜、芹菜、甜玉米、马铃薯等。姚磨村的气候与土壤非常适合种植冷凉蔬菜，姚选的尝试为姚磨村开了一个好头，村民纷纷效仿。很快，冷凉蔬菜便成为姚磨村的主要种植物，并为全村脱贫致富提供了巨大帮助。

抢抓机遇，大力发展，实干致富。2007年，姚磨村借助国家财政项目的支持，修水利、整农田、平道路、建温棚，依托当地气候凉爽、光照充足、昼夜温差大这一气候条件优势，大力发展冷凉蔬菜产业。姚磨村以"两个带头人"工程为牵引，充分发挥村党支部书记、致富带头人姚选带动能力强的优势，推行"组织跨村建、能人跨村带、产业跨村育"的模式，辐射带动周围群众增收致富，并采取"党总支 + 合作社 + 基地 + 农户"模式，全力推动蔬菜产业发展，带动210户农户参与基地建设（其中建档立卡户43户）。经过一系列建设与整改，姚磨村的冷凉蔬菜产业步入正轨，为本村带来巨大财富。本村农民除了可以通过种植蔬菜获得收益外，还可以到蔬菜基地打工赚取工资，收入大大增加，日子也越过越好。

转变传统种植观念，促进产业长足发展。十余年的种植经验告诉致富带头人姚选，一直停留在传统种养产业是没有出路的，种植业也需要发展，也需要不断规模化、规范化、品质化，需要紧扣市场需求，不断与时俱进。在他的带领下，2011年，姚磨村通过土地流转，开始规模化种植，并于几年之后建成姚磨村冷凉蔬菜基地。

种植规模化，产地品牌化。姚磨村冷凉蔬菜基地依托固原国家农业科技示范园建设而成，基地已完成土地整治0.8万亩并配套喷滴灌设施，推广喷灌、滴灌节水技术4.5万亩，著名的姚磨蔬菜一、二、三产融合示范园便是该基地的一部分。经过规范化整改，再加上现代化种植销售技术的引入，姚磨村冷凉蔬菜基地跟上了新时代的步伐，带动了姚磨村飞速发展。2017年，姚磨村蔬菜种植面积达6000亩，村民人均可支配收入达1.35万元，其中85%来自冷凉蔬菜产业，高出原州区农民人均可支配收入4500多元。2018年，姚磨村蔬菜种植面积再创新高，耕地利用率达到80%以上，人均纯收入达1.5万元。除了种植规模化以外，姚磨村还注册了"六盘清水河"宁夏回族自治区冷凉蔬菜著名商标，意为"六盘山下清水河畔"，主打宁夏冷凉蔬菜独有的地域特色，并成功打响了这一品牌，为今后的发展打下了坚实的基础。如今，姚磨村80%的人口都从事与冷凉蔬菜相关的工作。以前他们辛勤付出但收获甚微，现在形势完全反转，事半功倍，村民一个个喜笑颜开，幸福溢于言表。

冷凉蔬菜品质好，美味佳肴价格高。姚磨村独特的气候和水土造就了高品质的冷凉蔬菜。一方面，当地昼夜温差大，使得蔬菜白天光合作用产生的养分在夜晚低温条件下得到最大程度的保存；另一方面，当地独特的富硒黄色土壤为蔬菜的生长提供了足够的营养物质，再加上优质空气和水资源的滋养，蔬菜长势极佳，味道极美。7月初的姚磨村虽已泛着丝丝凉意，但在一眼望不到边的冷凉蔬菜基地里，绿油油的菜心却生机勃勃，正是采摘的好时候。这些菜心被采摘包装后将销往广东、深圳、香港等地，走上千里之外的餐桌，化身为价格不菲的美味佳肴，成为独具特色的品牌菜。

四季供不应求，畅销南北各地。对于优质冷凉蔬菜的销售，姚磨蔬菜示范基地坚持走"夏菜南下、冬菜北上"的发展路子，并探索"互联网＋支部＋电商平台＋农产品销售"的新型销售模式，在新百、味园等超市设立直销窗口。目前，该基地已在西安欣桥、义乌商贸城、南京众彩、广州江南市场等地开设蔬菜外销窗口11个，蔬菜外销兰州、西宁、郑州、合肥、广州等十余地，年外销鲜菜10万吨以上。下一步，姚磨村将致力于打通蔬菜流通和销售环节，引进蔬菜深加工企业，发展绿色生态循环农业，努力将本村冷凉蔬菜产业做大做强，在为全国各地提供优质蔬菜的同时发展致富。

至此，地处"苦瘠甲天下"的姚磨村走出了一条独具特色的冷凉蔬菜致富路，不仅把自己的日子过得红红火火，还辐射带动了周边村一起发展，让通往幸福生活的人越来越多，也让脱贫致富的道路越来越宽广。

三、多措并举消除一切隐患

幸福与祸患相依，风险与利润同在。姚磨村虽然建立了健全的冷凉蔬菜产业体系，然而产业越大责任越大，需要解决的问题也就越多。为此姚磨村"兵来将挡，水来土掩"，采取多项措施，消除一切隐患。

政府支持补贴，有效规避风险。蔬菜种植并非总是一帆风顺，也有旱灾、水灾或者疾病肆虐的情况发生。因此早在2014年，村委会就为农户争取到农业灾害性保险。到了2018年，村委会又积极争取政策性保险，力求在价格保险方面为农户争取到更多保障。除此之外，为了确保万无一失，村委会还号召大家将基地的蔬菜品种从以西芹为主改变为以多产的菜心为主，搭配种植花椰菜等蔬菜，多茬种植，循环上市销售。菜心年产三至四茬，每亩产值1.2万元左右，即使一季受灾下一季又能补上，这样种植既降低了风险，又增加了收入。

解决滞销问题，创造畅销途径。为了有效解决农产品滞销问题，进一步扩展市场，姚磨村结合冷凉蔬菜产业和经济果林产业发展现状，建设"物联网＋农业"项目，对蔬菜产业的整体发展实施全面检测；进一步探索"互联网＋支部＋电商平台＋农产品销售"模式，大力发展农村电商，把传统销售和网络销售相结合，探索线上线下销售方式，通过互联网不断挖掘关于农产品销售的有益信息，全力促进当地农产品销售。这一系列措施取得巨大成效，使得蔬菜滞销问题基本解决，村民收入大大增加。2016年，姚磨村冷凉蔬菜产业创收达2000万元左右，人均收入1.2万元，超过了原州区整体人均水平3000多元。

蔬菜运输有高招，预冷技术显神通。在姚磨村蔬菜产业园，一排排蔬菜大棚整齐地排列在蔬菜种植基地里，大棚里面，菜心、西蓝花等蔬菜经过育苗、种植、加工、预冷、冷链、运输等环节后销往各地。众所周知，在运输过程中蔬菜的保鲜问题极为重要，是否新鲜是影响蔬菜价格和品质的重要因素。为了保证蔬菜的新鲜，姚磨村建设了完善的冷链体系。蔬菜基地建有1.5万平方米的蔬菜预冷库、500平方米的制冰车间，年预冷各类蔬菜8万吨以上；并购置了4辆大型冷藏车，这样蔬菜从采摘到运输，仅用48小时就可以送达目的地。在4℃的冷库中冷处理过的蔬菜的保鲜期长达6天，这就满足了出口的需要，使得本村蔬菜可以走出国门，畅销国外。在健全的冷链体系保障下，姚磨村的蔬菜品质大大提高，实现了跨区域、反季节的对外流通。小村成功开拓了市场，吸引了人群，蔬菜产业不断发展壮大。

"欲穷千里目，更上一层楼。"目前姚磨村蔬菜产业到了转型升级的关键期，产业发展的困难逐渐突显。一是产品价格这两年持续走低，好的品质没有卖出好价格；二是周边地区蔬菜种植规模持续扩张，导致地下水水位下降速度过快。面对这些问题，姚磨村毫不慌张、从容应对，未来将继续推进科学种植，破解环境资源瓶颈，进一步提升产品质量，培育特色品牌，拓展销售渠道，推动本村蔬菜产业由做大走向做强，迈上新的台阶。

四、林下经济助力脱贫致富

要实现宁夏全面脱贫，固原是"深水区"与"硬骨头"，而作为固原的落后村，姚磨村脱贫致富的艰难程度不言而喻。近年来，姚磨村通过发展冷凉蔬菜产业取得了一定进步。随着时代的发展，特色经济林和林下经济也成为宁夏生态产业化、产业生态化的重要途径，有力推动了强林富民。为紧跟时代潮流，姚磨村采用"产业＋生态"模式发展林下经济，使红梅杏成为"致富果"，为进一步推动本村脱贫攻坚事业提供了新动力。

红梅杏果酸甜可口，林下经济繁荣乡村。确定发展思路后，姚磨村迅速行动，盘活村内闲置林地资源，积极发展林下种植养殖等立体复合经济，让群众共享生态成果，共同发展致富。姚磨村林下经济示范基地种植红梅杏3000亩，吸纳280户农户以土地入股的形式成立合作社，社员年均分红近万元。红梅杏果近似圆形，其阳面呈红色，阴面呈黄色，果肉细腻多汁、酸甜可口，深受广大消费者喜爱。红梅杏是姚磨村从山西引进的，为了使其适应本地气候，村民请来农业专家，培育出了抗霜冻的矮化红梅杏。这种具有本地特色的红梅杏3年即可挂果，5年便进入盛果期。每年7月，在姚磨村的蔬菜基地里，亮红的红梅杏挂满枝头，微风一吹便随风摇摆，似乎在欢快地向人打招呼。将大个的采摘装箱后运到深圳，一小盒6颗就可以卖到80块。小小的红梅杏创造了巨大的经济价值，成为村民脱贫致富的绝妙"法宝"。

如画美景，最不可负。在发展林下经济的同时，姚磨村还积极发展休闲观光农业。为打造绿色优美的观光环境，小村积极行动，对冬至河水库进行生态治理修复，完成了冬至河河道治理绿化工程，并改造提升了周边水域基础建设，力争打造集休闲、娱乐等为一体的水上公园。凉风习习、碧水幽幽、青山倒映、人来人往，盛夏时节来到姚磨村的水上公园，便是来到了避暑胜地，阵阵拂面而来的凉风中夹杂着一丝青草的芬芳，让你可以尽情享受大山里的清凉。

乘风破浪，直济沧海。姚磨村准确结合自身自然环境特点，以党总支为引领，充分发挥本村蔬菜基地的龙头作用，培育出了冷凉蔬菜、基地用工和林下经济三大产业，年产值达1.8亿元，成功带动了建档立卡贫困户2793人共同致富，真正"种"出了自己的幸福。红瓦绿树、青砖白墙、楼房林立，脱贫致富为当地人居环境和基础设施带来巨大改善，村民的腰包鼓起来了，精神素养和文化水平也不断提高，新农村的面貌呈现出一派欣欣向荣的美好气象，令人欣喜万分。如今，姚磨村在党和政府的支持引导下，通过自己的努力站在了更高的起点上，然而小村深知起点不是终点，成就不是结局，未来将继续进取，乘风破浪，再创新辉煌。

红色旅游胜地　生态宜居小镇

——固原市西吉县将台堡镇

一、历史悠久，红色旅游胜地将台堡

强风剑戈英雄地，烈日旌旗大将坛。西吉县将台堡镇，位于宁夏固原市西吉县城20公里处的葫芦河东岸。地处要塞、城防坚固，使得这里自古以来就是兵家必争之地，悠悠历史长河中，刀光剑影、震天杀声成为小镇最为深刻的记忆。

将台堡镇辖境原分属固原、隆德两县，1942年划入西吉县建将台乡，1958年改公社，1983年12月改将台乡。2017年2月8日，经宁夏回族自治区政府常务会审议通过，固原市西吉县将将台乡撤乡建镇，命名为将台堡镇。全镇辖区112.8平方公里，下辖明台、包庄、牟荣、火家沟、韩塬、崔中、李家嘴头、东坡、西坪、火家集、保林、明荣、毛家沟、明星、深岔、甘岔16个行政村，共92个村民小组，户籍人口2.79万人，常住人口3.98万人。

将台堡镇历史悠久、古迹众多，且都与军事密切相关。镇内有战国秦长城、汉代古墓群、宋代羊牧隆城和中国工农红军长征胜利会师地将台堡，自古以来就是军事要塞，也是区内外重要的红色旅游胜地。在古代，将台堡镇被称为西瓦亭，战国秦长城在这里向东转折。根据新编《西吉县志》载，此城最早筑于秦昭襄王时期，是战争的产物，作为军事要地，历代都有所修建。现残存的土堡东西长70米，南北宽68米，堡墙高10米，堡门建在正南面，其上镶嵌着"将台堡"三个大字。1936年10月22日，中国工农红军一、二、四方

中国工农红军长征将台堡会师纪念碑（展帆／摄）

面军在将台堡胜利会师，标志着红军长征胜利结束。这一具有重要历史意义的伟大事件的发生，使得原本就是军事要塞的将台堡又披上了"红色"的戎装。新中国成立后，镇内修筑了中国工农红军长征纪念碑，即将台堡红军长征会师纪念碑，这一雄伟的"丰碑"不仅为后人提供了重温红色记忆的场所，也为本镇脱贫致富带来了珍贵的机遇。

大步跨入新时代，脱贫致富幸福来。进入新时代，将台堡镇凭借红色旅游迅速发展起来，2016年累计接待区内外游客600多批12万人次。游客们的到来为将台堡镇带来巨大财富，手里有了"银子"，小镇便可放开手脚搞建设，充分利用各方面的资源谋求快速发展。短短几年，小镇旧貌换新颜，如今的将台堡镇道路四通八达，房屋整齐舒适，游客纷至沓来，呈现出一幅幸福新农村景象。未来，将台堡镇将继续提升特色小城镇建设水平，推进红色旅游与脱贫攻坚相结合，促进经济社会发展。政府和村民将携手并进，在旅游致富的道路上再创新辉煌。

二、红色资源，发展特色乡村游

中州万古英雄气，凝聚将台纪念碑。将台堡镇，历史上是连接内地和河西走廊的重要关口，乃兵家必争之地。两千多年前，霍去病在此大破匈奴，驱敌千里，自此，保家卫国的精神在这里世代流传。时光流转，当年英雄事迹虽仍口口相传，却已成故事，"数风流人物，还看今朝"。1936年，将台堡镇迎来了一批缔造新中国的伟大英雄：中国工农红军。当年9月，红四方面野战军特别支队红一军团一师三团作为先行，在将台堡发动群众，建立苏维埃政府及农会，为红军三大主力的会师做好了准备工作。10月21日，贺龙、任弼时、刘伯承、聂荣臻、邓小平等在西吉平峰镇亲切会面。10月22日，红二方面总指挥部、红二军团到达将台堡，同红一方面军主力第二师胜利会师。参加会师的有红二方面军陈伯钧（红六军团军团长）、王震（红六军团政委）、李达（红六军团参谋长）、甘泗淇（红二军团政治部主任）等和红一方面军杨得志（红二师师长）、萧华（红二师政委）等，共有红军部队及当地群众近12000人。这次伟大的会师标志着红军长征的顺利结束，具有重要历史意义，因此国家在将台堡镇修建了中国工农红军长征将台堡纪念碑，以缅怀先烈，留住记忆。

学习长征精神，实现中华复兴。2016年7月18日，习近平总书记到宁夏回族自治区考察时曾专门来到将台堡镇，向中国工农红军长征将台堡纪念碑敬献花篮，并参观了三军会师纪念馆。习近平总书记指出，红军长征创造了中外历史的奇迹。革命理想高于天，不怕牺牲、排除万难去争取胜利，面对形形色色的敌人决一死战、克敌制胜，这些都是长征精神的内涵。我们要继承和弘扬好伟大的长征精神。有了这样的精神，没有什么克服不了的困难。我们完全有信心有决心有恒心实现中华民族伟大复兴的中国梦。

红色旅游放光彩，助力新的长征路。习近平总书记的讲话为我们走好新的长征路、打赢脱贫攻坚战提供了动力、注入了活力、坚定了信心，也为将台堡镇旅游业提供了发展契机。

革命传承需教育，基地建设很重要。习近平总书记指出，革命传统和爱国主义教育基地建设一定不要追求高大全，搞得很洋气、很现代化，花很多钱，那就不是革命传统了，革命传统就变味了。可以通过传统教育带动旅游业，但不能失去红色旅游的底色。只有体会到革命年代的艰苦，才能使人们真正受到教育。将台堡镇切记习近平总书记的指导，将旅游与教育相结合，着力优化旅游体系，力求通过红色旅游加强对人民群众的思想教育，在赚到"银子"的同时，使游人获得思想的"金子"。

当红色记忆融入千年古镇，将台堡便有了不一样的底蕴和气度。红军长征在将台堡留下了弥足珍贵的红色印记，利用好这些红色资源并传承好红色基因、把握好红色文化的精髓和内涵，是将台堡当下及未来应始终不渝坚守的发展方向。近年来，将台堡镇立足红色资源，发展红色旅游，成功吸引了众多游客前来感受红色文化，尤其是在全域旅游的背景下，爱国主义教育、亲子游学、单位党建团建等活动使得原本就游人如潮的小镇迸发出更为强烈的生机活力。当然，将台堡镇的旅游资源并非局限于红色景点，还有战国秦长城、汉代古墓群、宋代羊牧隆城等名胜古迹，它们承载着悠久的历史，细细品味，亦能触发神思，体悟风采于千年之外。将台堡镇依托明显区位优势及丰富的文化旅游资源，旅游发展前景令人憧憬，未来将是光明的未来，小镇将是富裕的小镇。

三、浩气长存，红军会师纪念碑

历史记忆先烈，丰碑激励后人。将台堡红军会师纪念碑是1996年10月长征胜利60周年时为纪念1936年10月22日红军长征三大主力军在将台堡胜利会师修建的。虽然是最晚落成的长征纪念碑，但这丝毫不影响它的历史地位。纪念碑坐落在将台堡内东侧，碑高22.5米，碑的正面镶刻着江泽民同志题写的"中国工农红军长征将台堡会师纪念碑"16个大字，背面是中共西吉县委、政府撰写的碑文，碑的顶部雕有三尊红军头像，象征红军三大主力会师，碑身下部浮雕8组代表中国革命胜利的图案。雄伟高大、庄严肃穆的纪念碑屹立在将台堡镇，也屹立在人民群众的心里。将台堡红军长征会师纪念碑的建成，既是对英勇牺牲的红军将士的缅怀，也是对后人的一种激励，它将长久地矗立在这里，将红色的故事讲给世人，传播给世界。

政府参与，整体谋划，持续改进。2006年，为纪念中国工农红军长征胜利暨将台堡会师70周年，政府对将台堡纪念碑进行维修，并修建了红军纪念园，纪念园内设有三军会师展厅、建设成就展厅、将军翰墨碑林等。经过这次修缮，景区范围和游览内容大幅度增加，有效提升了景区吸引力，越来越多的游客怀着虔诚之心来到这里缅怀先烈，一睹英雄风采。2017年2月，宁夏回族自治区政府批准将台乡撤乡建镇，以加快会师胜地建设发展步伐。中宣部要求，要大力发扬将台堡红色传统，传承红色基因，使其成为爱国主义教育和革命传统教育的重要载体。中央和区、市领导非常重视将台堡建设，确定了以实施红色旅游小镇、和平玫瑰小镇建设为依托，把将台堡建设成西吉县经济社会发展次中心的计划。随着中国红色将军纪念馆和长征胜利会师和平玫瑰小镇建设工程的启动，将台堡镇得以聚力打造红色文化旅游小镇，促进了红色旅游与休闲观光农业、户外拓展等项目的发展，迎来了本镇的"发展之春"。

永远的纪念碑，长存的浩然气。将台堡红军会师纪念碑承载的不仅是先烈的鲜血与生命，更是建设国家、为人民服务的浩然正气。凭借此碑，将台堡红军会师纪念馆先后被列为全国重点文物保护单位、红色旅游经典景区、全国爱国主义教育基地，并于2017年入选国家国防教育示范基地。这雄伟的"丰碑"屹立于将台堡，将成为后人心中的一座灯塔，指引着前行之路，传递着浩然之气。

四、文化基地，特色景点红军寨

"穷则变，变则通，通则达。"毛沟村位于将台堡镇西南部，距镇政府2公里，大会师时红军大部队曾在毛沟村驻扎，后勤保障部也设在毛沟村。地处大西北，土地并不肥沃，在未发展旅游项目前，毛沟村可谓"一穷二白"，直到返乡创业青年谢宏义将"红色旅游"与"农家乐"结合在一起，探索出了一条具有毛家沟村特色的旅游发展之路，贫穷的毛沟村才找到了发展的新引擎，迈上了脱贫致富的道路。

整改旅游资源，传承红色文化。明确发展途径后，在政府和人民的辛勤努力下，"将台堡·红军寨"红色文化旅游培训体验基地终于成功建成，似一朵美丽的鲜花，绽放于将台堡镇毛沟村。基地占地200余亩，主要利用将台堡红色旅游资源优势，建设老窑洞、老四合院风格的民宿，开辟与"将台堡·红军寨"周边连线的红色旅游线路以及旅游文化体验拓展项目，带动毛沟村以及西吉县大力发展乡村观光旅游，打造乡村旅游精品工程，从而为红色旅游、文化旅游、健康旅游、生态旅游以及旅游资源的综合开发奠定基础。如今，该基地设有红色窑洞宾馆、户外营地区、红色主题餐厅、红色主题体验区、水上拓展区、秉慧书院及现代农牧业体验区等，是宁夏首家以红色为主题的体验（研学）基地，同时也是宁夏第一个系统化、规模化的体验教学点。

"百尺竿头须进步，十方世界是全身。"近年来，毛沟村围绕"将台堡·红军寨"文化基地继续扩大发展范围，着力打造"红色旅游，文化产业，教育培训"深度融合的村集体发展平台。小村计划新建红军革命博物馆、智慧中心旧址、观光悬索桥、观光旅游厅以及能满足300人同时住宿的民宿区，并积极准备申报建设"国家长征文化主题公园"，把从毛家沟到将台堡的区域打造成一个整体公园、整体景区，让游客重走模拟的2.5公里浓缩长征路，以铭记历史，传承红色基因。除此之外，毛沟村还依托丰富的红色文化资源，建成了服务于企事业单位党建、团建体验活动的长征实景大载体、大舞台，并丰富了教学手段，增强了教学系统的形象性和直观性，使得学员游客们可以深度体验感受红色文化、传统文化和当地的民俗民间文化。同时，小村还为各学校提供第二课堂素质实践基地、青少年夏令营基地，并对其他同行机构提供基地租赁服务。物尽其用，人尽其才，毛家沟村充分利用各种发展资源，在政府和政策先行者的带领下，走上了飞速发展之路。

快速发展带来财富，也带来了荣誉。2020年，西吉县将台堡镇毛沟村入选第二批全国乡村旅游重点村名单，而村内的"将台堡·红军寨"红色文化旅游培训体验基地也成了远道而来的游客们的必去之地。游客们在那里体验长征之路，品味红色故事，既能放松心情，又能缅怀先烈，收获多多，快乐多多。

五、脱贫攻坚，建设美丽新城镇

行当积跬步，志当存高远。近年来，将台堡镇凭借红色旅游资源迅速发展，已经取得了优异成绩，但是小镇并未因此停下脚步，而是以建设美丽小城镇为目标，努力将本镇打造为全国旅游名镇、宁夏经济强镇、固原商贸重镇。既然已经选择了远方，便只顾风雨兼程，确定目标后，将台堡镇迅速行动，积极探索致富新路径，很快取得巨大成果，主要体现在以下五个方面。

一是基础设施不断完善。将台堡镇大力建设基础设施，投资3.37亿元实施棚户区改造，已完成房屋征收802户，土地征收1814亩；启动玫瑰苑、民丰苑安置小区和明台苑商业小区建设，已建成安置楼房252套、宅院46栋92套，商品房85套；投资368.7万元实施会师南路和胜利路人行道改造工程；投资7900万元，续建长征路、秦城路等9条道路5.79公里，配套了强弱电管廊和供排水、绿化、亮化、美化等工程。除此之外，小镇还于2019年实施了民丰路道路工程建设项目、将台堡镇综合市场道路工程建设项目、将台垃圾填埋场建设工程，以改善将台堡红色旅游区环境，提升小城镇舒适度。如今，全镇"八横五纵"道路体系基本形成，集镇发展框架初具。新建的房屋整整齐齐，鲜花青草长满房前屋后，有效改善了人居环境。镇上还拥有农资城、商贸广场、标准化蔬菜等专业市场，为乡民提供了便利，也使得小镇更为繁荣。

二是产业融合步伐加快。按照"宜养则养、宜种则种、种养结合"的原则，小镇发挥小义、商源等合作社和佳立、华林企业的示范引导作用，大力发展畜牧农业。现今，全镇山区养牛羊、川区种蔬菜的产业格局初具规模。除此之外，小镇还充分利用马铃薯市场、向丰农资城市场和商业街的集聚辐射作用，发展商贸物流业，使得全镇小商铺、流动摊点均已超过1000户（个）。这些商户也推动了旅游业的发展，使得将台堡镇红色旅游持续升温，每年接待游客及组团参观学习达25.86万余人次。

三是社会事业全面推进。百年大计，教育为本。为顺利通过国家义务教育均衡验收，将台堡镇加大控辍保学力度，建成将台堡二幼和东坡、西坪等8所村级幼儿园，启动了将台堡镇中心小学教学楼建设项目，配齐了教育教学设备。医疗是最大的民生，解决教育问题的同时小镇还着手改善村级医疗卫生条件，新建了包庄等6个标准卫生室，并实现了医疗和养老保险全覆盖，使得老百姓看病方便、治病便宜。优美的环境可以陶冶情操，良好的文化教育可以提高村民的精神文化素养，所以小镇又投资710多万元，以村庄规划为抓手，以治理村庄脏、乱、差、散为重点，实施了西坪村环境综合整治项目，并投资574.6万元建成了明台等15个村级综合文化服务中心。创业是发展动力，就业是稳定之基，为激活发展活力，小镇创建了民族团结创业示范街，举办创业培训，并帮助入园企业成功孵化。企业多了，就业问题也得到了缓解，仅2018年小镇劳动力转移就业就达7514人，培训1264人次。

四是基层组织全面加强。将台堡镇以习近平新时代中国特色社会主义思想为指导，全面从严治党，扎实推进"两学一做"学习教育常态化制度化。把30名懂技术、善经营、会管理的致富能人和2名大学生村官充实到村级班子，并选派16名作风扎实的"五强"优秀干部担任新一轮驻村第一书记。另外，将台堡镇又投资180多万元，维修了16个村级党员活动室，阵地建设得到进一步加强。

五是脱贫进度稳步提升。为扎实推进脱贫攻坚进程，2018年，将台堡镇对标贫困户"两不愁三保障"要求，实施危房改造184户，解决了597户人畜饮水安全问题；累计完成"十三五"移民搬迁166户797人；建成明星村4个，就近安置移民点67户302人，拆除旧庄院49户；分发农业产业补贴1511.87万元、金融扶贫贷款956户4341万元。努力就有收获，在镇政府的大力帮扶下，全镇贫困人口由2014年的1825户7876人减少到2018年的141户406人，贫困发生率也由28.6%下降到1.5%。2019年全镇农民人均可支配收入达到10900元。

　　以梦为马，未来可期。虽然将台堡镇常年干旱少雨，土地贫瘠，但村民没有放弃脱贫致富的梦想，经过一代又一代人的辛勤耕耘，小镇终于迎来了发展契机，改头换面，成为了黄土高原上一颗熠熠生辉的绿色明珠。作为红色旅游胜地，将台堡镇的发展得益于伟大红军的长征精神和浩然正气，正因如此，小镇的红色旅游事业才会蒸蒸日上、欣欣向荣。这条独具特色的发展之路具有很好的借鉴意义，说明乡村发展要实事求是、因村而异、灵活选择，结合自身特色探索属于本村（镇）的致富之路。未来，将台堡镇将继续依据自身优势积极进取，努力将更加美好的梦想变为现实。

生态休闲旅游兴　观光农业致富路

——固原市西吉县吉强镇龙王坝村

一、山乡之巨变

七月的六盘，云淡风轻，景色宜人。绿树在微风中摇晃，鲜花盛开，一不小心，便遗落一地浪漫。在这秀美山川之下，看得见山、望得见水的龙王坝村正如雨后春笋般拔地而起，茁壮成长。龙王坝村，因村中有龙王庙及围坝而成的水库而得名，位于火石寨国家地质森林公园、党家岔震湖以及将台堡红军长征胜利会师地三大景点中间，是宁夏西吉县的一个小乡村，距离西吉县城8公里，北接309国道，南连西三（西吉—三合）公路，交通便利。该村下辖两个合作社，其中西吉县心雨林下产业合作社是全国唯一一家以合作社命名的国家级林下经济示范基地。全村土地面积12000亩，其中耕地面积5700亩。

龙王坝村属于宁夏回族自治区的西海固地区。这个地区地形地貌复杂、沟壑纵横、生态脆弱、水资源匮乏，且干旱、寒潮、霜冻、冰雹等异常气候及气象灾害频发，被联合国世界粮食计划署确定为最不适宜人类生存的地区之一，被国务院确定为重点扶贫的"三西地区"之一，也是六盘山集中连片特殊困难地区61个县区之一。在西海固的9个县（区）中，西吉县是贫困人口最多的县，贫困程度深，脱贫难度大，龙王坝村就是西吉县重点贫困村之一。那时的龙王坝村生态环境恶劣，村民一贫如洗，甚至连吃饭都成问题。在贫穷与困苦中，他们被蒙住了双眼，看不到改变命运的出路，只能坚守在村里，于困苦艰难中煎熬。

"山重水复疑无路，柳暗花明又一村。"进入新时期后，龙王坝村终于迎来了发展新机遇，他们另辟蹊径，抓住了改变命运的稻草：乡村旅游。龙王坝村依托自身地理优势，以"生态休闲立村、休闲旅游活村"为思路，凭借本村丰富的自然景观资源，大力发展休闲农业和乡村旅游。自2011年开始，龙王坝村开始发展林下养殖和休闲农业，把农村当景区来打造。经过一番努力，全村改头换面，基本具备了发展旅游的条件，于是从2015年起，龙王坝村开始全力发展乡村旅游。龙王坝村通过发展乡村民俗表演、乡村旅游奔富路、4000亩梯田景观、农家饭菜、乡村特色窑洞等项目，迅速成为旅游界的"网红"。名气越来越大，机遇也就越来越多。2017年，《乡村大世界》栏目走进龙王坝村，将其秀美的风景展现给全国人民；同年，央视农民春晚北部主现场也定在了龙王坝村，成为龙王坝村优势的最佳见证。时光流逝，龙王坝村的旅游业发展突飞猛进，时至今日，该村已通过特色的旅游发展、专业的文化教育，成为中国最美休闲乡村、全国生态文化村、中国第四批宜居美丽乡村、中国最美乡村旅游模范村、中国乡村旅游创客示范基地、中国美丽乡村百佳范例、宁夏十大特色产业示范村、固原市乡村旅游示范点、西吉县生态文明示范村。村里的龙泉湾山庄也先后荣获国家金牌农家乐、宁夏五星级农家乐的称号。

"闲云潭影日悠悠，物换星移几度秋。"岁月荏苒，如今的龙王坝村已完成从山大沟深、干旱少雨的贫瘠之地到中国最美休闲乡村的转变，现在这里富裕美满、质朴宁静、清新脱俗。古朴的村落、土色的石墙与远处的高山交相辉映，显露出岁月的沧桑和独特的风情。幸福的村民迈着轻快的步伐，向游人介绍这美丽的风景。龙王坝村的生态环境和美丽风光已经远近闻名，白日风光自不必多讲，若逢夜色，则更为迷人。在蓝色的天幕下，这个宁静的西北小村庄，美丽又祥和。转瞬间，睡眼蒙眬的杏花开始盛开，微风送来淡淡清香，虫鸣也动听怡人，一切都刚刚好。十年山乡巨变，造福万户千家，龙王坝村在不断探索和寻觅中，找到了发展的契机，完成了独特而华丽的蜕变，今后等待村民的，将是越来越幸福的日子。

二、仙境龙王坝

九曲客路到云边，万亩梯田奔眼前。走进龙王坝，漫步在干净整洁的乡间小道，便可遥望"七彩梯田"和"七彩龙王坝"。在这里，整洁的村庄与远处的梯田和群山相映成趣，清风微起，浓郁的乡土气息便扑面而来。村庄里没有烟雨年华却也江山如画，一处处美景融成一幅幅美好的画面，畅意观赏，如沐春风。毫无疑问，别有洞天的乡村美景使居住在这里的人们对生活充满热爱和无限憧憬。

美景配上好生态才是硬道理。龙王坝村已经告别了昔日气候恶劣、人烟稀少的状况，换之以空气负离子含量高、饮用水源甘甜洁净的生态环境和越来越多的乡村居民，成为了一个理想的居住地。这里有一排排错落有致的梯田，梯田里种植着各种小秋杂粮，梯田边种植着杏、油桃等经济作物，农林间作，自给自足、相得益彰。家家房前屋后都有小菜园，菜园里的蔬菜不打农药，不施化肥，是名副其实的绿色有机蔬菜。在这样环境的中生存的人多有松柏之寿。他们安居在这远离城市喧闹的原生态村寨中，悠闲惬意、含饴弄孙、其乐融融。龙王坝村成了人间仙境，宛若世外桃源。

生活需要仪式感。丰衣足食，心情畅快，又有大把的空闲时间，于是人们也开始利用身边的条件追求更高层面的精神愉悦。这不仅是要给生活注入活力，更是为了带着诗意去认真地生活。因此村民们组织了很多文化娱乐活动，其中最具特色的当数村里的春晚了。红灯高挂、年货展销、文化大集，春晚的主台大戏依次上演，浓郁的新春氛围包围上来，促使人们放下手中的琐碎去融入其中，看一看这人间烟火，品一品这节日风情。

2019年，西吉县首届新春赶文化大集活动在龙王坝村隆重召开，为喜庆的春节增添了更多欢笑。活动之盛，前所未有，吸引了"遇见宁夏·遇见晴"全国媒体采风团一行30余人走进这个大山深处的村落，共同去感受那火热的文化之旅和浓浓的年味儿。活动当天，村民自编自导自演了很多节目，舞狮、扭秧歌、武术闹新春、乡村赶毛驴、魔术秀、农民广场舞……一幕幕充满乡村元素的春晚大戏依次上演，使观众目不暇接。晚霞的余晖照耀着村庄的每一寸土地，也落在闻声而来的千余名村民身上，他们优哉游哉地喝着茶、嗑着瓜子、尝着油饼，尽情感受着浓郁的年味。

而今，龙王坝村既有山清水秀、屋舍俨然的世外桃源之景，又有富裕充实、老少相宜的怡然自乐之境，全村面貌焕然一新，幸福美满的气息溢于街头巷尾，可谓人间仙境、富贵之乡。

三、醉美乡村游

桃花只在桃花源，人间何来桃花仙，可龙王坝村却偏偏要做这"人间桃花源"。每年五六月份，龙王坝村便涌现出漫山遍野的粉红桃花，它们和洁白的油牡丹错落交织，又有古老的民居掩映其中，与远山近水相映成趣，构成了一幅秀美的田园风光图。环抱的群山，还有一条小河宛如"水龙行走"逶迤而过，为村落增添了几分秀美和灵气，再加上村内的龙王庙群及保存完好的老地主古城堡，龙王坝村绝对配得上"古朴优美"四字。这秀美的田园风光和古香古韵很快吸引住五湖四海的游客，让他们驻足于此，享受"采菊东篱下，悠然见南山"的惬意。

"工欲善其事，必先利其器。"龙王坝村若想大力发展旅游业就要有完备的基础设施，于是政府和村民依靠自身优势资源，把农村当景区来打造。他们改造农户的房屋，将农房变成客房；利用熟知村庄情况的优势，让农民变成导游；流转土地建大棚、搞旅游开发，把农产品变成商品；结合黄土窑洞、农民耕地的原生态场景，发展特色旅游。另外，依托当地山水等自然资源，龙王坝村建成千亩油用牡丹（万寿菊）基地、农家餐饮中心、文化小广场、窑洞宾馆、滑雪场、儿童游乐场、山毛桃生态观光园等基础设施，培育和发展了集观光、旅游、餐饮、民俗体验等为一体的乡村特色旅游项目，并发展了几十家农家乐为游客提供食宿。"知己知彼，百战不殆"，龙王坝村就是凭借对自身资源的了解，结合市场的需求大力建设具有自身特色的旅游项目，取得了巨大成功并由此带动了宁夏旅游业的发展。

付出就有回报，基础设施齐全了，加上秀美风光的优势，龙王坝村的旅游体系迅速成熟起来。自2015年开始到2019年6月，龙王坝村已接待游客60万人次，旅游业收入达3000万元，并又陆续建成了千亩桃花园、民宿一条街、乡村科技馆、龙王寺庙群、草莓采摘园等多种生态、人文和自然相结合的旅游项目，以期更好发展。

龙王坝特色民宿（邓娜／摄）

休闲的惬意、度假的美好、避暑的舒适、踏青的畅快、采摘的乐趣全都聚集在这里。每逢节假日，龙王坝村人头攒动，大量游客不远千里来此观光赏景。游客们欢聚于此，多是亲朋好友把酒言欢，酣畅淋漓，与花草相亲，与清涧相邻，与家人亲友相守，看时光沿着岁月的长河且歌且行。面对这一切，所有人都沉醉了，醉于这美丽的龙王坝，醉于这幸福的温柔乡。

凭借着当地春节晚会的热闹非凡，龙王坝村已成功吸引区内外众多游客来这里过大年。村民当起了群众演员，有这么多新观众，他们表演得更起劲了，于是喜庆的春节变成全民联欢，来自各方的人无论熟识还是陌生，都亲切地打招呼、送祝福，一个个笑靥如花，诉说着内心的欢乐。住窑洞，吃农家饭，呼吸山乡清新空气，观看特色民俗表演，这样的农家生活已成为龙王坝的招牌。现在，龙王坝村的发展逐步进入正轨，未来有无限的可能等待着人们去探索和尝试，突飞猛进的发展定会在不久的将来吸引更多的游客来此赏花会友、体验生活、欢度佳节。

依偎着大山，水是清澈的，风是质朴的，蜿蜒的乡村路，因为有了虫儿花儿草儿的点缀，也变得更加鲜活起来。如果厌倦了城市的喧闹，就来这美丽的龙王坝村走走吧。让山里的风去掉浊气，让村里的水涤荡疲惫，到美丽花海中去，让快乐缭绕你，那心就会像山一样坚韧，似水一般纯净了。

四、模式经验足

"前路崎岖君勿虑，扬鞭更上青云去。"作为"最不适宜人类生存的地区"，龙王坝村曾经是"风吹石头跑，地上不长草，天上没只鸟"的贫瘠之地，人民生活困苦，村庄破败不堪。可就是在这样的基础上，龙王坝村的人民奋发图强，在政府的大力扶持下，鼓起战胜困难的勇气，点燃心中的热情之火，开辟了一条具有本村特色的旅游致富之路。

龙王坝村的致富带头人焦建鹏，他在宁夏率先打造了乡村旅游创客模式，带领全体村民，硬是把一个贫困村，通过"乡村旅游＋多产业融合"的扶贫模式，转变为脱贫示范村。2015年龙王坝村实现脱贫摘帽，成为西吉县农民纯收入最高的乡村，也成为全国有名的乡村旅游示范村。农事体验、民俗欣赏、果蔬采摘、窑洞住宿、乡村音乐、山地运动、山地 CS 等休闲项目，加上冬季滑雪场、研学培训等的全面开展，为这个曾经的中国最贫瘠之地带来了勃勃生机。景区以合作社为龙头，农村家庭为单元，依托自然生态、民俗文化、自然景观的发展理念非常成功，如今已取得巨大成效，推动村民在奔小康的道路上奋勇向前。

众擎易举，独力难支。在依靠旅游业发展之初，龙王坝村是重点贫困村，底子薄、合作社经济实力弱、乡村旅游发展资金有限、融资难融资贵等因素严重制约了龙王坝村旅游扶贫产业的进一步发展。村民力量有限，面对这一困境束手无策，只能在焦急中等待。转机来自政府，2019年宁夏政府工作报告中指出，要大力实施乡村振兴战略，培育乡村旅游、共享农庄、田园综合体等新业态新模式，这成为龙王坝村发展的新契机。有了政府的大力支持，村民信心倍增，利用有限资金发展最优项目，脚踏实地，砥砺前行，将乡村特色旅游一步步向前推进。"苦心人，天不负"，终于，龙王坝村在宁夏乃至周边地区率先走出了一条"农村变景区、民房变客房、产品变商品"的乡村旅游扶贫新模式，踏上了通向美好未来的康庄大道。

"千淘万漉虽辛苦，吹尽狂沙始到金。"截至2020年5月龙王坝村已累计接待游客62.4万人次，建成了农家餐饮中心、民宿一条街、滑雪场、窑洞宾馆、温室果蔬园等基础设施，成功打造了一个多功能农村休闲基地。这里形成了多种风格特色民居并存的美丽乡村风貌，建设有千亩林下油用牡丹基地、万羽林下生态鸡基地、林下梅花鹿养殖中心等，多种生态、人文和自然景观融合，农业特色明显，成为了宁夏特色旅游发展的标杆。

下一步，龙王坝村准备跟高校的美术学院合作，建设写生基地，这样一来民宿的住宿问题解决了，而龙王坝的美景也可以给学生提供丰富的绘画素材。另外，龙王坝村还在筹划召开乡村旅游节，跟陕甘宁青等地"结盟"，共同发展乡村旅游。"乡土元素是乡村振兴的关键纽带。"龙王坝村将"土里土气"的村院与休闲旅游结合起来，满足了城市游客回归农村的需求，为农村集聚了人气，带动了村民增收致富，如今又不断探索发展新模式，未来的路子必将越走越宽。

千金在手不如一技傍身。值得一提的还有龙王坝村的培训产业。龙王坝村在2017—2019年间被中组部、农业农村部、自治区农业农村厅以及固原市委党校等单位评定为全国农村实用人才培训基地、全国新型职业农民培育示范基地、自治区新型职业农民培育示范基地宁夏六盘山干部学院、固原市委党校现场教学基地。如今，龙王坝村培训产业体系日益丰富，为当地及周边地区培育了大量农村党组织带头人、致富带头人、新型职业农民和各类农村实用技术人才，在当地群众脱贫致富奔小康的实践中提供了有力的智力支持。

2020年，龙王坝完成了培训50期5000人次。龙王坝村用了5年时间通过一系列的产业发展转型不仅使得村里的贫困群众生活得到了明显改善，村容村貌焕然一新，而且为周围的村民创造了许多距离近、待遇好的工作岗位，有效解决了当地闲散劳动力的问题，这一切使得该村成为了一个充满活力与生机的新时代先进农村。

"不经一番寒彻骨，怎得梅花扑鼻香？"在政府扶贫政策的支持下，龙王坝村村民带着"直挂云帆济沧海"的壮志，踔厉奋发、艰苦奋斗，最终让故乡改头换面，成为名副其实的美丽乡村。而龙王坝村在不断寻求与探索中走出的发展致富的康庄大道，也成为我国脱贫攻坚、建设美丽乡村的典范，其通过旅游脱贫致富的模式为中国其他乡村的脱贫与建设持续提供着宝贵经验。"路漫漫其修远兮，吾将上下而求索"，成功并不意味着终点，龙王坝村将带着辉煌的成就继续探索、不断进步，走向更加光明的未来。

多产融合促发展　文化旅游建新村

——固原市隆德县陈靳乡新和村

一、六盘脚下"第一村"

隆德县陈靳乡新和村位于隆德县城以南8.5公里，辖4个村民小组，地域面积13.68平方公里。全村农业人口224户734人，其中常住户170户689人，建档立卡贫困户84户283人。以前这里山大沟深，村里山路崎岖，处处可见土坯危房，村民整日为房屋漏雨、如厕不便、生病不能及时乘车赶往县城就医而担忧，生活十分艰苦。然而苦尽甘来终有日，近年来这个贫穷的小村落发生了天翻地覆的变化，村容村貌日新月异，经济人文竿头日上。

"忽如一夜春风来，千树万树梨花开。"穿越六盘山，车近宁夏隆德县陈靳乡新和村，一条平坦的旅游新干线将村里景点与外界联通，村民说这是他们村的致富路。如今的新和村早已是远近闻名的避暑胜地，走进村内，恰似"刘姥姥到了大观园"，惊人的变化给人崭新的感受和认知。向左望

新和村新貌（蒋季平／摄）

去,1000平方米灰色基调的二十四孝文化长廊古色古香,引人入胜;向右看去,一字排开的青色墙体、精雕细刻的木雕窗棂、高悬的红灯笼,魅力四射。从村东到村西,无论是每一片树木和草丛的"构图",还是每一处标志牌与木制品的摆放,都是经过精心设置的,看起来既整齐又错落有致,做到了独具匠心。凭借如此美景,村内游人如潮,旅游业发展已成规模,2019年新和村成功入选第一批全国乡村旅游重点村名录。巍巍六盘山下,新和村犹如一颗明珠,美而雅致、熠熠生辉,已获得"六盘脚下第一村"的美誉。

二、环境人文齐并举

建设美丽乡村,怎么建才能美?针对这个问题,新和村村干部可谓绞尽脑汁,在征求方方面面意见后,最后确定了两个定位:一是全面整治村庄面貌,改善村内人居环境;二是做大做强村里的民间传统艺术,发展文化旅游。

"知之而不行,虽敦必困。"既已明确了发展方向,新和村便立即开始行动,以实施乡村振兴战略为抓手,以创建美丽宜居乡村为目标,把提升人居环境与脱贫攻坚有效衔接,坚持"以点连线、以线促面、突出重点"的工作思路,大力开展农村人居环境整治。村干部将工作重点放在以下三个方面。一是"点"上抓示范。认真学习借鉴浙江"千村示范、万村整治"工程经验,广泛发动群众,对房前屋后、村室周边、村庄道路进行全方位综合环境整治,发掘先进人物,为全村人居环境整治工作树典型、立标杆。二是"线"上抓特色。紧密结合县域经济发展和村情实际,在青毛高速、隆庄公路省干道及各河道沿线大力开展土坯房拆除、卫生整治、绿化美化等专项行动,全力打造人居环境的特色示范带、景观带,扮绿扮靓隆德后花园。三是"面"上建机制。始终将机制建设作为农村人居环境整治的关键,建立完善村干部包街巷和农户全覆盖的网格化监管机制,推进村庄面上清洁向屋内庭院清洁、村庄周边清洁拓展,彻底消除卫生死角。除此之外,新和村还完善了监督检查机制,让村分管领导每半月一督查一通报,确保村庄清洁整治成效;并通过新时代文明实践站组织群众学习，让群众意识到环境整治的重要性，引导村民自发开展村庄清洁整治，形成自觉自愿配合、人人参与治理的良好氛围，推动村庄清洁行动常态化、制度化、持续化。新和村这一系列环境整治措施成果显著，开创了农村人居环境整治新局面，为本村实现全面小康奠定了坚实的基础。

"人民对美好生活的向往，就是我们的奋斗目标。"新和村口一块大理石上刻的这句话，生动地阐释了新和村人居环境整治的内涵。如今的新和村鸟语花香、整洁得体、绿意盎然，旧貌换新颜，已成为名副其实的新时代美丽乡村。美好生活就在眼前，村民得偿所愿，充满了幸福感、获得感与满足感。

环境整改美村落，人文建设美人心。从2015年开始，新和村以建设乡村旅游特色村为目标，修建仿古农家院，建设农家乐文化长廊，以古代二十四孝图为样本，以"百善孝为先"为典范，用传统文化和创新思路进行村庄改造整治。经过"文化装修"后的村庄改头换面，到处洋溢着古风古韵，传统美德熏陶感染着村民的心灵，使得村里善事孝行层出不穷，流传于十里八乡，闻之如沐春风，令人赞不绝口。

元宵锣鼓震九天，城区社火闹新年。新和村是"中国社火文化之乡"，高台马社火更是久负盛名，被誉为六盘山区民间艺术的"活化石"，目前已纳入国家级非物质文化遗产目录。马社火是传统民俗文化活动，表演者按历史戏剧故事装扮成各个角色，骑骡马列队成行，于行进间变化动作姿势，叙述故事内容。每年临近春节，新和村都会举办独具特色的马社火展演，受到当地百姓的欢迎，同时也会迎来一批游客冬游新和村。他们逛明清风情街，看马社火表演，听大戏，吃暖锅，品年味。于是新和村决定充分利用这一优势，努力发掘马社火的文化内涵，大力宣传这一民间传统艺术，以发展本村文化旅游产业。

传统艺术放光彩，文化旅游带钱来。借助国家级高台马社火非遗传承基地的美名，新和村通过农家乐举办各类"体验经济"旅游，即穿明清衣、画花脸、骑大马，将过去的文化活动改造为游乐项目。这一创意性改造取得良好成效，乡村旅游业迅速发展起来。2019年夏秋季节，新和村每月接待外来游客3万余人。人流多了，物流也就火了，使得全村特色种养殖业近两年也得到迅猛发展，销售形势一片大好。旅游业与种养殖业的发展为新和村的经济注入了活力，自2014年以来，全村人均收入每年递增38.6%，曾经一贫如洗的小乡村很快富裕起来，村民笑靥如花，喜迎幸福新生活的到来。

火红的生活，美好的前景。村里的环境越来越美，村民的日子也越来越好！如今，新和村打造的集休闲、采摘、餐饮、传统马社火表演为一体的乡村旅游项目，已成为隆德县的一张新"名片"，在美丽环境和浓郁文化气息的包围下，新和正快步走向美好未来。

三、改善基建惠民生

人文生态建设是美丽的外衣，基础设施建设是幸福的基础。新和村大力整改完善基础设施。2014—2017年以来，新和村硬化村道路3.5公里，修建道路6.8公里，修建村级综合文化活动中心1处、文化舞台广场1处、停车场3处；进行危房改造65户，修建大门75户，铺设下水管道1300米，安装太阳能路灯27盏；修建污水处理池1座、旅游卫生厕所3座、村内旅游景点3处。2016年，村里决定实施水冲式厕所改造，93户村民都用上了水冲式厕所。家里有了水冲厕所，水电全通，与城里一样干净卫生、舒适便捷，再加上空调暖气的安装，冬天冷不着，夏天热不着，老人小孩健康快乐，村民的幸福感更强了。

"百尺竿头须进步。"除以上设施建设外，新和村又着力于建设健全网络体系，实现了村组宽带网络"全覆盖"，通信信号、广播电视"全覆盖"，使村民足不出户便知天下事。另外，小乡村还修建新的自来水管道，完善净水设备，促使村内安全饮水普及率达到100%。此外，还修建了村文化体育活动场所、综合服务网点、标准化卫生室，如今的新和村各色惠民建筑林立，为村民创造了健康、优美、舒适的生活环境，成为远近闻名的宜居宝地。

四、发展产业致富贵

改变面貌，发家致富，一切都要从2013年成立的新一届村党支部说起。

新和村党支部书记、致富带头人赵小龙曾在北京做沙棘加工生意，收入不菲。2013年赵小龙返乡创业，开发利用马社火等文化资源，采取"党支部+合作社+致富带头人+贫困户"的模式，发展形成了农家乐、生态养殖、民俗文化旅游产业，通过入股集资分红，引导500户1790名村民附着在产业链上脱贫致富，把自己致富的"盆景"变成了带领贫困人口脱贫的"风景"。在赵小龙的带领下，村内经济迅速发展，村民也打开了眼界，开始积极探索发展新路径。

发展产业经济是脱贫的根本举措。2017年，村党支部决定建立旅游开发、文化演艺、苗木种植等村集体产业，并在产业的基础上，成立文化活动、产业发展、环境整治、关爱帮扶4个功能党小组，吸引了村里一批年轻有干劲的党员加入，大家众志成城，集思广益，一心一意谋发展。

理想必须与实干相结合。确定政策后，新和村立刻以种植业为基础，大力发展乡村旅游业，带动建档户增产增收。小村建设林下生态规模养殖园1处，打造休闲农业采摘园500亩，主要种植中药材、油用牡丹、套栽红梅杏等，带动建档户80多户；成立西海固民俗风情旅游公司，带动贫困户46户；开办农家乐5家、农家旅店7家，年接待游客3万多人次，创收经济35万元。结合金融扶贫、教育扶贫、社会扶贫等多种扶贫方式，利用本村产业带来的经济收益，新和村2014—2017年共脱贫82户281人，群众认可度100%。

致富依靠产业，扶贫首先扶人。2019年6月，新和村建成300平方米扶贫车间1座，并引进宁夏万象生物科技有限公司开办生产车间，通过流水线作业生产八宝茶，这为当地贫困村民自力更生、就业致富创造了有利条件。扶贫车间成立以来，积极发挥带贫作用，吸纳当地村民15人进厂务工，其中建档立卡户13人，每人每月工资至少2000元，使得困难群众不出村就能实现就业，亦工亦农两兼顾，挣钱顾家两不误。

八宝茶飘香，致富陈靳乡。走进陈靳乡新和村扶贫车间，一股浓郁的茶香枣香扑鼻而来，抬眼望去，干净整洁的厂房内，工人们戴着卫生帽和手套正在进行流水线作业，他们动作娴熟、轻松自如地完成着各项工作，生产出香如兰桂、味如甘霖的八宝茶。新和村的扶贫车间生产的马艺馨八宝茶广销甘肃、陕西等地，由于料足味美，供不应求，每天销货量可达30件，年收入可达600万元，为当地务工村民年创收50万元。

如今，日子越过越好，村民们致富热情高涨，或积极创业，或勤恳工作，呈现出一片生机勃勃的新气象。

五、特色民俗乡村游

打造新和文化旅游名片，开创休闲旅游致富之路。新和村距离县城8.5公里，平均海拔2650米，村庄中心地带从东到西有一条小河流过，村内有岳家峡等生态旅游资源，森林植被良好，梯田交错，民俗文化氛围浓厚，具备发展乡村旅游的良好条件。因此新和村把握市、县发展文化旅游产业的新机遇，依托马社火非物质文化遗产等丰富的文化旅游资源，开发了马社火展演、骑马观光、农事体验等旅游项目，顺利转型成为实施美丽乡村和发展乡村旅游产业的"全国乡村旅游重点村"。

药用植物园，美丽又实用。新和村结合当地实际，建成了六盘山药用植物园。该园不仅对六盘山濒临灭绝的药用植物进行保护，使得盘贝母、黄精、桃儿七等药用植物得以保存繁衍，还通过设立保护区专门种植药材。种植的药材与梯田的农作物相互辉映、彼此衬托，像一幅色彩斑斓的秀美画卷平铺在广袤大地上，蔚为壮观。美丽的风景必然不会被埋没，这里很快得到了游客的青睐。游人们蜂拥而至，并且"满载而归"，因为游六盘山药用植物园不单可以愉悦心情，还可以在旅游观光的同时，采摘上乘中草药带回家调理身体。游人来到这里可以一举双得，身心都能受益，何乐而不为呢？

表演精彩马社火，传承优秀古文化。新和村是马社火的故乡。新和村人坚守传统，坚持养马，每年正月的时候，村里的老人就带着年轻人表演马社火。这种独有的、在马背上表演历史故事的社火被列为国家级非物质文化遗产。游客来到新和村可以近距离接触马社火，感受传统文化的魅力，这样的文化旅游既传承了传统文化，又带动了乡村经济的发展。

借问风光何处有，且看新和度假村。近年来，为了改善村容村貌，新和村村干部决定带领村民创建农家乐，利用得天独厚的优势打造乡村旅游示范区，这便成就了新和美丽休闲度假村。新和美丽休闲度假村位于气候宜人、风景秀丽、人文底蕴深厚、交通便利的隆德县陈靳乡新和村。度假村建设之初，借隆德县委、政府实施"文化旅游兴县""美丽乡村建设""整村推进"的浩荡东风，成立了隆德美隆文化演艺发展有限公司和隆德县非物质文化遗产马社火传习基地。如今，新和美丽休闲度假村把观光旅游、休闲度假、采摘垂钓、生态餐饮融入现代乡村文化旅游行业，建成了以种植业、养殖业和旅游休闲为主导的三大支柱产业，形成了特色鲜明的"六区一中心"服务基地。在此基础上，新和村又组织开展大型篝火晚会，积极推介基地旅游产品。这一系列整改使得游客可以真切感受本地自然风光、农耕文化、民俗魅力和特色饮食文化，大大提高了游客的游玩兴趣，度假村很快游人如潮，全年接待游客多达3.6万人。

欣逢盛世，又迎东风。新和村通过挖掘自身旅游资源发展经济，帮助村民脱贫致富，取得了良好成效。时至今日，这个西部小村落彻底告别了旧日的萧瑟，如今的村庄植被茂盛、梯田交错、风景秀美、游人如潮，并成功入选"全国乡村旅游重点村"和全国第一批"国家森林乡村"。未来，在党和政府的政策支持下，新和村将继续依靠自身资源优势努力开发创新，通过多元化、多渠道的发展模式，继续完善山青水绿、人民幸福的美丽新农村。相信前路会更加美好，新和村必将在社会主义的康庄大道上越走越远！

旅游养殖共发展　生态经济赢未来

——固原市泾源县大湾乡杨岭村

一、"苦甲一方"换新颜

坐落于六盘山腹地，三面环山的杨岭村，隶属于宁夏回族自治区固原市泾源县大湾乡。这里生态环境良好，自然和旅游资源丰富，产业以草畜、苗木、养殖、旅游为主，全村共有6个村民小组319户1226人。

行走在杨岭村，不论是五颜六色的花海，还是白墙青瓦的新居，抑或是在草地上撒欢儿的孩童，都会让你不由自主地驻足观看，流连忘返。有谁能想到，这里曾经是泥泞不堪、温饱难解的集中连片贫困区。2016年还是泾源县26个脱贫困难村之一，基础设施落后，产业发展滞后，属于宁夏深度贫困村，"刹开一粒黄土，半粒在喊饿，半粒在喊渴"是昔日的真实写照。

1949年以后，杨岭村人民积极参加土地改革、人民公社化运动，集体从事农业生产，但由于自然条件和耕作方式等因素的限制，贫困并未得到有效改善。然而发展过程中的困难并没有磨灭杨岭村人民想要过上好日子的愿望和踏实肯干的决心。1982年，杨岭村开展了修梯田、打井窖、退耕还林、产业扶贫等一系列脱贫举措，这帮助村民基本解决了温饱问题。1996年，闽宁形成结对帮扶，杨岭村的产业开发、教育卫生、基础设施建设受到福建各界人士的大力支持，取得了一定的发展。脚踏实地、永不放弃，杨岭村就这样在艰难险阻中一步一步前行。

"凡治国之道，必先富民。民富则易治也，民贫则难治也。"2016年7月18日，习近平总书记来到固原，走进泾源县大湾乡杨岭村村民家中考察民情，深切鼓励村民脱贫致富。他亲切地告诉大家："好日子是通过辛勤劳动得到的，发展产业是实现脱贫的根本之策，要因地制宜，把培育产业作为推动脱贫攻坚的根本出路。"在党中央的支持下，杨岭村的村民披星戴月，拿出一股干劲儿，开辟出了一条草畜产业与观光旅游业协作共赢的发展致富之路。

近两年来，在县政府的引导下，杨岭村积极引进澳大利亚安格斯肉牛，建设生态牧场，以农牧草畜为主导，大力发展观光旅游业。除此之外，杨岭村还特别注重人文景观的发展，建成农家书屋、文化娱乐广场、幼儿园、停车场等基础设施，硬化村内巷道6公里，安装太阳能路灯33盏，为人们的出行提供了极大的方便。

如今，"苦甲天下"的杨岭村已经"富甲一方"，水泥硬化路取代了泥泞小路，绿色的山头取代了荒山，青瓦房取代了土坯房，花海取代了草地，硬化的广场取代了打谷场，学生也拥有了自己的塑胶跑道。不仅如此，改厕、改厨、改围墙、修路，曾经脏乱差的村容村貌，正在绽放新颜。极目望去，远山翠黛，白墙灰瓦，挑檐门廊，家家户户庭院整洁，喜气洋洋。

杨岭村正在改变的不仅仅是村庄的面貌，更重要的是村民的精神面貌。走进杨岭村，孩童们笑着闹着，在绿油油的草地上撒着欢儿地成长；伴着晨光早起耕作的农民，哼着轻快的小曲儿走在便捷的小路上。夕阳西下，围坐在广场健身器材周围的大娘大婶，喜笑颜开地聊着风趣幽默的故事；一对青涩的情侣，正在街头一角窃窃私语，晚霞照在女孩害羞的脸庞上，那好似红苹果的面庞越发红艳了。幸福的气息洋溢在村庄的每一个角落，一个看得见山、望得见水、记得住乡愁、留得住幸福的美丽杨岭已然形成。

二、安格斯牛引资来

原产于苏格兰的安格斯肉牛，不知是否想到有一天会来到遥远的中国西北，在一个叫杨岭村的地方生长、繁衍，富裕了一方百姓。

在杨岭村，每一位村民都真切地记得习近平总书记说过，好日子是通过辛勤劳动得到的，发展产业是实现脱贫的根本之策。为达成勤劳致富的愿望，近年来，杨岭村积极引导农民养殖安格斯肉牛。与当地原有的黄牛相比，这种牛育肥快、肉质佳、售价高，群众给它起了个名，叫"发财牛"。贫困户可在政府帮扶下，每家饲养2头安格斯基础母牛、3头育肥牛。泾源县95%的农户都是靠安格斯脱贫的，不得不说：安格斯，真牛！

八月的杨岭村，草木茂盛，层峦叠翠。驾车行驶在平坦宽阔的旅游快速公路上，你会看到路旁草坪上一头头体形健硕的牛儿正贪婪地亲吻大地，时不时地，一两只吃饱了的牛儿探出脑袋在公路旁张望，仿佛在热情地欢迎游人的到来。这美好画面的出现得益于由宁夏大田新天地生物工程公司牵头建设的杨岭村生态牧场项目。该项目主要实行草畜一体化，充分利用当地土地、劳动力、特色资源优势，以一条全产业链将企业发展与农民创收相结合，推动农业结构优化调整，带动农民致富。除此之外，该公司还在杨岭村注册成立产业合作社，采取村民自愿的原则，将农户的1000亩土地、10户村民院落等不动产按价折合成股份，通过资产入股、企业出资建设的模式建成杨岭村生态观光牧场，开展安格斯肉牛养殖和生态观光旅游业融合发展。通过"公司＋合作社＋基地＋农户"的模式，形成"股权＋盈余分红＋打工收入"的产业扶贫带动，同时也形成集约化、规模化、专业化的发展模式。这种模式根据盈利情况按照所持股权进行分红，从而将农户和村集体的不动资产变成了"真金白银"，有力促进了农户脱贫增收，形成了一条发展的新路子。

不仅仅是大田公司，两年来，越来越多的企业"抢滩"杨岭村。新疆天山牧业带着创意来了，为杨岭村的草畜产业规划出了一条高端养殖的品牌之路；中国建材集团带着资金来了，对口帮扶杨岭村；江苏绿岩公司带着技术来了，在杨岭种下千亩花海和观赏性彩色牧草……

安格斯牛的养殖不仅解决了以前村民养殖黄牛收益低、养殖方法不科学的问题，同时还解决了玉米的销售问题。村民通过流转土地种植玉米，用来喂牛，自己种的玉米也被收购用于喂牛，不愁卖不出去。

老百姓的腰包鼓了起来，干劲儿足了起来，可谓乐在心里，笑在脸上。"发财牛"不仅解决了全村经济问题，也促使村民的生产生活方式发生了改变。村里现在的环境变得好多了，再也不像过去那样人畜共居一院，现在都建起单独的牛圈或者将牛托养，卫生条件得到改善，牛托养后多出来的劳力还可以务工增加收入，再加上土地流转和肉牛养殖所得分红，村民的钱包迅速鼓了起来，似乎将满脸的皱纹也撑得舒展开了。仿佛做梦一样，几年前那种脏乱差的容貌一去不复返，代之而来的是一派欣欣向荣的新气象。正在变好的杨岭村，承载着的是无数村民的希望与梦想，在他们心中，杨岭村早已成为自己的孩子，希望孩子成龙成凤是每一位父母的愿望；而从另一方面说，村民又是杨岭村的孩子，伟大的杨岭村在无私奉献着自己，尽最大的努力让自己的孩子们过上好日子。

三、美丽村庄旅游兴

借问百花何处有？牧童遥指杨岭村。2016年，县委、县政府在大量深入调研的基础上，依托紧邻全域旅游环线的地理位置优势和适宜种植花卉的自然优势，在杨岭村种植露天观赏的经济花卉800亩，建设集观赏娱乐为一体的阳光温棚和百花溪谷400亩，着力打造花田花海旅游项目。另将1500亩以荒山为主的土地种植牧草，恢复植被，建设休闲娱乐场所，散养各种观赏动物，打造天然牧场。不仅如此，为做大做强杨岭村文化旅游实体，政府还以杨岭生态牧场、杨岭百花溪谷生态休闲农庄为依托，注册成立旅游开发公司，扶持农家乐3家，其中主营泾源黄牛肉产品1家、主营羊肉产品1家、主营泾源土特产产品1家，并打造老马休闲茶廊2家。为方便游客前来，政府又大力改善交通，前后共铺设了5条旅游专线公路，新修的30多公里的旅游观光大道，北接固原青石高速，南可直达六盘山，游客既可步行参观，也可自驾游览。

　　"念桥边红药，年年知为谁生。"仲夏时节带着三五好友，驱车前往大湾乡杨岭村，便会看到漫山遍野的芍药花，这是杨岭村最为人津津乐道的景致。每年六七月份，花朵开得正浓烈，蓝天、白云和漫山遍野的芍药花交相辉映。一阵微风吹过，芍药婀娜的身姿翩翩起舞，如此美妙绝伦的场景使人沉醉其中、惬意自如，再加上被翠绿色包裹着的连绵山脉，秀丽旖旎的杨岭村可谓"人间仙境"，让人禁不住感叹大自然的美妙与神奇。对于长期置身于现代化都市中的人们来说，这里无异于世外桃源，游人来到这样一个村落，可以看到最为质朴美丽的自然风光。

　　"清明过了桃花尽，颇觉春容属菜花。"若是更早一些来到这里，还可以看到数百亩的油菜花竞相开放。和芍药花艳丽逼人的粉色不同，油菜花的颜色让人振奋惊叹，放眼望去，满眼都是澄亮的金黄色，仿佛看到了未来和希望。走进这黄色海洋里，心情豁然开朗，真可谓"人在画中游"！来到这里的人必会拍照留念，看吧，穿梭于花溪中的小姑娘，正摆好了俏皮的姿态，期待爸爸拍出一张美美的照片，留住这如画江山与最美童年。

　　走过百花谷，便到达杨岭村的居民住宅处。一排排整洁的房屋齐刷刷地列在道路两侧，像是等待检阅的士兵；新栽的小树依偎在那棵古老的槐树旁，仿佛在喃喃细语；平整的道路、宽敞的广场和挺拔的太阳能路灯，每一处都在向人们展示着杨岭村人民的幸福。头脑灵活的杨岭村人还将家里的牛棚改装成茶馆，在自家院里开起了便利店，热火朝天地跟上了乡村旅游发展的步伐。

杨岭村村史馆（展帆／摄）

　　夜幕降临，游人们伴

着晚霞走进新建的村史馆，看着一幅幅黑白老照片，体会杨岭村人民的艰难探索，感受杨岭村十几年来的沧桑巨变。也可以走进农家乐，这里餐厅、住宿一应俱全，不仅能与结伴好友在觥筹交错间品味西北的风土人情，也可以听大叔大婶讲那过去的故事。以花为媒，以茶会友，游人欢聚在秀美杨岭，远离城市喧嚣，畅游绿波花浪，饱览山地一色，感受乡俗淳朴，尽情享受这场"美丽乡村"的鲜花盛宴。

四、杨岭模式人人赞

"世上无难事，只要肯登攀。"从曾经"苦甲天下"的深度贫困村到如今"富甲一方"的乡村治理典型示范村，杨岭村华丽而成功的转身离不开党中央的支持和习近平同志的关心指导，离不开县委、县政府的正确引导，也离不开每一位杨岭村人民所付出的艰辛和汗水。

"为有牺牲多壮志，敢教日月换新天。"杨岭村大力发展草畜产业，积极引进澳大利亚安格斯肉牛，充分利用当地特色资源，吸引投资者。现在的杨岭村已建成了现代化的养牛车间、干净的农家乐杨岭小院、气派的农民别墅、洋气别致的康养中心，这一切都要归功于勤劳勇敢的杨岭村人民，他们在党的领导下，靠自己的努力开辟出了一条独特的致富之路。

扶贫首先要"扶人"。杨岭村根据整体产业发展布局，审时度势地打造了泾源县首个产业扶贫车间，积极吸纳周边闲散劳动力100余人（主要以建档立卡户为主）常驻车间，参与开发具有民族特色的九碗十三花、八宝茶、散花散果、泾源土蜂蜜等系列产品，最低月工资不少于2000元，年人均保底收入达20000元，实现了一人就业全家脱贫的目标。与此同时，政府引领产业与高端市场对接，把产业做大做强，并同步推进社会治理，强化社会化服务功能，通过系统化的建设与发展，走上了一条生态美、产业强、百姓富的转型发展之路。

在举国上下欢庆中华人民共和国成立70周年之际，杨岭村紧跟时代举办首届乡村文化旅游节。通过组织乡村旅游节系列活动，向广大游客展示了杨岭村的生态和民俗文化，努力把乡村旅游节办成了乡村振兴发展成果的"展示节"，全民分享旅游幸福的"惠民节"，展示文化旅游新融合的"宣传节"。这一活动有效推动了旅游与脱贫攻坚和乡村振兴战略的有机融合，是不断实现乡村旅游生态化，推动乡村回归自然的选择，更是杨岭村人民整体素质日益提高的集中表现，也让美丽杨岭成为乡村旅游产业的新亮点，知名度大大提高，区内外各大媒体、电视台、报社和新媒体都有精彩报道，杨岭村一时成为泾源县的焦点，成为区内外的"网红村"。

"有志者事竟成"，再难的路也挡不住人民对美好生活的向往，脚踏实地而后仰望星空，杨岭村的人们团结一心，一步一个脚印，最终取得了来之不易的幸福。从荒山野岭到绿水青山，从低矮土坯房到明亮青瓦房，从坑坑洼洼的小路到平整的水泥硬化路，杨岭村的人们用坚持不懈的努力和永不言败的精神，开辟出一条属于杨岭村的特色致富之路。杨岭村的先进治理方法不光帮助当地百姓脱了贫，使村民过上了幸福富裕的生活，也为别的村子的发展提供了宝贵的经验，正以榜样的力量带动全国其他贫困乡村，共同探索脱贫路！万里长征才刚刚开始，日后的杨岭村还要继续实施乡村振兴战略，着力改造人居环境，发展草畜、苗木、中蜂、劳务等产业，争取让本村的发展再上一个新的台阶！

"不忘初心，方得始终。"不论走多远，杨岭村的人们始终记着习近平总书记的那句"好日子是通过辛勤劳动得到的"。带着"不破楼兰终不还"的勇气和决心，杨岭村的人们凭借勤劳和智慧，砥砺前行，奋发向上，在党的脱贫攻坚道路上留下绚丽的光彩，也为乡村治理提供了新模式。如今喜笑颜开的杨岭村人民脸上挂满了幸福的微笑，不断变好的杨岭村正在向光明的未来大步前进！

六盘山下农家乐　脱贫致富美丽村

——固原市泾源县泾河源镇冶家村

一、以穷困为背景，探索致富光明路

"黄天厚土大河长，沟壑纵横风雨狂。"苍茫辽阔的黄土高原上，贫瘠的土地绵延至无穷，雨水侵蚀后的沟壑纵横交错，烈日炎炎下微风一起便是黄尘漫天。然而，漫天黄尘掩盖不住蓬勃的绿色，森林覆盖率达48％以上的泾源县作为黄土高原上的一颗"绿色明珠"，展现出勃勃生机，成为这浑朴大地上最为精彩的点缀。泾源县，因泾河发源于此而得名，地处宁夏回族自治区最南端的固原市。由于位于六盘山国家级自然保护区和国家森林公园核心区，自然和人文景点众多，有着极为丰富的旅游资源。然而守在这里的人们却没有及时捕捉到美丽风景所带来的发展优势，只是守着美景苦耕种。但这里山高沟深、丘陵遍布、缺少耕地，人们辛苦劳作却未能发展致富，直至新时代来临之前，泾源县仍属于六盘山集中连片特困地区，是国家重点贫困县。

县里一贫如洗，村里就更不必说了。泾河源镇冶家自然村位于泾源县城南20公里处，东临泾河源镇区，南接南庄村，西靠六盘山森林公园和老龙潭景区，北依泾河。冶家村地处六盘山森林公园东南2公里处，距泾河源镇政府只有2.5公里，和县城的情况相似，多年来，坐落在泾源县老龙潭景区核心区的冶家村村民守着美景过苦日子。为了生存，他们从定居开始就过着毁林垦田、伐木盖房、满山放牧的生活。2005年以前，冶家村仅靠种植业和外出务工发展生产，那时一人两亩薄田，一户几间土坯屋，年人均纯收入不到1300

元，全村4个村民小组共344户，其中建档立卡户就有92户436人，是当地出了名的贫困村。

新时代带来新气象，新思想规划新道路。进入新时代后，冶家村意识到想要脱贫致富就必须摒弃原先的旧方式，积极探索新道路。在政府的鼓励引导下，人们开始将脱贫致富的关键点由农耕转移到旅游上，努力挖掘本村旅游业的发展潜力。冶家村位于六盘山国家森林公园和老龙潭景区核心区，四周环山，气候湿润，形成独特的小盆地气候，比周边气温高3~5℃，年降水300~500毫米。温和湿润的气候和丰富的雨水使得村庄草木繁茂，每逢夏秋两季山清水秀、景色宜人，尤其是几公里外的宁夏著名旅游景区老龙潭和六盘山国家森林公园，在泾源县大力发展旅游业后年游客已达几百万人。

明确优势，抢抓机遇，迅速发展。怀揣着旅游致富的梦想，冶家村借助六盘山国家森林公园等景区的区位资源优势，抢抓"创建全域旅游示范县"机遇，先后捆绑美丽村庄建设、少数民族特色村寨建设等项目，结合20公里旅游服务带建设，实施农家乐建设工程，提升村级硬件设施，迅速改善村容村貌，走上了以农家乐为推手的脱贫致富之路。

一入光明路，财源滚滚来。截至2019年8月，冶家村共建设农家乐135户，从业人数320人，床位2420张，同时可容纳3500人就餐。2018年，冶家村农家乐共接待游客近16万人次，经营户中收入最高的达到70.5万元，户均接待收入5.5万元。村民们喜笑颜开、干劲十足，将财富收入囊中，把幸福化为动力。此时在他们眼中，经营农

冶家村村貌（冯晶晶／摄）

家乐就是经营美好未来。

　　红瓦绿树，青砖白墙，农院星布，游人如潮。如今的冶家村，乡村集镇布局谋划超前，配套设施完善，游客络绎不绝，村民生活和谐舒适，已然成为一座魅力四射的新时代美丽乡村。经济发展起来了，荣誉便接踵而至。近年来，冶家村先后荣膺全国首批少数民族特色村寨、全国"一村一品"示范村、全国旅游扶贫试点村、中国最美乡村旅游模范村、全国金牌农家乐等称号。山川秀美、岁月静好，穷困已成为过去，幸福扑面而来。在历经艰辛、不懈探索之后，冶家村终于踏上了脱贫致富的光明路，满怀希望，向着美好未来不断前行。

　　二、以景区为依托，开启旅游新模式

　　冶家村隶属于泾河源镇。泾河源镇位于六盘山下、泾河源头，东依甘肃省平凉市麻武乡，南邻泾源县新民乡，西接六盘山林区，与隆德县崇安乡为界，北至双秦塬，与兴盛乡、香水镇接壤。小镇东西长约38公里，南北宽约6公里，总面积176平方千米，距宁夏固原市泾源县城南15公里，国道344线和省道101线穿境而过。由于河流密集，水量丰盈，泾河源镇林茂草丰，风景十分优美。镇政府为了让村民脱贫致富，大力发展旅游业，在社会各界的帮助下，筹资建成了泾河源风景名胜区。

　　泾河源风景名胜区山清水秀、群峰争绿、飞瀑流泉、鸟语花香，既有北国之雄，又具南国之秀，被称为黄土高原上的"绿岛"。荷花苑、老龙潭、小南山、二龙河、鬼门关、凉殿峡、沙南峡、秋千架、延龄寺石窟、堡子山公园……众多名胜美景在此竞相争彩，促使泾河源风景名胜区名扬全国。泾河源风景名胜区早在1995年就被评为省级风景名胜区，在新时代、新政策的助力下更是大放异彩。

　　美景带来美日子。凭借着泾河源风景名胜区的秀丽美景，泾河源镇迅速发展起来。2015年全镇生产总值2.4亿元，农民人均可支配收入达到6221.3元，先后荣获"国家级生态乡镇""全国重点镇""全国特色景观旅游名镇"三张国家级名片。2016年10月14日，泾河源镇被国家发展改革委、财政部以及住房城乡建设部共同认定为第一批中国特色小镇。

"近水楼台先得月"，乡镇拥有发展瑰宝，乡村便可借力腾飞。冶家村地处宁夏森林资源最为集中、景色最美的六盘山国家森林公园和老龙潭门户，是游客进入泾河源风景名胜区的必经之地。2005年，一条始于泾源县，直通六盘山国家森林公园的旅游公路，开启了冶家村脱贫致富的新模式。

康庄大道通佳境，引得游人竞相来。旅游区的游客多了，食宿便成为大需求，冶家村的发展机遇来了。2005年年初，泾源县委、政府根据冶家村靠近六盘山国家森林公园的有利条件，组织了40户具有一定经济基础和经营实力的村民，统一规划，集中移地改造，开始建设农家乐安居工程，引导群众开展旅游服务业，开办农家乐，增加收入，正式开启冶家村"靠山吃山"的致富之路。

以自然为特色，变劣势为优势。政府因地制宜，根据冶家村的特点，建造了独具一格的乡村农家乐体系。他们将原来的旧村子改造成为适合乡村旅游的庭院式休闲格局，同时以村庄野外为空间，以人文无干扰、生态无破坏为准则，以"游居"和"野行"为特色发展村野旅游新形式，在户外为游客们提供食宿。天高云淡、风清气爽，来到冶家村的游客们在自然中漫步、在自然中吃饭、在自然中睡觉，顿觉身处世外桃源，与天地融而为一。这独具特色的安排成为冶家村农家乐的"品牌"，一到节假日，从前寂静的穷沟沟变得游人如织，喝酒、赏月、闲谈，在一片片欢声笑语中，美丽的冶家村迅速富裕起来。

从昔日上山砍柴、放牧牛羊、靠山吃山的穷日子，到如今封山禁牧、退耕还林、办农家乐的富裕生活，宁夏泾源县冶家村的嬗变，成为宁夏旅游脱贫的典型。乡村美景和舒适的农家小院可以让游人们亲近自然民情，体验礼仪风俗，而游人的到来又为乡村增添了生机，带来了财富。以冶家村为代表的乡村通过旅游业达到了"共赢"的目的，为本村带来福利，也为其他乡村的发展提供了宝贵经验。

三、以村民为主体，庄稼汉变经营者

转换脱贫途径，政府大力支持。自实施精准扶贫工程以来，泾源县意识到仅仅依靠耕种很难脱贫致富，于是转换方向，将"旅游强县、旅游富农"作为民生发展的头等战略。考虑到冶家村340户农家，贫富分化严重，发展农家乐产业无疑是这个村的贫困户脱贫致富的最佳途径。因此在出台"新建补贴4万元，改建补贴2万元"优惠政策的基础上，近两年来县、乡两级政府整合各类资金220万元，大力建设乡村基础设施，改善村容村貌。由于基础设施登上了一个新台阶，再加上村里老户带新户、大户帮小户，全村300多户人家中，经营农家乐的就有110户。

村民们变成了农家乐安居工程的最大受益者。十几年前，几亩薄田，两三间土坯屋，一台布满"雪花点"的黑白电视机是冶家村的典型写照，村民们一贫如洗，只能勉强维持温饱。

转机发生在2006年10月，在农家乐安居工程资金的支持下，村民们纷纷出资出力建成了自家的新院落，而这温暖美丽的农家院不仅为他们遮风挡雨，还引来了游客，带来了财富。村民们放下了手中的锄头、铁犁，由庄稼汉转变为经营者，通过农家乐，他们真正实现了脱贫致富的梦想。

"欲穷千里目，更上一层楼。"农家乐经营进入正轨后，冶家村并没有松懈，而是不断探索进步的新方法。在农家乐运营管理中，冶家村主动适应新常态，引入市场化运营机制，成立了冶家村旅游观光合作社和冶家农家乐管理有限公司，引导村民树立全民共建共享的"全域旅游"理念。近年来，冶家村还打造了一支由"巧媳妇壹号大院"负责人冶三成、"大青山农家乐"蒙秀珍等政治素质高、发展能力强、示范带动好的党员带头人队伍，培育了冶德玉、冶九十等懂经营、会管理、能带富的乡村旅游致富带头人，以带动更多有条件的群众开办农家乐、农家旅馆。这一举措促成了冶家村"家家都是旅游环境、户户都是旅游项目"的生动局面。不仅如此，首批运营农家乐的40户群众还自发成立了"冶家村农家乐协会"，过往游客只要一个电话，便可一次性解决吃、住等问题，享受休闲、娱乐的全方位服务。这一切使得冶家

村农家乐的经营模式越来越完善，也使游客们可以享受到更为贴心的服务，在村民和游客们笑弯了的眼睛中，正浮现出冶家村走向更为精彩未来的美好画面。

时至今日，在六盘山下、泾河源头，一排排错落有致的农家小院，于青山绿水的环绕中透露出一股桃花源般的清幽，吸引了四面八方的游客。游人遍赏山川美景后，在傍晚时分，嗅着农家小院里桃花和油菜花的清香，夹一箸鲜嫩的蒲公英，那感觉真是美到了心里。设施完善、绿意盎然、游人如潮，农家乐的兴盛印证了冶家村乡村振兴的序幕已经拉开，未来已来，美好可期。

四、以旅游为产业，展现脱贫新方法

激流勇进，力争上游。近几年，泾源县主要从加大景区开发力度、完善旅游服务设施、扶持发展乡村旅游、加快旅游产品开发、精心打造旅游品牌、创新宣传营销方式、加强旅游人才队伍建设、推进文化旅游融合发展等方面着手开发建设，力争经过一个阶段的努力，使冶家村农家乐发展迈上一个全新的台阶，将冶家村打造成全国著名的休闲避暑度假目的地。

"功夫不负有心人。" 2016年6月，为推动全国乡村旅游转型升级、提质增效，充分发挥旅游业在稳增长、调结构、增就业、减贫困、惠民生方面的积极作用，当时的国家旅游局开展了乡村旅游"百千万品牌"推介活动。冶家村不负众望，一举获得了"中国乡村旅游模范村"和"全国金牌农家乐"两项殊荣。随后，冶家村作为中国首批少数民族特色村寨，又从100多个典型意义的试点村中脱颖而出，入选全国2015年旅游扶贫试点村。对于有条件的试点村，当时的国家旅游局和国务院扶贫办会给予扶贫小额信贷和财政扶贫资金贴息贷款，同时鼓励其积极发展智慧乡村游，积极推动"互联网＋旅游扶贫"模式，充分依托微博、微信、微电影等新媒体促进旅游产品在线宣传和销售。另外，扶贫部门也将优先在试点村开展电商扶贫工作，确保精准扶贫效果。因此这次入选对于冶家村而言，无疑又是一次发展的机会。

经过多年的发展，目前旅游业已成为冶家村脱贫致富的重要产业。为积极实施生态旅游富民工程，构建多种类型的乡村旅游模式，配合旅游业的发展，冶家村又大力推进"美丽乡村"建设，在改善村民人居条件的前提下，提升乡村的外部形象，优化旅游配套资源设施。冶家村在泾源县政府的支持下打造幸福农家，对房前屋后、村容村道进行绿化整治，还有很多经营户自发对自家院落进行改造提升。往年的冶家村就很受游客青睐，大整改后火爆程度比往年更甚。

"绿水青山就是金山银山。"如今的冶家村已经形成了集餐饮、住宿、特色旅游为一体的旅游产业。每逢夏秋两季，山清水秀、景色宜人的小村都会吸引来自甘肃、陕西等周边省区的大量游客。人流就是财富，冶家村也因此迅速发展，村民们沐浴在幸福的阳光里笑靥如花，在党和政府的大力帮扶下，他们终于依靠着绿水青山，收获了金山银山。

不拘一格谋发展，百花齐放路径多。发展乡村旅游捞了第一桶金，冶家村人开始重新审视脚下的这片土地，寻求其他发展路径。立足旅游业，他们开始发掘乡土文化，致力于开拓乡土产业，使冶家村既能靠山吃山，也能通过传承和发扬乡土文化延伸产业链，走上可持续发展的新路子。

2018年9月，利用村集体经济，冶家村创办了扶贫车间，车间充分挖掘当地"乡土人才""乡土文化""乡土传承"，培育发展了乡土产业草绳编制、废旧轮胎创意再利用等行业。显然，扶贫车间成为培育新产业、增加村民收入的新机遇。目前，车间有就业群众22名，其中建档立卡户12名，最高月工资达到6600元，平均月工资3500元。扶贫车间的建成和运营，填补了村里无村办企业的历史空白，拓宽了群众就业渠道，改变了群众的观念，还可培育更多的"手艺人"。在扶贫车间里，一根根草绳经过村民灵巧的双手，变成了形态各异的艺术品，光头强、红太狼、蝴蝶、花卉等造型在喷涂颜料后变得十分逼真。车间现已生产各类创意草编产品15种，创意轮胎产品9种，产品销往银川、大武口等市、县（区），最远的已到江苏省徐州市，销售额达165万元。

一切依靠人民，一切为了人民。对于村民来说，工厂就在家门口，比以前起早贪黑出门打工方便多了。厂里的硬件设施完备，安装有空调，夏天热不着，冬天冻不着，好不惬意。当然，扶贫车间带给村民们的不仅是生活的便利和财务的自由，更为重要的是思想境界的提升。随着收入提高，村民们逐渐消除了安于现状、等靠要的依赖心理，实现了由"要我脱贫"到"我要脱贫"的思想观念转变。在村民们积极奔小康的努力奋斗下，乡村振兴的美丽蓝图正由梦想走向现实。

八月的泾源天高云淡、凉风习习。走进泾河源镇冶家村，红瓦白墙的砖瓦房巍然林立，村口宽阔笔直的柏油马路直通景区，"冶家民俗村"的牌匾格外耀眼，一条笔直的水泥街道延伸到景区，道路两旁是整齐排列的农家乐，里面绿意盎然，欢笑不断。村里的扶贫车间里摆满了孔雀、黑狼、蝴蝶、马车等造型各异的稻草人，富有特色的院门和"以更好的服务迎接游客"等标语彰显着本村的勃勃生机。沧海桑田，旧貌换新颜，如今的冶家村再也找不到昔日"落后村"的痕迹，已然是充满幸福气息的新时代美丽乡村。

着眼现在，展望未来。冶家村的成功只是宁夏泾源县以旅游实现脱贫致富的一个缩影，旅游扶贫的探索在宁夏还有很多。接下来，宁夏将不断完善休闲农业和乡村旅游配套设施，让乡村旅游成为"神奇宁夏、美丽乡村"的生动载体，让更多乡村通过旅游业脱贫致富，让更多群众走向幸福生活。

百花齐放迎富贵　扶贫车间造幸福

——固原市彭阳县城阳乡杨坪村

"昨夜西风凋碧树。独上高楼，望尽天涯路。"杨坪村隶属于宁夏回族自治区固原市彭阳县城阳乡，位于彭阳县城以东25公里处，327国道穿村而过，交通便利。这个美丽的小村行政面积共11.49平方公里，现有耕地6798亩，人口517户1659人，其中建档立卡户125户410人，贫困发生率极高。贫穷似一张巨大的渔网，网住了村民的致富梦，也阻挡了村庄前进的步伐。一代又一代人历经艰辛探索发展致富之路，却经不住时间的消磨和困难的阻碍，默默消逝在历史长河之中。杨坪村，这个风景优美、民风淳朴的西部小乡村，就在穷困中摸索着，年复一年，渴望出路，望眼欲穿。

"蓦然回首，那人却在，灯火阑珊处。"进入新时代后，党和政府致力于帮助贫困乡村脱贫致富，杨坪村因此迎来了发展的机遇。杨坪村内自然禀赋优越，拥有茹河瀑布、茹河大峡谷、中共麻子沟圈区委旧址等景点，且茹河瀑布风景区被命名为自治区级水利风景区，这为发展旅游提供了有利条件。于是杨坪村开始大力发展乡村旅游业，不出所料，凭借优势旅游资源，村内很快游人如潮，为村庄带来巨大经济收益。除旅游业外，小村又建立了扶贫车间帮助村民增加收入。扶贫车间和乡村旅游双管齐下，使得原本穷苦不堪的村庄迅速发展起来。杨坪村苦寻多年的出路就在自己身上，而今蓦然后首，终于恍然大悟，在政府的大力扶持下，这个受制于贫穷多年的小乡村异军突起，成为"塞上江南"的一颗耀眼明珠。

一、如画美景富乡村

山河秀美，风景如画，良好的生态环境和自然禀赋是固原最具魅力和竞争力的宝贵财富。而地处固原市彭阳县城阳乡的杨坪村，毗邻着茹河瀑布，拥有几千亩退耕还林后种植的山桃林，更是水波粼粼、繁花似锦，宛若世外桃源。美丽的风景是发展乡村旅游之基，也是乡村脱贫致富的法宝，杨坪村就打算以生态造林、发展林下经济和美丽乡村建设为契机，走出一条生态效益与经济效益双赢的发展之路。

杨坪村新貌（展帆／摄）

有必要做的事情，不如现在就做。近年来，杨坪村迅速行动，以创新、绿色、协调、共享、开放、发展理念为指导，以建设天蓝、地绿、水净、人美的新农村为目标，绿化道路4200米，完成退耕3543亩，治理水土流失5.4平方公里，造林5000亩，其中"十里杏花谷"和"十里桃花谷"种植杏树、桃树4000亩。2016年，杨坪村又以茹河大峡谷风景区开发为契机，积极打造"吃农家菜、住农家屋、干农家活、享农家乐"的乡村度假、休闲、旅游品牌，发展集饮食、住宿、娱乐为一体的农家乐25家，举办了宁夏休闲农业推进年启动仪式、六盘山"山花节"、自行车越野赛、农产品展销和美食展销活动，并改造千亩园艺产业园区1处，建成高标准休闲观光采摘园1处。这一系列措施取得巨大成效，使得休闲农业和休闲观光旅游成为当地新的经济增长点。

发展刻不容缓，建设如火如荼。新时代旅游业忙得热火朝天，传统农业也不甘落后。杨坪村设施农业园区建于2008年，建筑以水泥拱架塑料棚为主，受使用年限和自然因素的影响，大多数已失去再利用功能和维修价值，整体损坏严重。为了适应新型农业产业发展需求，确保土地持续高效利用，加快实现农业强、农村美、农民富目标，为乡村振兴奠定基础，杨坪村组织开展了老旧设施农业园区土地整理工作。这次整改共涉及大棚294座，占地面积500多亩，规模宏大，成果颇丰。整改后的园区焕然一新，整齐排列的大棚结实、保温，新进的农业设施便捷、高效，使得这里的农作物和经济作物屡获丰收，为助力脱贫、加快美丽乡村建设提供了巨大帮助。

彩蝶黄蜂纷纷至，桃花杏花尽满园。杨坪花开之季，白嫩的杏花、灼灼的桃花，竞相怒放于枝头以争春色。百花齐放、争芳斗艳，如此美景谁人不喜，难怪千年前的陆游说："桃花烂漫杏花稀，春色撩人不忍为"。面对这样的景色，任何人都会放下手中琐事，静静领略春暖花开的绝美风光。凭借这妙不可言的桃杏花海，杨坪村成功吸引了众多的游客前来赏花观景，仅2016年的山花节，就有近17万人米到这里。生态的恢复，环境的改善，果树的种植，让村民逐步品尝到了山桃红杏带来的甜蜜与幸福。

汗水成就果实，美景化为财富。作为观赏林木，杨坪的桃花孕育的山桃并不适合食用，然而一个个山桃核工艺品正变身成为最佳旅游伴手礼。杨坪村利用扶贫车间大力培训村民手工技艺，村民可以用灵巧的双手，将原本无用的山桃核变为"金豆子"。一棵桃树能产出约100斤山桃核，可以制作大量的工艺品。原材料就地免费取，带来的收益可不少，平均下来每户收益最少有四五千，如果赶上旺季，几个月就可以卖一万多元。除桃核经济外，作为经济林的红山杏也为村民带来大量财富。比起只供观赏的山桃，可食用的山杏香甜可口、鲜嫩多汁，深受食客们的喜爱。1500亩的红山杏就能让农户们得到500多万元的收益。凭借着智慧和勤劳，杨坪村将桃树杏树变成了"摇钱树"，终于踏上了脱贫致富的坦途。

既已"绿富双赢"，必有荣誉加身。如今的杨坪村绿意盎然、鸟语花香，已经成为宜居宝地、旅游胜地。作为彭阳县美丽乡村建设重点村，杨坪村先后获"全国最美村镇""全国最美休闲乡村""自治区生态文明村""全区综合文化扶贫项目工程示范村"等荣誉称号，又在2020年7月入选第二批全国乡村旅游重点村名单。这个美丽的西部村落因林而美、因林而富，截至2016年年底，全村118户建档立卡贫困户全部摘帽脱贫，曾经的贫困村已成为大家口口相传的"花果村"，幸福的气息洋溢在村庄的每个角落。

二、扶贫车间助脱贫

扶贫车间搭建平台，助力推动脱贫攻坚。在彭阳县城阳乡杨坪村，群山环抱中，一座废弃农村小学的几间红砖瓦房被改造成了敞亮的扶贫车间，这个扶贫车间为当地村民脱贫致富发挥了至关重要的作用，主要表现在两个方面。一方面，扶贫车间解决了当地贫困户的生存问题，车间里有40户精准脱贫的贫困对象，每人每月可以拿到一两千元收入，村民真正实现了家门口就业，不仅上班下班方便，还能兼顾地里的庄稼，日子过得很舒心。另一方面，扶贫车间也为村里拓宽了发展产业的渠道，利用市场机制为乡村振兴下一步打好了基础。

党和政府大力支持，建立长效帮扶机制。党和政府是脱贫攻坚事业最为坚实的后盾，在其督促指导下，自治区宁东管委会作为帮扶单位，认真履行帮扶责任，聚焦脱贫攻坚和乡村振兴，立足杨坪村实际，结合旅游产业，真心帮、用心扶，着力打造永不离开的工作队。2018年5月，管委会投资70万元，将杨坪小学旧校舍改造为山桃核、手工艺、编织、刺绣、剪纸、根雕加工6个车间，并配备2个展厅、1个电商室、1个培训室，同时购置抛光机、打孔机、雕刻机、线锯机等机械设备用于加工生产。2018年7月，扶贫车间正式投入运营，采取"村委会＋合作社＋乡土人才＋贫困户"模式，由杨坪村委会统一管理，成为杨坪村脱贫致富的"新引擎"。

传统艺术大放异彩，技能培训如火如荼。扶贫车间运营后，通过非遗传承人、乡土人才等技艺能人的培训带动，剪纸、编织、根雕、刺绣等传统手工艺品加工技术得以发扬光大。剪纸、刺绣传人杨立荣"身残志坚"，只用一把剪刀一根针便可"裁龙刺凤";根雕老艺术家瓮金鼎和根雕能人杨梓仁"博采众长",借鉴各种雕刻技艺,将树根雕刻成各种事物,活灵活现;剪纸传人石贵斌更是将传统技艺与时代相融合,为剪纸艺术带来现代元素。各色能人大显神通,创造出的作品令人叹为观止。在政策的鼓励下,乡土能人们不再故步自封、"藏艺自贵",而是在扶贫车间以身带教,发挥自身专长,带动周边群众进行基础培训、技能提升,使扶贫车间的工人拥有"一技之长"。车间先后开展技能培训5期,内容包括山桃核加工和编织、刺绣、剪纸、根雕等旅游产品加工、制作、包装等,培训群众多达450人次。这一举措为有劳动能力的失地农民、大龄人群、留守妇女、伤残人群、低保户、贫困户等弱势群体提供了稳定就业的平台,共解决务工65人次(建档立卡户44人),创务工收入32.4万元。与此同时,扶贫车间的运营与技能培训还带动周边发展了手工艺品作坊10余家、手工艺品制作人100余人,可谓一举多得,对杨坪村脱贫致富大有裨益。

"艺人"乐此不疲,车间别有洞天。与想象中的低技能体力劳动不同,走进这个由宁夏回族自治区宁东管委会和杨坪村共同打造的扶贫车间,仿佛走进了一个民间艺术的世界。剪纸车间里,偌大的长方形桌子四周围坐着20多位农家女,她们年龄有大有小,认真裁剪着手中的红色纸画,时间仿佛就在这瞬间定格,窗外的青山与田园、窗下的女子与剪纸,共同构成了一幅恬静的乡间风情画。旁边的雕刻车间里,花白胡子的长者正全神贯注地进行雕刻创作,身边那些造型别致的根雕作品仿佛在拍手叫好,因为就在这里,原本烧火都嫌费事的它们已脱胎换骨,变成精美的工艺品……

村有车间能致富,人逢喜事精神爽。扶贫车间改变了杨坪村村民的精气神。以往冬天天寒地冻,大家都喜欢待在家里,萎靡颓废。现在的冬天不一样了,虽然同样严寒,但村里人却有了"暖心窝"的去处。现在村里最热闹的地方正是扶贫车间。在那里老人小孩、男人女人围成一圈,聊得热火朝天,可他们手底下并不闲着,依旧穿针走线,操刀雕刻,一系列动作行云流水,得心应手。不光冬天,只要有空闲,村民就在车间里干活,他们每月的收入从1000至3000不等。村干部们更是乐不可支，因为扶贫车间每年给村集体带来的收入多达15万元，就连城阳乡的干部们也大受鼓舞，如今在朋友圈里推介杨坪村的旅游产品已成为他们必须要做的一项工作。

兼顾产业整体谋划，开拓良好市场机制。车间运行以来，线下利用杨坪村内茹河瀑布、红梅杏采摘园等旅游资源，向来往游客销售当地的山核桃枕头、坐垫、鞋垫等手工制品，使游客欣赏完美景后带着杨坪"印记"回家；线上利用扶贫车间注册的淘宝电商，使扶贫车间生产的旅游产品销向五湖四海。2018年12月11—15日，在博鳌亚洲论坛国际会议中心举行的2018美丽乡村博鳌国际峰会（全国仅十家乡村应邀参加）上，杨坪村作为宁夏唯一一个参会乡村，获得奥运冠军张宁的代言，而张宁也成为杨坪村的"荣誉村民"。正如张宁在代言词中面向全世界描述的那样：杨坪村地处黄土高原，红梅杏、中药材、山桃核等特色农产品众多，尤其盛产山桃核，杨坪村积极发动百姓开展山桃核加工，生产的山桃核保健枕已初具规模，成为当地百姓脱贫的"金元宝"之一。当然，对于杨坪村的村民来说，"金元宝"是山桃核，更是扶贫车间，或者说正因为有扶贫车间，山桃核变成"金元宝"、做成大产业的憧憬才有望实现。

"志之所趋，无远勿届。"怀揣着对美好生活的向往，利用扶贫车间，杨坪村不仅探索出了脱贫攻坚的新模式，还进一步实现了产业升级，走上了高质量发展的路子，为群众带来了新的致富契机。一切都已步入正轨，未来迎接他们的将是幸福、和谐与美好。

三、特色模式传经验

要迎着晨光实干，不要面对晚霞幻想。致富是村民共同的奋斗目标，而实干是通往富裕的唯一通道。杨坪村正是依靠政府和村民的实干精神和自身优势地理位置，不断探索、不断创新，才迅速发展起来的。小村先通过绿化环境、种桃种杏，打开了乡村旅游的大门，又利用扶贫车间走上了旅游与产业融合发展之路，其经验和精神值得借鉴。

交通是脱贫的基础，产业是发展的希望。公路的畅通，为杨坪村的发展注入了极大活力。路修好后，村里和外界的联系更通畅了，借助便捷的交通条件，杨坪村扶贫车间采取"政府＋合作社＋乡土人才＋贫困户"模式，传承非遗文化，开发当地特色旅游产品。这一措施为周边贫困户提供了技能培训和就近就业的机会，更为下一步村民特别是建档立卡贫困户持续稳定增收、巩固提升脱贫成效提供了长远保障。随着时间流逝，杨坪村这一独具特色的发展模式逐渐成熟，初步形成了三个方面的产业集群优势。一是推动了优势资源利用。该模式为企业和社会能人提供了车间场地，同时与宁夏佰康实业有限公司签订了合作协议，努力把山桃核变成"金豆子"、做成大产业。二是有效促进了劳动力就业。由于车间生产技术含量不高、劳动强度较小，能够为有劳动能力的失地农民、大龄人群、留守妇女、伤残人群、低保户、贫困户等生活困难人群提供稳定就业平台，真正实现"就业顾家两不误"。三是带动开发了旅游产品。由于杨坪村旅游资源丰富，该模式运营后能够有效带动周边发展手工艺品作坊以销售旅游产品，帮助周边贫困人口稳定就业、稳定脱贫，走向富裕。

创新是发展的动力，"日新者日进也"。为探索发展新途径，2015年，杨坪村成立了全县第二家村级互助担保基金中心并投入运营，按照1∶10的比例放大贷款力度，实施了"旅游＋"系列工程，蹚出了贫困户增收致富的新路子。首先是"旅游＋药材"工程。杨坪村依托广农、广诚等中药材合作社，为建档立卡户提供每亩500元补贴，使得全村中药材种植达到3000亩，32个贫困户户均增收2200元。其次是"旅游＋林果"工程。杨坪村已完成山杏嫁接改良1200亩，新栽植红梅杏1500亩，新建草莓等鲜果大棚275栋，使得2019年建档立卡户林果种植及采摘收入人均增加1400多元。再次是"旅游＋工艺品"工程。杨坪村发挥茹河瀑布的旅游资源优势，扩大工艺品生成规模，经过反复培训，全村60户建档立卡户加盟手工艺品加工产业，依靠在旅游景点销售山核桃珠串工艺品、根雕工艺品，2016年户均增加收入4000多元。最后是"旅游＋农家乐"工程。为满足游客体验"住农家店、吃农家饭、睡农家炕"的需求，杨坪村在村内兴办6家农家乐，2019年接待游客1.2万人，营业收入过百万元，已带动建档立卡户48人转移就业。

"大鹏一日同风起，扶摇直上九万里。"花美、水秀、果香、人和，如今的杨坪村和当年不可同日而语，俨然已从"穷乡僻壤"发展为现代的"桃源林"，曾经的贫困村民都已过上了衣食无忧、清闲惬意的美好生活。杨坪村的发展向世人证明，创新是发展的第一动力，而锐意进取的精神是建设美丽乡村最为有效的武器。无论多么穷困，只要勇于探索、敢于创新，在党和政府的支持下，落后乡村都能走出独具本村（镇）特色的脱贫致富之路。

杨坪村的发展只是固原市脱贫攻坚的缩影，而固原市的发展更是新中国脱贫战役的一角。昔日苦甲天下，今日万象更新。在厚重的黄土地上，新时代的大笔正在挥斥方遒。中国，这个努力复兴的伟大国度，正在用脱贫战役，书写下乡村振兴过程中最为温暖的记忆。

集体经济创幸福　瓜果飘香游人盛

——中卫市沙坡头区迎水桥镇何滩村

中卫市沙坡头区迎水桥镇何滩村东靠沙坡头机场大道，西邻腾格里湖金沙岛旅游景区，北与中卫市林场、沙坡头相接，不仅地理位置优越、交通便捷，而且平畴万亩、风光秀丽。何滩村由荒凉滩坡形成，再加上何姓人家居多，并筑有一座古营叫"何家营"，因此以"何滩"为名。以前的何滩荒石遍地、人烟稀少，百姓以种地放牧、摸鱼抓鸟为生，生存条件相当艰苦。然而，随着历史的车轮不断向前滚动，在全体村民的顽强奋斗下，小村历经风风雨雨，一步一步，从昔日的"空壳村"变成了当今的"示范村"。如今，村庄里的环境越来越美，村民的生活质量也逐步提高，一切都在向好的方向迈步发展。

一、留住乡愁远离"乡臭"，打造美丽文明家园

翻阅一本本资料影集，对比一张张村庄相片，就会发现从2013年何滩村大力实施以村庄环境整治、基础设施配套建设为主的美丽乡村建设项目开始，小村的村容村貌日新月异，至今已发生了天翻地覆的变化。现在的何滩村山清水秀、鸟语花香，一片生机盎然。民居干净整洁、炊烟飘荡；巷道笔直宽敞、绿树成荫。村民白天忙着辛勤劳作、增收致富，晚饭后到鲜花拥簇的小广场上散步、运动、起舞，生活悠闲快乐、幸福舒适。

改造老旧危，提高绿化率。何滩村美丽乡村建设的中心工作是搞村庄规划，小村率先对老旧危的住房和设施下手。计划第一步便是改造 C 级危房，

粉刷墙体，与此同时建设廉租房，将星罗棋布的住房庄点集中搬迁。翻新住房后，小村又着手拆除各类棚圈，铺设自来水管网，配置太阳能路灯，改变了以往房屋颓废的状态。然而，美化民居单靠改建是远远不够的，还需要增加绿化面积，提升生态环境。于是，何滩村投资近8万元，对村庄进行了整体绿化，设置绿化带6000平方米，种植以刺槐、垂柳、紫叶李、金叶榆为主的绿化苗木2100株，在广场上种植各类灌木1200余株。如今的民居由内而外焕然一新，房前屋后喜鹊喳喳报喜，整个村庄草木欣荣、铺青叠翠，村民开窗可见绿，出门可踏青，生活和和美美、其乐融融。

自修水泥路，村民往来频。道路一直是影响何滩村村庄面貌和经济发展的重要因素。以前村内道路崎岖、尘土飞扬，即使是同村的村民也因为路难走而彼此生疏。近年来，何滩村投资近400万元，逐步对村里的主干路和巷道进行整体硬化。经过修整，一下雨就泥泞难行的土路被定格为记忆，畅通无阻的水泥路配上门口的路灯，切切实实地为村民的生活带来了便利。现今，在何滩村的村道上时常可以看到乡亲们三两闲聊，下地上工的村民或骑着摩托车或开着小轿车从路上穿过，黄灿灿的金叶榆在微风中摇曳，路旁绿化带里新栽的蔷薇花含苞待放，空气中弥漫着乡村独有的气息，一切都变得和谐美好。

以克论净，掩盖乡村尘埃。卫生整治是何滩村变美路上的一剂"苦口良药"。以前的何滩村没有完善的卫生制度，村民柴草乱放、粪土乱堆、垃圾乱倒、污水乱泼，严重污染了人居环境。近年来"以克论净"措施的大力实施，使何滩村卫生环境彻底改观。首先，中卫市因地制宜，将何滩村卫生考核标准确定为硬化路面每平方米浮尘不超过30克，同时为本村配备卫生保洁员500多名，实行网格化管理，对网格的垃圾定期进行清扫。其次，河滩村为村民配上了铁质垃圾桶，按照"谁受益、谁付费"的原则，实行差异化收费，以改变村民随意制造垃圾的习惯。最后，何滩村以"环境育人"工程为载体，进行广泛宣传，让群众从最初的不理解逐步转变为主动参与，提升了村民的文明素养，使爱护环境在村民心里慢慢成为习惯、化为民风。经过一系列整治，如今的何滩村大街小巷洁净有序，硬化路面上甚至连浮尘都看不到，风吹麦浪、稻菽飘香的田园风光又回到了人们的视野中。乡村环境变好了，不但吸引了很多企业家到村里投资建厂，也使很多村民回到家乡、建设家乡，与家乡共同进步。

守护悠悠乡愁，建设文明乡村。何滩村特意修建乡村记忆馆，馆内陈列着扁担、铁犁、锄头等老旧物品，一件件物品不仅见证着曾经的艰苦岁月，饱含着老一辈农民的脉脉乡愁，也鼓励着新一辈村民不忘历史、奋勇前行，创造新的辉煌。另外，村里还新建了文化广场，农闲的时候，打麻将的人越来越少，参加跳操、秧歌、舞狮等文化活动的人越来越多，文化素质和身体素质得到同步提高，幸福感也越来越强。不仅如此，村委会还大力推动本村的精神文明建设，通过开设新时代文明实践站"爱心发屋"、组建志愿服务团队、举办"最美家庭"挂牌活动等方式提升村民思想意识，带动村民见贤思齐、向善向美，促进何滩村乡村文明建设持久发展，使精神文明建设也成为本村的一道亮丽风景线。

美丽乡村成，耀眼荣光至。何滩村"美丽乡村"计划取得了显著成效，小村先后被中卫市评为"勤廉为民五好村""文明村"，被自治区评为"美丽乡村文明创建工程示范村"，被中华环保世纪行中卫组委会评为"中卫美丽乡村"。现在的何滩村环境干净整洁、乡风文明淳朴、百姓安居乐业，美丽文明的乡村风貌为经济发展打下了坚实的基础。

二、发展乡村集体经济，走上共同致富之路

近年来，何滩村在做好传统工作的基础上，发挥集体优势，转变农业发展方式，优化农业产品结构，成立了何滩村自然美土地股份专业合作社，实现了土地流转，探索出了一条集现代农业、休闲旅游、田园乡村为一体的发展新路子，不仅带领本村村民走上了共同致富的光明大道，也为传统农业小乡村的发展起航提供了值得学习借鉴的先进经验。

发挥带头作用，寻找致富出路。2018年前，河滩村还是个"空壳村"，没

有村集体经济，村民的收入来源主要靠打工和种植传统农作物，腰包总是瘪的，日子过得不温不火。2017年11月，新上任的村支书冯永新开始想方设法为村民办好事、办实事。冯永新入户时发现村里有很多撂荒土地无人耕种，深思熟虑后，他召集村两委班子成员及致富能手一起想办法、寻出路。终于，在致富带头人和村干部的摸索创新下，采用了规模化经营、统一种植、统一销售等农业模式，使得何滩村的集体经济实现了从无到有、从有到多。

实行土地流转，建立股份机制。何滩村将全村1500亩土地流转承包给种植大户，商定好每年每亩750元的承包费，并和种植大户沟通采用连片种植，进行集约化管理，有效降低了投入成本。事实证明，土地流转不仅解决了土地撂荒闲置问题，还为村民找到了"致富出口"，村民通过土地出租获得了不菲的收入。当然，土地流转只是第一步，村干部对本村村集体经济"破壳"有着更加长远的大规划。2018年，村干部牵头成立了中卫市自然美土地股份专业合作社，引导农民以土地承包经营权入股，让村民变股民，按股份比例分享收益，形成了农民稳定增收的长效机制，切实保障了村民的利益。

土地变废为宝，村民收入增加。依托村合作社带动，何滩村原本闲置撂荒的土地有了"用武之地"，入股村民获得了股份收入，实现了农民土地权能的"多效盈利"。以前，村民辛辛苦苦种地，一年到头一亩地的纯利润也就100多块钱。土地流转出去后，一亩地一年光收租就有七八百元，年终专业合作社还会给入社村民分红，闲暇时间村民还能去村里的合作社打工，大家过上了以前想都不敢想的富裕生活。

争取项目资金，生产转向营销。2019年，何滩村积极争取扶持壮大村集体经济项目资金200万元，建成了20座第三代日光温室采摘大棚。大棚引入了草莓、火龙果等"人气"水果，采取"党支部＋合作社＋基地＋农户"的经营模式，借助电商平台打开了面向上海、北京、甘肃及区内各大超市的销售渠道，并打造了产加销一体化发展全链条，促使乡村产业发展实现了从生产转向营销、从优质转向优价的跨越。如今，何滩村温室大棚的红火场景成为村集体经济成功发展的鲜活写照，大棚里的经济作物从幼苗栽植到除草、打秧、成熟采摘等环节的用工都是本村村民。村民欢声笑语、积极工作，在幸福快乐中创造美好生活。2019年，何滩村农民人均收入达到12985元，村集

农家厨房（展帆／摄）

体经济收入也从原来的零收入增长到8万元、10万元、20万元，逐步提高。

发展农业旅游，收入稳中又升。村集体经济有了突破后，依此形势，何滩村又在"农业＋旅游"模式上找到了一条发展新路子，开始发展休闲农业，走上了观光旅游、亲子采摘的致富路线。依托新建的采摘园，何滩村引进吾特特（宁夏）文化传播发展有限公司，盘活了闲置农房15户，建设了服务中心、相貌展馆、田园民居、景观餐厅、戏水池等基础设施，打造了和采摘园相辅相成的亲子教育基地。这些项目的推进为全村160余名闲置劳动力提供了就业机会，其中80%是50岁以上老人和残疾人，帮助他们年增收1万元以上。

"一克的经验抵得上一吨的理论。"何滩村不断做大做强的村集体经济彻底改变了原来"手中无米，叫鸡不理"的经济薄弱状态，带领村民走上了致富之路，并且为村集体经济发展滞后的小乡村带来了宝贵的经验。壮大村集体经济是强农富农的重要举措，也是实现乡村振兴的必由之路。当然，村集体经济的强大是一个循序渐进的过程，需要逐步积累、多措并举。所以求发展、谋幸福的乡村在发展村集体经济这个问题上，只有掌握"精准施策、量体裁衣、靶向发力"的原则，坚持变"输血"为"造血"的方法，才能做好村集体经济这块"大蛋糕"，带领村民走向更加美好的生活。

经过这两年对产业模式的探索，不仅使得何滩村村集体经济日益壮大，还有效推动了本村农业产业规模化发展，成功实现了村民收入的"多元"与村集体收入的"多赢"。如今，村民的腰包鼓起来了，老百姓的日子是越过越红火。

三、享受瓜果采摘之乐，品味休闲农家生活

得益于村集体经济的发展，何滩村这两年火了起来。于小乡村紧抓机遇，全面实施旅游助力发展理念，谋篇布局，贯彻"吃""住""行""游""购""娱"六个字，做足农业休闲旅游品牌文章，成功吸引了越来越多厌烦了城市嘈杂喧闹的游客来到本村旅游放松。

"菜蔬滴翠益生机，瓜果斑斓灿碧琦。"一排排整齐的田埂无限延伸，一片片绿油油的景象映入眼帘，一阵阵醉人的果蔬香气扑入鼻中，一到收获的时节，幽静的何滩村里便蕴藏着无限惊喜。驱车沿着机场大道行驶不久，一座集观光、娱乐、农耕体验为一体的休闲观光采摘园便映入眼帘。采摘园里五彩缤纷，火红的辣椒、橙黄的萝卜等长势喜人；葡萄叶下大串玛瑙般的葡萄晶莹剔透；成熟的西瓜更是翠绿光亮、格外诱人。园区的儿童游乐区里，蹦床、秋千、跷跷板上不时传来孩子们的欢笑声；一旁的纳凉竹亭里的木椅上，大人们正享受着亲手采摘的西瓜、番茄等美味，彼此分享着采摘趣事。所有人都沉浸在曼妙的田园风光里，享受着大自然的馈赠。

夕阳西下之时，游人们可以用最朴素的食材、最简单的烹饪方法制作一桌地道的农家宴，把做好的饭菜端到瓜果棚架旁，借着落日的余晖，一边欣赏天边的晚霞，一边吹着傍晚的微风共享晚餐，那畅快的感觉，叫人欲罢不能。游客临走时还可以根据需要买到新鲜、绿色、有机的各种瓜果蔬菜与果汁、果干等深加工产品，把它们分享给没有来的伙伴们，传递这份幸福与甜蜜。

营地风光美如画，外传美名赞声隆。何滩村亲子自然教育营地保留了房屋原始结构，与村庄融为一体，空气清新、景色脱俗。营地里只有简单的农家小院，传统的农家屋顶和没有粉饰过的墙面，散发着原始、开放的气息，带给游客返璞归真之感。营地凭借有趣的娱乐设施和丰富的亲子活动吸引了一波又一波的粉丝前来打卡。在这里，游客能真实体验农村生活的乐趣，沉睡于静谧的夜晚，清醒于清新的清晨，与农民一起下田种地、洗手做羹。

除此之外，营地也拥有自己的亲子乐园。乐园的超大草坪上，足球、羽毛球等运动都可开展，一家人可以在田野间追逐，也可以围在草坪上做游戏。来这里游玩不仅能提高孩子的动手能力，还可以增加父母与孩子之间的交流，享受专属于家人的欢乐时光。偌大的儿童乐园里，有各种为孩子专门设计的无动力设施，既好玩又安全。许多家养动物也在这儿慢悠悠地生活，探头探脑，一点都不怕生，它们爱与孩子亲近，饶是可爱。如此有趣的乐园风景自然也不差，不论什么时候，其独特的、迷人的风景，都会成为远道而来的游客们的最美好的回忆。

"莫笑农家腊酒浑，丰年留客足鸡豚。"何滩村里的致富能人崔建玉利用闲置的晒谷场建起了农家乐——水云农庄。一到节假日，农庄生意十分火爆。水云农庄离市区很近，离喧嚣却很远，农庄里古风气息浓厚，环境幽雅清闲，让人赏心悦目。屋外风景怡人，屋内更让人惊喜连连，墙壁上悬挂着的风景画就不必说了，最抓人眼球的，便是那一口大锅。这口大锅是令无数游客垂涎三尺的秘诀所在，用它做出来的散养鸡肉鲜嫩、酥烂，香辣鱼醇厚、鲜香，羊肉锅仔更是五味俱全、分量十足。每一道菜都独具特色，游客吃得是津津有味。

不少附近居民喜欢在此举办同学会，各奔东西的同学时隔多年在这里相聚到一起，回忆往事，倾诉别离，重拾无拘无束的欢乐时光。更有游客不远千里，呼朋唤友，来到农庄吃着美味的农家菜肴，哼着美妙的民间小调，让繁忙的心得到片刻的宁静，而后带着满满的正能量回到城市，继续无畏前行。

何滩村不断完善的乡村休闲旅游产业满足了游客的审美心理和审美情趣，为游客提供了多元消费的选择，进一步增强了游客的旅游体验感、获得感和幸福感。如今，迷恋于何滩村好山好水好风光、老锅老灶老味道、土生土长土特产和原汁原味原生态的游客，纷纷将小村的美丽风光介绍给身边的亲朋好友，越来越多的人加入了乡村休闲游的行列，很大程度上促进了何滩村经济的发展。

"世上无难事，只要肯登攀。"微风徐徐、杨柳心旷、村庄文明、百姓富裕，勤劳的何滩村人民在黄土地上不懈努力，已经初步实现了与山川共生共荣的美好愿望。何滩村今后将不忘初心，持续推进乡村振兴计划，努力把何滩村建设成为独具魅力、经济繁荣、充满活力的乐园，带领村民在幸福之路上越走越远。

综合种养前景好，美丽花海游人醉

——中卫市中宁县余丁乡余丁村

阡陌纵横生机盎然，地灵人杰别有洞天。中宁县余丁乡余丁村，坐落于历久弥新的边塞古城中卫，是一个因明朝兵丁在此耕种而得名的小村庄。该村北部多为丘陵，煤炭、石灰石等矿产储量丰富，铁、锡、铜、金等也有一定储量。来到这里，黄河岸边，高架桥下，一簇簇水养的禾苗，油亮通透，碧绿如玉；一片片齐整的水田，波光激滟，蓝天白云倒映其中。傍晚时，广场上孩子们打篮球、捉迷藏，妇女们跳广场舞、打钱鞭，老人们下象棋、"侃大山"，享受着惬意的闲暇时光。

"路平坦，收入丰，村变美，人和睦。"这是近年来各村镇发展的共同追求，余丁村也不例外。为了打造"生态文明余丁，魅力旅游之村"，余丁村村干部多次入户走访群众，了解民之所向，配强两委班子，领导班子从以前的软弱涣散不断实现"蜕变"，带领全体村民在新农村建设和乡村休闲旅游等方面取得了一定发展，使余丁村走上了稳步振兴之路。如今的余丁村鱼米肥美、瓜果香甜，村民安居乐业，生活幸福，整个村庄焕发着无限生机。让我们吮吸着股股清香，走进美如画卷的余丁村，去了解它的繁荣进程，品味它的独特风光。

一、关心民生，创造幸福生活

民生连着民心，民心决定村运。习近平总书记指出："让老百姓过上好日子是我们一切工作的出发点和落脚点。"余丁村村干部清晰地认识到增进民生福祉是一切发展的根本目的，只有关心民生，提升村民幸福感，才能留住村民，使其与乡村并肩奋斗，携手走向更加美好的未来。于是，他们坚持完善基础设施，开展新型村民培训。不出所料，这一举措得到了全村党员群众的支持和称赞。

新屋落成千般喜，全家和睦万事兴。为了改善村民居住条件和乡村风貌，提升群众的获得感、幸福感、安全感，2019年以来，乡政府以余丁村为对象，尝试打造"塞上农民新居"示范点，并为此付出了许多努力。乡政府扎实推进危房改造民生工程，努力解决全乡低保户、农村分散供养特困人员和贫困残疾人家庭等重点对象的住房问题。同时，对影响村容村貌的老旧危房、棚圈及长期失修的院落进行全面拆除。改造后的房屋建筑面积适当、主要部件合格、房屋结构安全、基本功能齐全，并达到国家规定的抗震设防标准。现在走进"塞上农民新居"示范点，一幢幢设计时尚、美观实用的住房，如同朵朵鲜花在余丁村广袤的田园上缓缓绽放。村民彻底告别了昔日低矮破旧的危房，住上了明亮舒适的新房，家家欢声笑语不绝于耳。

加大基础设施建设，努力改善村庄面貌。近年来，余丁村积极开展环境综合整治，硬化巷道、清理沟渠、栽种树木、配备保洁工具，一系列行动使得余丁村逐渐成为道路硬化、村庄绿化、庭院净化、环境美化、生态优化的新型农村。另外，为农户安装太阳能热水器，建起沼气池，落实低保、医保、养老、大病救助等一系列政策，保证每一个村民都享受到村庄"变脸"的快乐。在公共设施上，乡政府积极争取资金，投入近130万元打造了余丁村党员活动室、党群服务室、综治信访维稳站等590平方米的活动阵地；投资40多万元建设"余丁早春美德园"，以满足群众日常健身、休闲娱乐的需求。现在村里的小路四通八达，村户巷道干净整洁，文体设施一应俱全，生活在这样的环境里，就跟住在县城小区一样，村民对现在的生活感到十分满意，整日喜笑颜开。

培养新型好农民，倡导文明新风尚。近些年，余丁村积极配合乡党委、

余丁早春美德园（展帆／摄）

政府，狠抓农民培训，以有文化、懂技术、会经营、守法纪、讲文明为目标，不断加大农民科技培训力度。科技的日新月异为农业的发展添砖加瓦，未来农业要想阔步发展离不开科技型农民的培养，因此余丁村把培养科技型农民放在第一位，加快实施农业科技培训工程，提高农民奋斗积极性。每年培训农民达900人次，每户培养1名学用科技明白人。努力培养法制型农民，采取为农民分发法律书籍、法律读本、法律常识手册等方式，提高农民学法、守法、用法的能力。不仅如此，余丁村还引导农民积极营造健康向上的文化氛围，致力于培养文明型农民。在多方引导下，余丁村村民思想意识变新了，懂得了"幸福是靠自己奋斗出来的"，发家致富的积极性更高了。

如今，余丁村村头巷尾、田间地头，处处洋溢着浓郁的幸福气息，显示出建设社会主义新农村带来的巨大变化。站在余丁乡余丁村村口，展现在眼前的是干净平整的水泥路、碧绿的田野，房前屋后花草交相辉映，别致的中心活动场所点缀其间，让人耳目一新。风风雨雨，历经多年奋斗，余丁村终于脱去了贫穷的帽子，走上了发展致富之路。

二、综合种养，实现钱粮双增

鱼游稻花香，风光无限好。7月的清晨，阳光正好，走进中宁县余丁乡余丁村稻渔综合种养示范基地，只见水阔凭鱼跃，稻香引客来。放眼望去，成片的稻田绿意葱葱，成群的白鹭和赤麻鸭在稻田悠闲觅食。稻田边不仅有鹅有鸭，还有用白网围起的螃蟹养殖区，一旁的水渠里更是养满了鱼，水稻、鱼、鹅、鸭、螃蟹等在这里和谐共生，真正实现"一水多用、一田多获"。

注重资源，因地制宜。2018年以来，在中卫市财政、农业农村部门的激励政策支持下，中宁县余丁乡紧扣乡村振兴战略布局，按照特色旅游休闲小镇的发展定位，奋力打造田园综合体，特别是在余丁村，全村将打造独具特色的田园综合体作为最终目标。2020年，余丁村以市场需求为导向，再度调整产业结构，因地制宜打造稻渔综合种养示范基地，通过将稻渔生态种养与旅游观光相结合，探索稻渔、稻蟹、稻鸭（鹅）共生的生态养殖新模式。

以稻养渔，以渔促稻，粮渔双赢。稻渔综合种养是根据生态循环农业发展原理，将水稻种植与水产养殖技术有机结合，以水稻生产为中心，把两个生产场所重叠在一起。稻田为鱼类提供丰富的食物源和活动场所，鱼类为水稻除虫、除草、施肥和中耕，以此促进稻谷增产和鱼类品质，获取"稻鱼双丰收"，进而大幅度提高经济效益和农民收入，提升稻田产品质量安全水平，改善稻田生态环境，是一种具有稳粮、促渔、增效、提质等多功能的现代循环农业发展新模式。这种新模式给余丁村农民带来了不少甜头，优质产品广受市场欢迎，利润丰厚。如今每至佳节，村民纷纷抓鱼加菜，改善生活，其乐融融。

现在的余丁村稻渔综合种养示范基地，有稻渔区、稻鸭区、观赏区、垂钓区、采摘区5个区域，游客可以根据自己的需求和喜好到指定区域进行垂钓观赏。2020年，基地已投放2500斤鱼苗、500斤螃蟹和3000只鸭、鹅，其中一部分已签订订单，剩余的将采取垂钓、观光等形式，发展悠闲旅游农业。同时，基地还发挥扶贫帮困作用，与脱贫攻坚相结合，把贫困群众和闲散劳动力集中到养殖和种植基地，增加他们的收入。除此之外，余丁村还打造了小番茄种植扶贫基地，直接带动了17户建档立卡户通过长期务工、参与种植养殖等形式获得经济收益，每户年底还可得到1000元分红。

新模式上新元素，生态经济两不误。余丁村将稻渔种养与生态旅游观光相结合，建设成了美丽余丁、和谐余丁。按照中宁县全域旅游发展规划，余丁乡利用"旅游+""生态+"等模式，着力实施旅游观光兼顾经济效益的特色现代农业综合开发项目。乡政府在稻渔种养模式上融入旅游元素，在余丁村种植油菜花1000亩、金丝皇菊150亩、格桑花50亩……努力打造以田园风光为背景、生态农业为内涵、旅游观光为主题的现代休闲农业旅游产业，为农业效益提升和乡村旅游发展向更高层次迈进创造了良好的条件。余丁村休闲农业景区，绿波春浪，鸭嬉其上，生态环境优美，游人皆沉醉于此，流连忘返。

接下来，余丁乡将积极联系销售渠道，对油菜花籽进行出售，让油菜花种植既能美化环境，供人们观赏，又能产生经济效益。同时，还将依托油菜花期旅游和优越的地域文化优势，深入开发余丁特色旅游产品，不断拓展乡村休闲旅游产业项目。可以说，余丁村的新产业是适合长久发展的，这不仅有力保障了群众的"钱夹子""米袋子"，也给生态环境保护和经济发展带来了新的"稻梦空间"。

三、醉美花海，吸引远道游客

活脱脱几处世外桃源，光鲜鲜一幅花海图画。摇曳在蓝天白云下、青山绿水间的"花花世界"是余丁村一道亮丽的风景线。千余亩鲜花竞相开放，微风拂过，花浪翻滚，花香四溢。黄色的稻子、向日葵、油菜花铺天盖地涌入视线，令人神清目醒；另有殷红点点，点缀其间，仔细观察，不觉心花怒放，浮想联翩。很多游客一路赏花，一路拍照。

"稻花乡里说丰年，听取蛙声一片。"秋天的余丁村，一望无际的稻田像铺了一地的金子，一个个稻穗鼓着大肚皮，涨得似要破裂，一阵风吹过，便掀起一阵金色的波浪。村民在各式现代化机器的帮助下在田间劳作，丰收的喜悦洋溢在脸上，幸福的气息弥漫于千家万户。游人来到这里，可以换上农服带上镰刀，亲自走进稻田，亲近大自然，体验农民的辛苦，释放"久在樊笼里"的压力。辛勤劳作后，跟着老乡去到家里，尝上一碗颗粒饱满、质地坚硬、色泽亮白、香味浓郁的大米饭，融入农家生活，与村民分享生活趣事。夜晚，走在洒满星辉的小路上，远远传来的蛙叫和蝉鸣，像是为大丰收而唱的欢乐赞歌。在这样的环境里入眠，第二天醒来定是神清气爽，精神抖擞。

"花开浪漫风中舞，籽结馨香鼎里烹。"5月，正值油菜花盛开之际，余丁村的千亩油菜花基地花香四溢，花朵片片相连，远处望去像一条条金黄的绸带，让人如痴如醉。如此美景成为许多新人拍摄户外婚纱照的首选之地，花海见证了无数相拥情侣的白首誓言，充满浪漫气息。油菜花除了具有观赏价值外，经济价值也很高，是重要的油料作物，其籽榨出的油营养丰富，具有调节血压、增强免疫力、抗疲劳、改善记忆力以及美容养颜、延缓衰老等功效，来往的游客都喜欢购买这种优质菜籽油，为家常小菜增香添色。很多远客也慕名而来，陶醉于这片摇风散馨的花海。相信任何人来到这儿，都会爱上油菜花，爱它"黄萼裳裳绿叶稠，千村欣卜榨新油"，"爱他生计资民用，不是闲花野草流"，更爱在大片油菜花映衬下，那些属于你我的身姿与脸庞。

"更无柳絮因风起，惟有葵花向日倾。"9月，余丁村的千亩向日葵正慢慢进入花期，形成葵海景观，游客们游走在葵海中一边录像，一边连连称赞。朗朗晴空下，只见一片片、一畦畦向日葵竞相绽放，朵朵金灿灿的花盘迎风摇曳，形成一幅诗情画意的田园风情画。为使游客拥有更好的观光体验，余丁乡积极申请上级部门支持，在观赏园采用彩色水泥混凝土压膜路面硬化道路4条，采用面包砖铺设基地便道4条，建设跨越农渠人行板涵2道，两侧设置混凝土仿木栏杆。除此之外，园区还合理摆放DIY坦克4辆、彩车1辆、"LOVE"字一幅、立体大风车1座、彩色小风车1万多个。置身于此，你可以驻足观赏，嬉戏其中，享受以花为枕、以阳为被的惬意时光。

余丁红嫣然一笑，枸杞酒举国倾倒。中宁素有"执世界枸杞产业之牛耳，掌中国枸杞文化之峰巅"的美誉，隶属中宁县的余丁村又因地处宁卫北山南麓、黄河北岸，依山面水，春初气温较附近其他地区回升快，草木也较附近其他地区萌发早，而有"枸杞甲天下"之说。进入7月的余丁村，一颗颗晶莹剔透的"红宝石"镶嵌在矮矮的枸杞树上，绿树、房屋、稻浪与红彤彤的枸杞林相映成辉，形成一处处曼妙迷人的美景，吸引着成千上万的游客纷纷涌向余丁来。家家户户的院落里晾满了枸杞，遍地的红色勾勒出一个多姿多彩的世界。经过此地，你可以买一些由村民精心晒干的营养丰富的枸杞，还可以走进寻常百姓家品尝具有强身健体、延年益寿功效的枸杞酒，与好客村民一起把酒言欢。

2018年，余丁乡分别在千亩油菜花基地和向阳花基地举办了以"生态余丁·文化余丁·旅游余丁"为主题的文化旅游宣传系列活动，掀起了乡村旅游的热潮，前来余丁乡游玩的游客数量明显增加，极大促进了余丁乡乡村生态旅游产业的发展。当然，余丁村乡村生态旅游为游客带来更好游玩体验的同时，也成为全乡经济及社会各项事业高质量发展的增长点和实施乡村振兴战略的新引擎。在这个"新引擎"的带动下，余丁村发展速度突飞猛进，快步走向了光明未来。

四、成功蜕变，传递发展经验

乡村迈步发展，提供先进经验。近年来，在各级党委、政府的大力支持下，在新的领导团队的引导下，在全体村民的努力下，余丁乡迸发出了强劲的发展劲头和活力，新农村建设亮点纷呈，奏响了乡村振兴的欢歌。这个过程中，余丁村立足实际推进民生福祉，将文化旅游作为全村经济发展的新引擎，打造新兴产业，不仅建成了"美村子"，塞满了村民的"钱袋子"，还为其他村镇发展提供了宝贵经验。

乡村振兴，农村基层党组织是主心骨，只有基层党组织积极引领，当好表率，充分发挥辐射带动作用，才能圆满完成农业农村发展的各项任务，为乡村振兴凝聚力量。多年来，因为村两委班子软、弱，无法为群众提供很好

中宁枸杞甲天下（展帆／摄）

的服务。针对这种情况，余丁乡党委深入群众，集民志随民愿，为领导团队"换血"，选好"领头雁"，及时组织村两委干部集中学习新政策新理论，积极完善会议、村规民约、便民服务等规章制度。"功夫不负有心人"，"换血"后的新领导团队拥有很强的凝聚力和战斗力，在美丽乡村建设中发挥了巨大作用。

　　乡村振兴，美好生活是灵魂。"人民对美好生活的向往，是我们的奋斗目标。"铿锵有力的是誓言不是预言，是行动不是口号，是要求不是目标，每一个谋求发展的村镇都要以保证村民美好生活为出发点和落脚点。余丁村在这点做得很有成效。漫步在余丁村宽阔整洁的村道上，欢声笑语不绝于耳，有游客的，更多的是当地村民的。近年来，余丁村始终以建设环境优美、生态良好、民风淳朴的新农村为动力，落实社会保障，完善基础设施，改善村容村貌，培养文明乡风，努力为村民提供一个优美、洁净、舒适的居住环境。

如今，干净舒适的居住环境令人心旷神怡，丰富多彩的娱乐活动大大提升了村民的精神面貌。

乡村振兴，产业兴旺是重点。让人民生活幸福，关键在于立足乡村资源特色，因地制宜发展特色经济，这才是乡村发展的正确方向。针对这一点，余丁村两委抢抓乡村振兴战略的实施和生态连城、水系连通项目建设机遇，成立余丁村集体经济股份合作社，鼓励和引导群众以土地、资金、资源进行入股，种植油菜花1000亩、金丝皇菊150亩等，突出稳粮增产，强化科技兴农，在稻渔综合种养模式的基础上，发展以田园风光为背景、生态农业为内涵、旅游观光为主题的现代休闲农业旅游产业。特色农业旅游产业不仅增加了村民收入，解决了村民就业问题，更是吸引了一批年轻的大学生投身于美丽家乡的建设事业，唤醒了沉睡的乡村经济，激活了美丽乡村的魅力。

掌握住现在，看得见未来。余丁村对目前取得的成就感到满意而不满足，仍在积极谋求新的进步。"凡事预则立，不预则废"，小村对未来的发展也有着基本的规划。下一步，余丁村将继续利用本村的有利条件，紧紧围绕社会主义新农村建设目标，贯彻落实习近平总书记来宁视察重要讲话精神，进一步拓展农民致富路子，带领全村村民共同迈进全面小康，为建设美丽新宁夏贡献自己的力量。

红梅杏花开，走上致富路

——中卫市海原县史店乡田拐村

海原县地处宁夏中部干旱带，县内丘陵起伏，沟壑纵横，降水量小，蒸发量大，十年九旱，在这里生态恶劣与贫困落后像一对"孪生子"，如影随形。如果说海原县是宁夏脱贫工作的"主战场"，史店乡田拐村便是海原县脱贫攻坚的"首要关隘"。田拐村地域面积25.8平方公里，过去由于基础设施建设差、产业发展单一、经济发展滞后，是当地出了名的贫困村。近年来，得益于精准扶贫，该村已经成为海原县脱贫攻坚的示范村、乡村旅游的特色村、乡村振兴的样板村。

走进田拐村，映入眼帘的是干净整齐的道路，两旁错落着新盖的砖瓦房，黑海高速穿村而过，交通极为方便，农村社区、文化广场、健身器材、文化活动中心、公园、学校、乡村卫生院一应俱全。孩子们在游乐设施上嬉闹，老人们在自家门前整理着农具，绿荫环抱的美丽山村，一派幸福祥和的气象。短短几年时光，田拐村便脱胎换骨，完成了惊人的蜕变，成为中国振兴贫困村镇的缩影和范本。

一、配置升级村貌巨变

海原乡村振兴看史店，史店美丽乡村看田拐。红瓦白墙的民居在阳光下熠熠生辉，硬化路两旁的太阳能路灯装点着村庄，美丽、整洁、文明是现在的田拐村给人的第一印象。然而，2015年以前田拐村民居多以土坯房为主，砖瓦房仅占少数，牲口棚圈乱搭乱建，土巷道狭窄弯曲，村民雨天一身泥，晴天一身灰，刮风一嘴土，怨气十足。后来田拐村以美丽乡村建设和"两不愁三保障"为抓手，执行党的惠民政策，在各级领导干部和群众的共同努力下，村民生活水平逐步提高，村容村貌焕然一新。

实施整村推进，规划美丽乡村。2015年4月起，海原县整合扶贫、闽宁协作、危房改造等资金1300多万元，帮助田拐村进行旧房改造、环境整治以及公共设施建设，实施整村推进。政策和资金到位后，村委班子通过挨家挨户动员、筹工筹劳等措施争取支持，统一思想，紧抓改造。由于地形复杂，村民居住错乱分散，不利于工作的开展，几个村干部聚在一起，凭着对整个村庄地形的了如指掌，愣是用土办法画出了村庄规划图。正是这张简单朴素的规划图，打开了田拐村美丽乡村建设的大门。

门户纳千祥，新居气象新。依据新村规划图，村干部发动村民"去旧迎新"，全村共拆除土坯房483套38640平方米，土围墙39.9千米，土棚圈321座

村落一角（展帆／摄）

19260平方米。旧房拆除后，按照式样统一、色调统一的要求，田拐村采取自建与代建相结合的方式，以户为单位建围墙、盖新房、换屋瓦、修大门。与此同时，为配合新居所，营造新氛围，小村进一步硬化巷道14.6公里，改厕275座，安装太阳能热水器386台、太阳能路灯140盏，为新居建设锦上添花。现在，田拐村新盖的砖瓦房拥有同色调围墙和同款式大门。穿过崭新的院门，便可看到宽敞整洁的庭院，室内窗明灯亮，墙面洁白如雪，村民的生活发生了大转变。

只有乡村人居环境得到有效整治，才能构建生态环保的美丽乡村格局。为此，余丁村深入推进农村环境综合治理，经常组织党员、公益性岗位人员、建档立卡贫困户、低保户参与农村环境整治活动，促使环境整治常态化，营造了洁净美丽的村庄人居环境。如今，田拐村不少村干部、党员、入党积极分子自发按照村道林带、院内院外、房前屋后、室内室外、厕所及个人卫生规范要求帮助农户整治卫生。在他们的感染下，村民渐渐自觉加入了卫生整治队伍，开着自家的电瓶车帮忙运垃圾，互帮互助，增进来往，不仅拉近了距离，更凝聚了人气，乡里乡亲在一起忙得热火朝天，满脸洋溢着对美好生活的向往。

加大公共设施投入，改善村民生活品质。为了改善村民生活条件，改变村民生存状态，田拐村大幅度完善公共基础设施，给村民带来了城市般的生活体验。小村先后建成农村社区、文化广场、图书馆、公园、停车场、卫生室等村内设施，帮助村民提高了生活档次。村民农忙结束后不仅可以漫步到公园健身，还可以进入图书馆拿起喜欢的书，细品墨香，提高文化素养。此外，田拐村广场上还设立了文化活动室，村史馆内的几十幅新旧照片，清晰地表现出农村改造前后居住条件的反差，村民也可以通过照片直观感受天翻地覆的变化，提升自豪感。村里还建了一个标准化篮球场，据说村里篮球队的水平不低，村民体魄健壮，投起篮又狠又准。各种类型的文化设施让群山环绕的小乡村摆脱了无聊乏味的生活，村民喜气洋溢，踊跃参加各种活动，追求更多姿的生活。

经过村干部和村民的共同努力，一座依山就坡、错落有致、村道宽敞、绿树成荫、村容整洁的田拐得以展现在我们的眼前。现在，村内的配置设施不断完善，道路越来越干净，村庄越来越清新，群众的幸福指数也不断提升，一切都变得越来越好。

二、特色产业喷薄欲出

村容村貌的变化，让这些生活在大西北干旱山窝里的村民深刻感受到了绿水青山、清净无尘带给村庄的生机与活力。在逐步改善基础设施的同时，田拐村因地制宜，形成了以特色产业发展带动贫困群众脱贫致富的发展思路，确定了以发展杏林种植、肉牛养殖、交通运输、乡村旅游四大产业为动力的脱贫致富方案。依靠四项产业，2018年，田拐村实现了人均纯收入由4600元到8600元的增长，被评为海原县脱贫示范村。

过去种庄稼成荒山秃岭，如今栽林果变绿水青山。以前田拐村老百姓靠天吃饭，在贫瘠的土地上种植玉米、马铃薯等农作物，辛苦一年，到头来每亩田最多只有200多元的收成，村民生活拮据潦倒，家里经常揭不开锅。国家退耕还林等重点生态工程的实施，对于田拐村的生态与民生改善，可谓一箭双雕。过去村里一直就有种杏子的传统，但是品种不好，不易挂果、不易储存，卖不上好价钱。如今乘着国家退耕还林项目的东风，田拐村实施坡改梯工程，通过招标，将荒山开辟为红梅杏果园，还建造了3眼机井和5个蓄水池，对山上的果园进行穴灌，保证灌溉便利。除此之外，小村还修建了上山下山的"杏花路"，方便村民种植管理和加工企业采摘运输。时至今日，走进田拐村，阵阵果香扑鼻而来，曾经的荒山野岭变成了风景秀丽、层林尽染的杏花林，低矮粗壮的杏树上，一个个红彤彤的杏子挂满枝头，似乎在欢迎幸福生活的到来。

提高产业附加值，小山村有大"杏"福。红梅杏五年方进入盛果期，在没有产生效益之前，政府将每亩给1200元的补贴，挂果后，一亩盛年红梅杏的年收入可以达到1万元。2017年，全村共有670户村民种植红梅杏，其中有

260户是建档立卡户，户均15亩，人均3.9亩。红梅杏种植解决了村民的基本温饱问题，但若是把脱贫的全部希望都寄托在收成不算丰厚的几亩杏树上无异于天方夜谭，于是小村计划进一步延伸红梅杏产业链，提高产品附加值。未来，田拐村将引进加工企业，通过电商销售、果脯加工、林下养殖等多种方式实现全村脱贫致富的目标。不仅如此，田拐村还将依托红梅杏，筹划发展"春赏花，夏摘果，秋赏叶"的休闲旅游项目，大力发展农家乐旅游。一颗小小红梅杏，从种植到加工再到发展全域旅游，多角度拓宽了农民的增收渠道，促进了村庄的和谐稳定发展，引领着田拐村村民在增收致富奔小康的康庄大道上"杏"福前行。

发挥大户带动作用，培育牛羊养殖产业。田拐村在培育养殖产业上，充分发挥了养殖大户的示范带动作用。以前的养殖户都是"单打独斗"，如今在领导的积极沟通下，养殖大户无偿向村民传授看牛（羊）、买牛（羊）、饲养、跑市场等专业技术，引起了一波山村"养殖热"。时至今日，田拐村的村民已通过牛羊养殖产业走上了脱贫致富之路。几乎家家户户牛棚里都有几头牛，大牛生小牛，牛越养越多，日子越来越有盼头。

引导群众学习驾驶，促进乡村经济飞驰。农村农业和经济的迅速发展，要求农村运输业必须先行。田拐村是传统的运输村，在培育壮大运输产业方面，该村协调金融部门每年发放贷款1400万元，积极引导村民参加驾驶培训。全村现有大型货运车辆135辆，B照以上驾驶员280人。2016年6月，黑海高速公路正式通车，该条高速公路从田拐村近旁穿过，司机们一展身手，快速安全地将本村产品运输到邻近地方，在让外界品尝到本村美味特产的同时，也实现了农民想要走出去开阔视野的梦想，交通运输业现已成为全村脱贫致富的主导产业之一。

如今，田拐村民居灰瓦白墙、错落有致，村道干净整洁、通畅无阻，红梅杏种植和牛羊养殖也渐渐走上了正轨。小村又通了高速，观光游客纷沓而至，为农家乐产业的发展插上了助飞的翅膀，村民在新居之中为游客提供特色饮食，拉开了田拐村生态游的序幕。

三、搭乘文旅脱贫增收

近年来，海原县把发展乡村文化旅游作为打赢打好脱贫攻坚战、落实乡村振兴战略的重要抓手，抢抓全域旅游发展机遇，深度挖掘文化底蕴，举办文化旅游节事，打响特色乡村旅游品牌。田拐村以特色资源为依托，围绕万亩红梅杏林和千亩景观油菜花，举办了乡村文化旅游节，进一步促进本村脱贫致富。大批游客、摄影爱好者发博客、微信、晒朋友圈为小村做了间接宣传，使得越来越多的人知道了田拐村。

观红梅杏林，赏油菜花海，游醉美乡村，促旅游扶贫。2018年7月28日，海原县首届以"观红梅杏林、赏油菜花海、游醉美乡村、促旅游扶贫"为主题的乡村文化旅游节于田拐村成功举行。此次文化旅游节凭借田拐村万亩红梅杏经济林、景观油菜、美丽村庄、民族美食以及民族花儿，把生态农业资源、民族文化资源和美丽乡村建设成果转化为旅游资源，以花为媒，积极塑造和传播乡村旅游形象，提升乡村旅游知名度，为今后海原县乡村旅游发展奠定了良好的基础。这次文旅节约有5万人前来观光旅游，带动群众增加收入约30万元。游客、嘉宾、媒体记者及摄影爱好者可以游绿色红梅杏林，赏金色油菜花海，享农家休闲时光，品乡村特色美味，购海原本土特产，看非遗体育项目表演，与民族"花儿"对话。紧张激烈的河道越野挑战赛以及"红梅杏杯"农民篮球运动会又为文旅节再添热度，真正做到了让游客来得顺心、玩得开心，增强了乡村旅行的互动性和参与性，成功打造了乡村旅游的全新模式。

游大美田拐，赴花海盛会。2019年8月16日，史店乡第二届大美田拐旅游节以"游大美田拐，赴花海盛会"为主题，具体由开幕式、"花海游园"千人健步走、田拐越野场地挑战赛、"西夏啤酒摇滚夜"篝火晚会、花儿演唱会、摄影采风大赛、乡镇篮球运动会等十大主题活动组成。当地和周边市、县以及陕、甘等省的近万名游客接踵而至，在静谧的红梅杏树下邂逅陌上花开。开幕式当天，网红"宁夏美猴王"在现场用镜头直播活动盛况，与游客和平台用户互动交流，场面热闹非凡。小熊猫、小黄鸭等可爱的卡通"萌宠"吸引了大批游客驻足，游人纷纷拿出手机与"萌宠"合影，现场热情与欢呼齐扬，回荡在美丽山村的空际，萦绕在万亩花海之间。

这次乡村文化旅游节举办的田拐越野场地挑战赛和西夏啤酒摇滚夜篝火晚会人气最高，颇受广大游客的喜爱和追捧。在田拐河道越野营地，宁夏及周边省（区）最专业、顶级的越野赛车手集结于此，展开激烈角逐，赛场上隆隆的发动机声，场外游客们的笑声、掌声和欢呼声响彻美丽的田拐村。在摇滚音乐节现场，众多乐队及歌手登台表演，炫酷的灯光效果、震撼的视觉感受、冲击灵魂的动感音乐，一次次将现场气氛推向高潮，让广大游客和观众瞬间从宁静的夜晚中沸腾起来。这次文旅节的成功举办为当地村民及游客献上了一场场好玩、好看、好吃、好听的休闲旅游盛会，进一步扩大了"大美田拐"的品牌效应。

游大美田拐，品红梅杏宴。2020年田拐村红梅杏基地开园，风景如画的红梅杏基地人头攒动、硕果飘香，以"游大美田拐，品红梅杏宴"为主题的第三届云文化旅游节也随之启动。慕名而来的游客和当地群众在此相聚，听歌赏舞，采摘红梅杏，共同体验丰收的乐趣。活动当天，史店乡人大主席李金星走进抖音直播间上线当"主播"，为家乡农产品代言。此外，跟着抖音达人漫游田拐村红梅杏基地也受到线上游客的热捧，这让对田拐村景色早有耳闻却没时间亲临的人即使足不出户也可享受一场别出心裁的云端旅游。这次活动的一大特色便是借助网红、知名民间艺人的直播来推介红梅杏、高端肉牛、小杂粮、香水梨、硒砂瓜等优质农产品，以拓宽本村产品销售渠道。游客们在活动中品味尝鲜、挑选佳果、拍照留影，既享受了采摘的乐趣、与家人度过了愉快时光，又体验了乡村旅游带来的欢喜，一举多得，其乐无穷。

借助非凡文旅节，创办致富农家乐。随着一年一届文化旅游节的举办，田拐村在全县以及周边市、县越来越有名气，来此游玩的游客也逐渐增多。田拐村不少村民看到了增收致富的新路子，便借助村里的环境优势开起了农家乐，吃上了旅游饭，生意做得有声有色。农家乐规模逐步扩大，有效带动了群众增收致富，为脱贫摘帽打下坚实基础。

春可踏青赏花，夏可避暑吃果，秋可登高观叶，冬可结伴玩雪，小山村文化旅游业的发展，为游客带来了四时不同的美好享受，满足了游客们不同的游玩需求。同时，文化旅游节的春风也吹醒了田拐村休眠的经济，吹进了每一户寻常百姓家。在不断推陈出新的活动的带动下，田拐村成功走上了脱贫致富之路，村民生活幸福快乐。今后，田拐村将借助全域旅游的东风，积极招商引资，拓宽致富渠道，夯实基础，走向更加美好的明天。

四、脱颖而出提供经验

经精准识别，田拐村共有建档立卡贫困户312户1100人。近年来，田拐村坚持问题导向，精准发力，截至2018年共脱贫293户1041人，贫困发生率降至3%以下，2018年末全村人均可支配收入达8698元，提前实现脱贫销号。2020年是我国全面建成小康社会和打赢脱贫攻坚战的关键之年，田拐村的发展为我国实现全面建设小康社会的目标奉献出了自己的力量，也为依然身处贫困迷雾中的山区村镇提供了先进脱贫经验。

农民脱贫致富需要政府有所作为。山区农民贫困在很大程度上是因为当地经济基础薄弱、资源缺乏，而交通不便、基础设施落后、信息闭塞等原因又加重了贫困。因此，为了帮助山区农民脱贫致富，政府应担起责任、持续发力，做到以下几个方面。一要做好"质"的文章，加大对农村基础设施建设和公共设施的投入，解决好影响农民致富的交通、住房、信息传递等问题，保障村民生活质量。二要做好"产"的文章，加强产业结构调整的力度。山区耕地生产效率低，因此只能另辟蹊径，结合山区实际，因地制宜引导群众发展林业、养殖业、交通运输业等特色产业，不断拓宽经济发展渠道，形成板块经济、规模效益。三要做好"美"的文章，特色产业完全可以和旅游经济结合在一起，政府要坚持创办新颖活动，打造美丽风景，吸引游客，让村庄成为一道亮丽的风景线。

农民脱贫致富需要提高自身素质。山区农民世世代代"蜗居"大山，要尽快脱贫致富，仅仅依靠外力作用是不够的，必须通过不断提高自身素质，实行内外结合。改变村民不良习惯是基础，村民应从改变生活方式、生活环境、生活卫生、语言习惯等方面入手，搞好家庭卫生，搞好生态保护，提升语言素质。提高村民科学文化素养是重点，山区农民之所以贫穷落后，很大程度上是因为自身科学文化素养较低，因此要为农民提供图书馆、文化活动中心等基础设施，使他们积极加入各项文化惠民活动，丰富知识储备，开阔眼界，提高能力。热情共享、公平竞争是原则，先行致富的大户要向尚未脱贫的贫困户传授经验与技术，帮助他们脱离贫穷。无论是贫困户还是致富大户都要遵守市场规则，公平竞争，和气生财。提高捕捉商机的能力是关键，农民要认真分析市场，不断提高致富本领，把握机会，一举脱贫。

农民脱贫致富需要依靠现代科技。乡村发展要想跟上时代发展的潮流，就要引进新技术，打破瓶颈，强大自身。首先，要努力引进先进农业科技，提高农业经营化、组织化、规模化、产业化水平，用新技术武装农业，造福百姓，田拐村采用新技术种植、灌溉红梅杏就是很好的成功案例。其次，要发挥互联网的作用，大力发展"互联网+""旅游+""生态+"等农业发展新模式，不断完善三级电商运营服务网络，建好农村电商平台，培育电商主体，完善配套服务，打通农产品线上与线下的流通渠道。另外，还要积极发展休闲农业、乡村旅游和农村电商等新产业新业态，不断增加乡村旅游的发展潜力，推进农产品加工、销售等体系建设，促进农村一、二、三产业融合发展。

路自脚下行，志当存高远。8月的田拐，梯田翠黛，从山上俯瞰，绿色红梅杏打底，金黄油菜花镶边，宛如黄绿相间的波浪在层层梯田上翻滚，蔚为壮观。高墙深巷、挑檐门廊掩映在金色与翠绿之间，形成一幅宁静恬淡的美丽画卷。田拐村脱贫致富取得了很好的成绩，但它绝不会沉溺于自我满足、自我陶醉、自我欣赏之中。未来，小山村的一切工作都将按照更高的标准、更强的力度、更足的劲头来严格推进，村庄将紧紧拉住村民的手，带领他们一步步走出新道路，走向富裕人生。

下篇

传统村落

石嘴山市大武口区长胜街道龙泉村

　　沿京银线（G110）行驶至宁夏的石嘴山境内，在贺兰山东麓旁有一只硕大的"红色辣椒"不停吸引着过往司机的视线。"红色辣椒"的两侧道路平整，屋舍俨然，采摘大棚排列整齐，这里正是有着"贺兰山下第一村"美名的龙泉村。村内潺潺流淌的泉水，不仅见证着龙泉村两千多年的历史沿革，更浸润着美好田园生活的每一处缝隙。曾经"日出而作，日落而息"的龙泉村人，不仅在文旅协同发展的道路上谱写着传统村落的新故事，更让来此的游客深刻感受"逍遥于天地之间而心意自得"的乡野生活。

龙泉村（徐宝东／摄）

一、历史发展

龙泉村的历史可以追溯至汉代，距今已有两千多年。据班固所著的《汉书·地理志》记载："北地郡，秦置。莽曰威成。户六万四千四百六十一，口二十一万六百八十八。县十九。马领，直路，沮水出西，东入洛。灵武，莽曰威成亭。富平，北部都尉治神泉障。浑怀都尉治塞外浑怀障。莽曰特武。灵州，惠帝四年置。有河奇苑、号非苑。莽曰令周。眴衍，方渠，除道，莽曰通道。五街，莽曰吾街。鹑孤，归德，洛水出北蛮夷中，入河。有堵苑、白马苑。回获，略畔道，莽曰延年道。泥阳，莽曰泥阴。郁郅，泥水出北蛮夷中。有牧师菀官。莽曰功著。义渠道，莽曰义沟。弋居，有盐官。大要，廉。卑移山在西北。莽曰西河亭。"再加上《平罗县志》等文献证实，如今的龙泉村在西汉时期隶属北地郡的廉县，被誉为"朔方之保障，沙漠之咽喉"。龙泉村起初因有九个天然泉眼而得名"九泉村"，并且泉水四季涌流不息，水质清甜，可供百姓饮用，令人称奇。当地村民相传，是因为村后的山上有九条龙，

龙泉村泉眼（邓娜/摄）

终日护佑着村头至村尾的九眼泉水，才使得泉水终年不绝滋润着村子周围的庄稼地，还养育着千户村民。因此，"龙泉村"这个名字应运而生。现在九眼泉已不仅仅是村民的水源，更是文人墨客思古的休闲之地，这九眼泉里藏着庄稼人的神话故事，也藏着诗人的情怀。

二、自然生态

龙泉村属石嘴山市大武口辖区。石嘴山位居黄河中游上段，宁夏回族自治区北部，位于东经105°58′~106°39′，北纬38°21′~39°25′之间。海拔在1090~3475.9米之间，按地形地貌可分为贺兰山山地、贺兰山东麓洪积扇冲积平原、黄河冲积平原和鄂尔多斯台地四种类型。境内贺兰山最高峰海拔3475.9米。典型的温带大陆性气候，全年日照充足，降水集中，蒸发强烈，空气干燥，温差较大，无霜期短。夏热而短促，春暖而多风，秋凉而短早，冬寒而漫长。年平均降水量的地理分布较为均匀，全市年降水量167.5~188.8毫米。年蒸发量1708.7~2512.6毫米，是降水量的10~14倍，处于干旱半干旱地区。土质富含硒元素，有百年古树上百棵。

三、人文资源

龙泉村结合沟口矿区文化和辖区硒含量高的特点，大力打造硒有田园，硒有水果品尝、民俗游等项目丰富了龙泉村景区活动内容。近两年，被称为"贺兰山下第一村"的龙泉村抢抓乡村振兴战略机遇，推进"美丽家园"试点建设，在保护好独特山水格局和现有村庄布局的同时，绘制了一幅"山水相映、林木繁盛、瓜果飘香"的美丽画卷。目前，龙泉村基本形成了三大组团集聚优势：以龙泉山庄、贺鹿庄园和民宿街为代表的企业组团，以商业街和特色农家小院为代表的农户组团，以龙泉花卉、果蔬采摘和智能化现代农业产业为代表的村集体组团。

人文风光主要有龙泉村民俗博物馆，馆内展示着远到汉代的酿酒陶罐，近到中华人民共和国成立初期的粮票。村庄旁边还有一座拥有两千多年历史的汉代古墓，很多历史文物爱好者都会来这里参观。龙泉村空气质量良好，环境淳朴优美，是一个历史遗迹、乡村民俗、休闲康养与田园风光相互交融的塞北古村，被誉为"贺兰山下第一村"。龙泉村距石嘴山市大武口主城区9公里，村域面积8平方公里，辖4个村民小组，共355户1164人，党员55人，先后被评为"全国文明村""全国生态文化村"和"2018年中国美丽休闲乡村"。龙泉村将现有土地进行规划，主要分为开心农场、田园花海、花卉和草莓采摘基地、油葵基地四大区域。随着乡村振兴战略的提出，龙泉村深入落实十九大精神，大力实施脱贫富民和生态立区战略，将乡村旅游作为新的发展方向，着力打造美丽家园试点村。2018年龙泉村接待游客35万人，实现旅游收入1600万元，2019年接待游客60万人，2020年上半年接待游客45万人，成为了名副其实的"网红村"。随着家乡的变化，村内许多外出务工受够了奔波日子的村民，选择回村开饭馆，经营农家乐，修葺家中庭院向游客开放。

四、乡村旅游发展情况

走进龙泉山庄，开心农场里果蔬挂满枝头，采摘园、烧烤摊、越野车冲浪项目齐全，真人CS体验、越野赛道、乡村舞台等极大丰富了游客的体验感。走进汉唐建筑风格的龙泉村民俗博物馆、村史馆、家风家训馆，恍若进入时间隧道，锈迹斑斑的锄头、旧马车的车毂、盛放针头线脑的木盒、古色古香的首饰盒、酿酒陶罐等，把人们拉回到农耕时代。龙泉山庄可一次满足上千人就餐、上百人住宿。依托该村旁绵延起伏的山势，修建沿山健身步道2.4公里，串联防空洞、古汉墓、明代烽火台等遗迹。村中优质的土壤、优良的空气、天然的冷泉、悠久的历史等资源，都是打造高质量生态乡村游的"核心竞争力"。

五、基础设施和公共设施建设情况

在石嘴山市、大武口区的规划指导下，全村实施水系连通项目、村庄主要建筑物整治工程，实现村域Wi-Fi全覆盖，进一步补齐公共文化服务短板。

一方面，结合山、水、田、园自然特征和民俗文化淳朴、历史底蕴厚重等特点，龙泉村构建了功能完备的乡村功能分区，突出地域特色。另一方面，将人居环境作为重点整治项目，争取一事一议资金，对居民区污水进行集中处理。乡村旅游要发展，农业产业化龙头企业是先锋。通过培育专业合作社等方式，龙泉村形成了"企业＋合作社＋农户"的发展模式，村民可将闲置的房屋租赁给企业，让农房变成客房，发展乡村旅游。通过流转土地、闲置房屋出租及在村里的合作社务工等方式，让大家钱袋子鼓起来。有了绿尚鲜草莓采摘园、龙泉花卉休闲观光合作社、兰岳龙泉旅游开发有限公司等村集体经济合作组织做依托，龙泉村逐步克服了"木桶效应"的局限性，形成了抱团取暖的旅游发展命运共同体，激活了发展的内生动力，吃农家饭、住农家院、赏农家景、品农家情的产业发展新形式方兴未艾。目前，龙泉村的发展已从曾经"犹抱琵琶半遮面"的委婉含蓄，到如今"栽好梧桐引凤来"的敞开胸怀，万紫千红在龙泉村交织错落，呈现出一幅乡村振兴的新画卷。大武口区将继续推动龙泉村在城乡融合、产业融合、产村融合、功能融合等方面融合发展，通过创意农业、农事体验、农业观光等特色农业项目吸引游客。村中已形成了龙泉百年古树枣、石磨面粉、富硒草莓、溜达鸡等一批农产品创意文化标识和品牌。

石嘴山市平罗县黄渠桥镇黄渠桥村

一、历史发展

黄渠桥镇隶属石嘴山市平罗县管辖，距平罗县城15公里，是宁北一个因清雍正四年（1726年）惠农渠的修建和黄渠桥集市的设立而兴起的集镇。109国道纵穿集镇并与镇的主街共为一体，交通十分便利。黄渠桥镇作为宁夏的历史名镇，地处银北交通要道。清朝时期兵部侍郎通智带领此地百姓修渠开路，所以这里的地名和桥名几乎都以"通"字起头。1726年，通智被雍正皇帝以贪功的罪名斩于当地的郑闸桥上。后来，雍正皇帝知道通智冤枉，为他平反昭雪，并号召当地军民在每年开闸放水之日祭奠这位爱民如子的好官，并于1729年钦定通智修的两条渠分别为"昌润渠"和"惠农渠"。在惠农渠上有一座三孔石桥，全部用大块石头砌成，它便是被当地百姓唤作黄渠桥的通润桥。历经二百余年的历史，通润桥的名字已经淹没在历史的长河中，黄渠桥的名字却越

黄渠桥（邓娜／摄）

来越响亮。黄渠桥镇也因这座桥而得名。

二、自然生态

黄渠桥村隶属
平罗县黄渠桥镇，
位于宁夏银川平原
北部、黄河中下游。
东与内蒙古鄂托克
前旗相邻，西以贺
兰山为界与内蒙古
阿拉善左旗接壤，
南与银川市贺兰县
比邻，北与石嘴山

黄渠桥（邓娜／摄）

市惠农区相连。地貌地形可分为贺兰山区、山前洪积扇区、西大滩碟形洼
地、冲积平原区、灵盐台地和河滩区六大地貌单元。黄渠桥镇东临黄河，
西靠贺兰山。该地四季分明，属大陆性气候。春旱多风，升温快；夏季炎热，
雨量集中；秋季短暂，降温快；冬季干冷，雨雪稀少。日照充足，温差大，
蒸发强烈。历年平均降水量173.2毫米，全年降水主要集中在6—9月。年平
均日照时数为3008.6小时，日照时数最多的时段是5—6月。多年平均蒸发
量为1755毫米，空气相对湿度为55%，平均地面温度为11.9℃，平均霜冻期
为194.6天，无霜期为171天。平均冻土深度为70.4厘米，平均风速2.0米／秒，
风向为西北风或北风。

三、人文资源

宁夏虽偏居西北内陆，但历史文化资源丰富，乡村旅游资源多样。就黄
渠桥镇而言，它与我国很多普通农村相比并没有本质上的不同。但改革开放
以来，该镇依托乡村集市贸易并在交通运输业的带动下，创造出了一张地方

文化名片——黄渠桥爆炒羊羔肉，并由此衍生出了一条以羊羔肉餐饮业为核心的产业链。2015年以来，黄渠桥镇集红色历史记忆、引黄水利遗产、地方特色美食和文化节庆活动等多种资源于一体，走上了一条文旅协同助推乡村振兴的探索之路，并在2017年12月获"中国最美村镇"之殊荣。

1. 兴旺的通道经济

109国道纵穿黄渠桥镇并与镇的主街共为一体，当地交通十分便利。2003年8月京藏高速（G9）宁夏路段通车前，109国道是通联银川、石嘴山和乌海市等中心城市的主干道，还是周连我国西北与华北的主干线。如此优越的地理位置，吸引了很多当地人沿街建房从事餐饮业。由于黄渠桥及灵沙、宝丰等临近乡镇盛产羔羊和当地特殊的水土条件，造就了这里别具一格的爆炒羊羔肉。回头客的口口相传和多方媒体的相继报道，黄渠桥爆炒羊羔肉获得长足发展并逐渐成为一张突显地方文化的名片，也由此催生了以羊羔肉为龙头的产业链。据了解，2008年黄渠桥镇经营羊羔肉的餐馆多达135家，由此带动着本地乃至周边地区的羊只饲养、青贮种植、屠宰和运输等多种产业的繁荣发展。倘若走在镇的主街上，可以发现沿街密密麻麻的餐馆招牌五花八门，但唯独不变的就是"羊羔肉"三个字。

2. 黄渠桥羊羔肉

黄渠桥羊羔肉呈淡红色，肌纤维细，肌间脂肪分布均匀，弹性好，嗅之清香，不膻不腥。经烹调后色泽棕红，肉嫩鲜美，肥而不腻，无膻味，色、香、味、形俱佳。黄渠桥羊羔肉营养丰富，含有人体所需苏氨酸、亮氨酸、异亮氨酸、苯丙氨酸、赖氨酸、组氨酸等氨基酸，且矿物质元素种类丰富。蛋白质含量高，脂肪含量低，鲜肉中蛋白质含量不低于17.5%，脂肪含量不高于0.8%。与小尾寒羊、新疆细毛羊相比，黄渠桥羊羔肉羰基化合物含量最低，糖蛋白、嘌呤、核苷酸、谷胱甘肽含量最低，胆固醇含量也低于其他羊肉，属低脂型肉品，营养素配比合理，是集营养滋补、保健于一体的优质肉品。俗话说"冬吃羊肉赛人参，春夏秋食亦强身"，常吃羊肉对提高人的身体素质及抗病能力十分有益。

四、乡村旅游发展情况

为突破发展瓶颈，黄渠桥镇政府在2014年12月制定了"历史名镇、文化兴镇、旅游旺镇、饮食靓镇、产业强镇"的小城镇建设规划，力图通过挖掘本土历史文化遗存来开发乡村旅游，进而培育经济增长点并以此盘活黄渠桥镇的整体经济。由此，这里走上了文旅协同发展的乡村振兴之路，主要包括以下四个方面。

1. 修缮古桥与布设国道沿线小镇新景

2015年1月，镇政府出资对黄渠桥进行修缮，同时将桥头荒地开辟成文化公园，并沿桥头两侧修建观光廊道，意在向沿途的司机、游客展示黄渠古镇的历史风貌。面对黄渠桥不再作为主干道上必经之地的事实，镇政府通过创造道路新的吸引点以弥补失去原有区域交通地位的遗憾，也发挥了历史文化遗产保护和特色乡村旅游开发的双重作用，是谋求文化和旅游协同发展以实现经济转型的新起点。为进一步突显黄渠桥的历史文化感，桥头竖起"黄渠桥碑记""黄渠桥·平罗县文物保护单位""黄渠桥赋"三块石碑，将小镇因渠而兴、由桥得名、缘桥而聚和因路而荣的历史记忆，通过勒石铭记的传统昭示给众人。现在途经此地，桥头一块硕大的石碑上用小篆字体刻有"黄渠桥"三个大字，十分引人注目。

2. 创办节庆与本土文化的年度呈现

由修缮古桥所开启的文旅协同，带来了本土文化的再造与变迁。于是，一幕"文化搭台、经济唱戏"的节庆上演开来。黄渠桥旅游美食文化节是近几年被临近乡镇多次模仿和外人称道的文化活动。节庆当天，全镇只要在家的人都会前来参加，一起庆祝这个黄渠桥镇自己创办的节庆。美食文化节通常举行三天，举办地点就在集市里的乡村大舞台。第一天的开幕式最为热闹，因为可以免费品尝爆炒羊羔肉。每年节庆，筹备方会邀请各级领导，各村的村主任、妇女主任，当地的种粮大户、牲畜养殖大户以及羊羔肉餐馆的老板等来参加。平罗县文化艺术团也会应邀前来演出，地方民间艺人和一些想上台"露一手"的村民也不会错过这个机会。整个节庆包括开幕式、品尝和评比爆炒羊羔肉、歌舞表演、广场舞比赛等。而且，当地商户还将自家的产品进行展示并促销。养殖大户还会将自家饲养的牛、羊、驴、马、孔雀、珍珠鸡等牲畜家禽带来，让人们驻足观看。节庆还吸引了镇周边的村民前来观看。

3. 创建展馆与红色记忆的实体展现

通过政府牵头、本地文化精英参与和当地百姓自发捐赠展品，以原文化站为基础，创建了黄渠桥镇文化馆，同时也是一处红色旅游景点。据了解，该馆最初以黄渠桥镇的红色记忆为主题进行布展，随后又将西部历史名镇、宁夏美食特色镇、革命传统教育基地等相关元素汇聚。如此，该馆成为一个全方位、实体化展示黄渠桥镇历史文化的窗口。而且，这还是一个集文化、教育、体育为一体的综合性基地。其中，主体建筑为框架式二层楼。一楼为文化站，主要开展图书借阅、文体活动；二楼为革命传统教育基地。基地分两个展厅，第一展厅的内容包括历史类、革命传统教育类等内容，以抗日战争时期中共在宁北地区建立的第一个党的基层组织——黄渠桥党支部及其中共革命的历史故事为主题；第二展厅主要介绍黄渠桥镇独具魅力的爆炒羊羔肉、扁豆凉粉、老豆腐等特色饮食，以及剪纸、婚俗等丰富多彩的民俗文化。2015年11月5日，黄渠桥镇文化馆获"全国优秀文化站"荣誉称号。截至2019年3月底，文化馆共搜集相关文字资料40余万字，图片资料300余张，相关文物50余件，接待各界领导、学者、企业家、学生、群众等270多批次，人数达7000余人次。

109国道如同黄渠桥镇和黄渠桥村的一条生命线。这里既因路而荣，也因路而困，但又借道转型。换言之，黄渠桥镇处于发展瓶颈和道路危机时，探寻出了一系列的文化生存策略，不仅践悟出现代性与地方性的协调与融合之道，还探索出了一条运用地方性知识实现文旅协同的乡村振兴之道、经济转型之道。而这种本土智慧在成为一种文化资本的同时，也成为黄渠桥人继续前行的宝贵财富和宁夏文旅协同助推乡村振兴的地方经验。

吴忠市利通区东塔寺乡石佛寺村

一、历史发展

坐落在利通区东塔寺乡境内的石佛寺是宁夏唯一被称为石佛寺的古寺，寺内现存有两尊石佛。关于该寺的始建年代、两尊石佛的出处、涉及的有关重要历史事件及人物，多年来引起史学和考古学界高度关注，专家们遍查典籍、反复考证，先后发表了许多研究成果，引起了多方关注。但到目前为止，有关石佛寺的建寺年代尚无可靠定论。据宁夏著名考古专家钟侃考证，石佛寺最迟应建于元代，或者为唐宋时期。古灵州城在明代由于黄河失修、水灾泛滥被淹没后，石佛寺几经迁移，重建于现在俗称"河崖子"河道的拐弯处、清水沟东岸边。

石佛寺经过历代战乱、水患破坏，到清光绪年间重修，此后又经过三次扩建，终成一座坐北朝南，有上殿、观音庙及石刻碑文一块、寺钟（铸铁制）一口的佛教寺。1958年整体被拆除。20世纪70年代末时，

石佛寺（冯晶晶／摄）

石佛寺地基比周围宅基地高出约80厘米，只有面南的6间土木结构的简易平房，中间两间室内放置了几张木桌，上铺一块桌布，两尊石刻佛像放在中间，上用红布遮盖。除此外，再无长物。1981年重建，面南建有一座上殿，两侧各建一座小庙，东西两边各建了一排平房，南面坐南朝北建有一处约20平方米的戏台供逢年过节唱戏用。2017年因修建344国道和石佛寺整体拆迁安置，原寺又被拆除，现正在重新进行建设。

据管律撰、陈明猷校勘《嘉靖宁夏新志》（宁夏人民出版社，1982年12月，第193页）载，大明初庆靖王朱㮵撰写的宣德《宁夏志》记载，石佛寺是"古胜佛寺也"。说明该寺明洪武年间有僧人重修，据此，重修的原石佛寺应该始建于元朝、西夏或者更早。我国著名佛学家、中国佛教协会原副会长、中国佛学院原副院长兼教务长周叔迦先生曾考证："唐开元六年（718年），朔方节度使曾请大师说经，造石佛像。唐朔方节度使坐镇灵州，古灵州故址在今吴忠境内。"而今遍览宁夏全境，除此再无一家名叫石佛寺的寺院。周叔迦先生考证唐玄宗开元六年，灵州朔方节度使强循造石佛像恰与有两尊佛像的石佛寺吻合，从而再一次佐证了石佛寺石佛像的来历。那么，石佛寺的建造年代据此往前可推至唐代，而唐代距今已有1400多年，石佛寺可谓是一座千年古寺，这也充分说明了吴忠是当时的军事重镇，也是当时的政治文化中心。

二、自然生态

石佛寺村所处的吴忠市属温带大陆性半干旱气候，冬无严寒，夏无酷暑，年降水量260.7毫米，年蒸发量2018毫米，平均气温9.4℃。这里四季分明，日照充足，蒸发强烈，雨雪稀少，昼夜温差大，全年日照2955小时，无霜期163天，是全国太阳辐射最充足的地区之一，特别适宜农作物及瓜果生长。历史上吴忠就以其农业、畜牧业发达而成为非常富裕的地区，沟渠纵横，林带成网，旱涝无虞。每年5—10月间气候宜人，风景如画，果鲜瓜甜，稻香鱼肥，具备发展传统村落风情旅游的良好自然条件。村域内既无山坡又无丘陵，但局部地方也有高洼之别。全境从南到北，东西部的地势略高于中部，大沟大渠由东向西汇集于清水沟，形成这里水系纵横、排灌畅通、旱涝保收的良好农业生产条件。

三、人文资源

1. 文化遗产修护

石佛寺村有廊架等具有历史价值的遗产遗迹。经过保护修复，它们与民居建筑群共同体现出石佛寺村的历史风貌。

在建设与修复古建筑的同时也为传统村落带来新的文化传承与发展机遇。石佛寺村对民俗文化馆内部进行改建，已改建成初心馆，内容包括长河浩荡、浴血荣光、流金交响、首善华章等篇，并有可供200人培训的教室。建筑外观按照古建筑风格进行维修，根据实际要求采取维护、修缮、整治等措施。对保护村落内风貌不协调建筑外立面、门、窗进行整治修缮，既对建筑毛石基础修复，也对外墙浮雕进行改建；对民居大门进行改造修缮，做到整体保护，分步实施，改造方式参照已做了保护修缮的家访接待户。

石佛寺村初心馆（展帆／摄）

2. 自然人文环境建设

保护村落范围内的各类树木，严禁砍伐、截枝、搭建和损坏。加强林带建设，做好病虫防治工作，及时修剪树木，如有死亡树木，及时补种。拆除东侧巷道道路两旁铺砖并进行绿化种植，同时鼓励村民从绿化、美化村庄的角度出发，积极选用本地树种，开展美丽村庄建设活动。清理河道沟渠，修缮长寿桥。

作为一座拥有数千年历史的古村落，石佛寺村至今保留着许多物质和非物质文化遗产。民间传统工艺都曾在此传承。但目前缺少进行这些手工制作工艺的必要场所，不利于非物质文化遗产的保护与传承。因此在村内新建一处集非遗文化传承保护和游客接待为一体的非物质展示体验中心。

四、乡村旅游发展情况

坚持机制引领是石佛寺乡村旅游产业持续健康发展的关键，也是新时代贯彻乡村振兴战略、实现产业结构优化、多业并举使农民增收的根本途径。自2003年以来，在历届乡党委、政府的统一领导和支持下，通过建立和完善工作机制、利益协调机制和市场机制，形成了组织有力、运转高效的"机制组合"。首先，逐步建立和完善了"村党支部＋公司＋景区＋农户"模式，理顺以村党支部为核心，以宁夏清韵旅游服务有限公司和景区为依托，吸纳本村群众合作开展经营，带动群众增收致富的工作机制。其次，建立了完善的利益协调机制，突出了群众在旅游发展中的主体地位，采取政府主导、项目争取、引入投资商、群众自筹等方式，完善基础设施和服务设施，围绕业态特点和文化特色不断建设新的景观。仅2019年就投资1000余万元，完成了初心馆、传统文化非遗民俗景区、家访体验户厕所等项目的改造工程。本着"谁投资、谁受益"的原则，鼓励和支持本村群众优先投资，优先参与经营，优先分配利益，从而走上了"家家投资、人人受益"的良性发展轨道。仅2019年全年接待游客5万多人次，总收入为360余万元。

吴忠市盐池县惠安堡镇惠安堡村

一、历史发展

惠安堡村隶属于吴忠市盐池县惠安堡镇，历史悠久，村内有惠安堡古城遗址。惠安堡古城平面呈长方形，东西长240米，南北宽210米，墙基宽10米，残高4~8米，顶宽1~3米，原外表有砖石，今仅存黄土夯筑墙体。古城南、北两墙辟门，北门置瓮城，东西长36米，南北宽18米。四隅有敌台，东西二墙有腰墩。城中有台式建筑遗迹，地面散存有大量明代砖瓦及残片，征集维修惠安堡城"济美记"碑刻等。

秦朝，惠安堡为西戎之地。公元前221年，秦始皇统一全国推行郡县制，宁夏平原设置了富平县、浑怀障。西汉，又在宁夏平原增设灵州、灵武廉县，

惠安堡古城一角

211

属北地郡所辖。秦汉，惠安堡先为富平县地，后为灵州县地。魏晋南北朝，惠安堡仍为灵州辖地。西魏与北周，灵州作为宁夏地区最高的行政机构，管理着包括惠安堡在内的广大地区。隋朝，改灵州为灵武郡，下辖回乐等六县，惠安堡为回乐县辖地。唐朝，惠安堡为温池县地。温池县为唐中宗神龙元年（705年）建置，因建于温泉旁而得名，这是惠安堡历史上有明确记载的最早政区名称。唐朝，唐太宗李世民到灵州与铁勒诸部首领会见后，温池县内先安置了党项族，又安置了燕山、烛龙二族。今惠安堡西北有数座古城废墟，北部沙丘中的一座废墟附近散见有唐代黑陶残片，很可能是温池县的城址。

五代十国，惠安堡仍为温池县地。北宋，党项族在宁夏平原建立了西夏政权。元朝，惠安堡的食盐曾销往南部地区。明代，边地实行所卫制，灵州建立守御千户所，惠安属其辖地。惠安堡建立后驻扎军队，实行屯垦，惠安堡得名始此。清朝，政区建置沿袭明制，雍正三年（1725年）废除卫所制。宁夏设府，下辖一州四县。其一为灵州，下辖三十六堡，惠安堡为其中之一。

二、自然生态

惠安堡镇隶属于宁夏回族自治区吴忠市盐池县，位于盐池县西南部，距盐池县城87公里，地处东经106°30′~107°47′，北纬37°04′~38°10′。南面与甘肃省环县甜水堡镇相界，西面与太阳山开发区相连，东面与大水坑镇为邻，北边与冯记沟乡接壤。2003年，盐池县行政区划调整，撤并惠安堡镇和萌城乡，成立新的惠安堡镇。惠安堡属盐池—同心—香山干旱草原半荒漠区的西南部，因全年大部分时间受西北环流支配，北方大陆气团控制时间较长，因此形成冬长夏短、春迟秋早、冬寒夏热、干旱少雨、风大沙多、蒸发强烈、日照充足的气候特点。年均降水量250毫米，但蒸发量却是降水量的6~7倍。年均气温7.7℃，年极端最高气温38.1℃，极端最低气温–29.6℃。年均风速2.8米/秒，冬春风沙天气较多。日照长，温差大，地方差异明显。

三、人文资源

（一）古城遗址

1. 惠安堡古城

温池县始置于神龙元年（705年），属灵州，这是迄今史料中所能见到的盐池县境内最早设置的县级行政机构，且燕山州、烛龙州都曾寄治温池县界。惠安堡西北四五公里处，银西公路西侧有一古城旧址，当地人称为"破城子"或"北破城子"。经中科院考古研究所专家考证，此城早于西夏。惠安堡盐湖西边的沙漠中有一几近被风沙掩埋的古城遗迹，当地人称为"西破城子"。北破城子、西破城子、老盐池这几座古城址，其中可能就有一座是古代温池县的城址。

2. 西破城城址

西破城城址位于惠安堡镇正西约3公里处。古城东侧为盐湖，呈长方形，东西长320米，南北宽约280米，基宽8米，顶宽1~2米，残高1.2~6米，南、北城墙中设腰墩。东城墙今已被流沙掩埋，地表散存有黑褐釉残瓷片和青花残瓷片。2002年为配合西气东输工程，区考古所对其进行了考古发掘，城址当为西夏时期的古城。

3. 北破城城址

北破城城址位于惠安堡镇北约3.5公里处，银平公路擦古城东墙而过，古城平面呈长方形，东西长300米，南北宽200米，西、南、北城墙保存较好，东城墙已被流沙掩埋。

4. 隰宁堡城址

隰宁堡城址位于惠安堡镇隰宁堡村南侧，平面呈"凸"字形，主体部分南北长432米，东西宽321米，突出部分南北长142米，东西宽130米。面南辟门，置瓮城。城墙黄土夯筑，基宽8米，残高2~7米，顶宽1~3米。四隅有敌台，西墙中置腰墩。城北侧有台式建筑遗迹，地面散布明代砖瓦及瓷器残片。护城河多为沙埋。

5. 萌城城址

萌城城址位于惠安堡镇萌城村村部南3公里，明弘治以前筑，曾设驿站、递运所、批验盐引站等机构。平面呈长方形，东西长438米，南北宽428米，墙基宽8米，残高2~8米，顶宽3~4米，黄土夯筑，夯层厚15厘米，东、北二墙辟门。四隅有敌台，城中有台式建筑遗迹，地面散布明代砖瓦及瓷器残片、黑釉瓷罐等。北墙被洪水冲去一角。

（二）惠安堡镇美食

1. 剁荞面

剁荞面为惠安堡地方风味之一，当地农村妇女都有剁荞面的技术。将荞面和好，擀开，放置好，然后双手执刀将面剁成匀称的细丝，边剁边下锅，速度很快。捞出之后，调以酸汤或肉臊子汤等。

2. 软米糕

将黄米磨成粉面，再蒸成糕。糕有多种吃法，一种是将糕压成小片，用油煎过后，蘸糖或蜂蜜吃；另一种是在糕内包糖，做成"糖角角"，用油煎吃。最有特色的是"麻腐角角"，将麻子（当地一种油料作物）磨碎，炮制成馅，包入糕内油煎。

3. 羊奶子米饭

每年农历四月下旬至八月中旬，羊羔断奶期间，人们便饮羊鲜奶。先将挤来的羊奶烧开，再兑入适量开水或米汤，并加盐，泡黄米干饭吃，香甜可口。羊奶还可以炼制成奶皮子，油香甜脆。

吴忠市盐池县高沙窝镇兴武营村

　　长城不仅是古代军事要塞，还是我国农牧交错带的重要地理标志，盐池县就处在长城沿线农牧交错带上，至今仍能看到许多孤独的烽火台与蜿蜒的断垣残壁。兴武营是盐池明长城附近一座城堡的名字，如今是当地村子的名字。穿梭在这个新村，一幅亦农亦牧的农村生活景象鲜活地呈现在世人眼前。

兴武营城址（邓娜／摄）

一、历史发展

兴武营特色产业示范村位于宁夏盐池县高沙窝镇，坐落在明代两道长城交会处的低洼地上，两道明长城从村内穿过。兴武营古城是古长城沿线的重要城障，已有570多年的历史，有"灵夏重地，平庆要藩"之称。由宁夏抵榆林界凡四百里，无高山叠涧可倚，则依花马池、兴武营控制。兴武营是一份宝贵的文化遗产，属铁柱泉古城。

兴武营古城位于盐池县城西北48公里处，今属高沙窝乡二步坑村，坐落在明代两道长城交会处的低洼地上。据《嘉靖宁夏新志》卷三记载："旧有城，不详其何代何名，惟遗废址一面，俗呼为半个城。"正统九年（1444年）都御史金濂始筑此城，就其旧基，设都指挥守备。据考察，古城略为矩形，东墙长610米，西墙长580米，南墙宽470米，北墙宽480米。墙体筑有腰墩，东墙5个，西墙4个，南墙4个，北墙5个。南瓮门外百米处有一口古井，俗谓龙踏井。相传有一骑士经此前去灵州，时遇日将落山，遂向一牧民询问，天黑前能否到灵州。牧民答曰灵州距此还有百余里，除非是神人神马，不可能到达。此时马渴不得饮，于是一声长嘶，用蹄挖地，顿出一口水井，清泉自溢。兴武营这个村名，其实就源于兴武营古城。在长城上，每隔一段距离都会有大小不同的堡子出现。营是以前守护边疆驻军的建制，每个营就是当时守备边疆的驻军营地。兴武营村的最大特色就是很多房舍建筑都是用长城砖盖成。

二、自然生态

兴武营村地势南高北低，北接毛乌素沙漠，南靠黄土高原，属典型的过渡地带。该地属于典型的大陆性季风气候，冬冷夏热，平均气温22.4℃，晴天多，降雨少，日照充足，温差大，秋冬过渡之际，昼夜温差可达20℃。

三、人文资源

明代大臣杨一清积极主张在宁夏修筑边墙。他说，国初放弃阴山防线，筑东胜城（今内蒙古托克托），已失去一面险要之地；其后又丢掉东胜退守榆林，遂使河套肥沃之地成为鞑靼的巢穴，宁夏形势一变而为三面临敌。他认为收复东胜，以河为固，东接大同，西连宁夏，使河套千里之地归我耕牧，这是上策。如若不能，就要增筑边墙，增强防御能力。正德二年（1507年），明武宗同意杨一清的建议，批拨国库银10万两，由杨一清负责修筑定边营至横城的300里边墙。杨一清为筑长城四处奔走，积劳成疾。但把持朝纲的太监刘瑾，对不愿依附自己的杨一清十分恼怒，竟罗织莫须有的罪名，将杨一清抓捕入狱。这道300里的边墙仅完成40里，便被迫停止，他的边防计划未能得到实施。杨一清所作《兴武暂憩》一诗，至今流传。《万历朔方新志》（《弘治宁夏新志》《嘉靖宁夏新志》《乾隆宁夏府志》《光绪花马池志迹》《民国朔方道志》均收录此诗）。

兴武暂憩

簇簇青山隐戍楼，暂时登眺使人愁。

西风画角孤城晚，落日晴沙万里秋。

甲士解鞍休战马，农儿持券买耕牛。

翻思未筑边墙日，曾得清平似此不？

现在的兴武营村地处宁夏旅游的"东大门"，在宁夏"十三五"全域旅游规划中被列为边塞文化旅游板块，是宁夏东部环线旅游风景廊道的重要一处，更是2016年宁夏首批十大特色产业示范村之一、2019年全国乡村旅游重点村之一，具有极高的旅游区位禀赋，庞大的客流潜力，可以借力宁夏全域旅游大通道，大力发展乡村休闲农业旅游。2015年以来，盐池县委、政府按照"一心、一带、三区"，即文化旅游服务中心、古城沿线发展带和古城区、民俗区、驿站区的空间布局，以既能体现边塞风情，又能培育乡村新业态的发展理念，对村内富集的种植业、滩羊产业、旅游业等资源进行整合，以美丽田园为韵，以村落民居为核，以创新创意为径，新建游客接待中心600平方米，内设特色产品展示区、游客服务区、民俗文化展示区等。按照"一户一品"要求，改造精品农户15家，完善乡村旅游景点配套设施，提升乡村旅游服务功能，着力将兴武营村打造成为满足现代游客需求，吃、住、行、游、购、娱一应俱全的长城边塞第一古镇。

四、乡村旅游发展情况

兴武营村位于宁夏东部偏北，像是长在宁夏右肩胛上的一个痣，肩上扛起内蒙古鄂托克前旗辽阔的荒漠。一条明长城从银川附近出发，向东南方向延伸，同时勾勒出内蒙古与宁夏两个自治区的界线。到了兴武营，长城突然裂变成两道，以近乎平行的方式继续向东南方向伸展。这样，兴武营就成了两个自治区、三道长城交会的地方。三道长城构成一个巨大的"人"字形。城墙早已出现不少豁口，村民和羊群自如往来。站在城墙上瞭望，整个村落懒洋洋地摊开在白雪皑皑的原野上，土坯房、羊圈、场院、菜园、炊烟，人类的气息温暖了荒原。如今，这里已经成为自治区旅游产业示范村。

兴武营村是盐州古城国家4A级旅游景区的重要一部分，也是盐池县创建全域旅游的核心景区。近年来，旅游区依靠丰富的长城文化资源和夜游项目吸引了大批游客，而依靠旅游业的带动，景区附近的村子也越来越富，其中就包括曹泥洼村、兴武营村、上滩村等。兴武营村作为有着悠久历史的传统村落，村里大部分人将曾经的蔬菜种植改为水果种植，不仅受到游客欢迎，而且大大降低了销售风险，提高了整体收入。据村民介绍一个大棚的桃子全部用作采摘，可以收入6万多元。

目前，兴武营村24户常住户中已有16户在经营农家乐和民宿。原来土生土长的兴武营村村民，曾经多以种地、养殖为生。直到2018年，随着盐州古城的游客越来越多，打听村里是否有吃饭住宿的游客也越来越多，村民便开始尝试经营餐饮和住宿。以兴武营村民孙玉贵为例，他在2018年便琢磨着自己开一家农家乐。孙玉贵说："因为需求比较大，我就开了这家玉贵农家乐，2019年收入4万多元，今年（指2020年）虽然受疫情影响，但我还是很有信心的。"曾经养羊、种地的收入只够果腹，后来外出打工多年，孙玉贵一家生活水平也未见好转，但随着孙玉贵的玉贵农家乐开张，凭借该店离盐池长城旅游带兴武营游客中心较近的地理位置，他家的收入与日俱增。他不仅将自家房子改建成农家乐，还养了300多只滩鸡。由于是散养，鸡的品质特别好，一只滩鸡能卖到150元，一枚鸡蛋可以卖到1.5元，即便价格不便宜，还是供不应求，许多游客成了孙玉贵家滩鸡和土鸡蛋的回头客。乡村振兴和文旅协同的大力发展，使兴武营村村民实现了脱贫增收，过上了更富裕的日子。

固原市西吉县兴隆镇单家集村

一、历史发展

单家集位于宁夏固原市西吉县兴隆镇，地处甘肃、宁夏两省区四县交界地带，村里回族人口占98%以上，主要以单姓为主。单家集是红色旅游基地，1935年8月至1936年10月，红军三过单家集，毛泽东、张闻天等中央领导人在单家集陕义堂清真寺住宿。1936年9月16日，中国共产党在单家集成立了中共静宁县委员会、静宁县苏维埃政府，还在这一带建立了10个区级苏维埃政府和农民组织，35个乡级苏维埃政府。单家集是中国革命史上一颗璀璨的明珠，陕义堂清真寺先后被列为西吉县文物保护单位、宁夏回族自治区重点文物保护单位和爱国主义教育基地。

陕义堂清真寺（邓娜／摄）

二、自然生态

单家集隶属于宁夏南部的西吉县辖区，位于六盘山西麓，地处黄土高原干旱丘陵区，地势南低北高，海拔1688~2633米。西吉县东西长67公里，南北

220

宽74公里，东距固原市63公里，北距银川市391公里，属于温带大陆性气候，气候温和，四季分明。年平均气温12.7℃，最高气温42℃，最低气温-21.8℃。年均降水量570.2毫米，年最大降水量1088.1毫米，年最小降水量220.3毫米，无霜期可达198天。由于当地气候温凉，降水较少，适宜马铃薯生长。马铃薯种植一度成为这里的支柱产业，淀粉、粉丝、粉条、粉面等延伸产业成为当地一大特色。

三、人文资源

单家集村位于西吉县城东南40多公里处，主街道车水马龙，商铺林立。在主街一侧，单南清真寺古朴大气，寺前的五星红旗高高飘扬。红军先后三次路过并驻扎于此，以单南清真寺为中心，开展了一系列革命活动。红军尊重少数民族、爱护少数民族的政策举措深得民心，留下了"军民鱼水情，回汉一家亲"的佳话。

1. 单家集夜话、红军三过单家集

1935年8月15日，为策应主力红军北上行动，在军长程子华、政委吴焕先和副军长徐海东等的率领下，红二十五军3000多人进入如今的西吉县境内。红二十五军是进入六盘山少数民族地区的第一支红军队伍，因此红军对全军指战员进行了党的民族政策教育，制定了"三大禁令、四大注意"，注重尊重回族群众的各项风俗习惯。红二十五军这次在单家集虽然只停留了3天，但以实际行动赢得了回族群众的拥护。1935年10月5日，毛泽东等率领的红一方面军（中央红军）一、三军团和中央领导机关分左右两路进入今固原市西吉县境。傍晚时分红军部队来到单家集，受到了回族群众的热烈欢迎和盛情款待。毛泽东一进村就去单南清真寺拜访了马德海，马德海向毛泽东致以最诚挚的欢迎和敬意。毛泽东向回族群众介绍了共产党和红军尊重回族群众风俗习惯、保护清真寺、主张民族平等的政策，并与马德海促膝夜谈，留下了"单家集夜话"的故事。

当晚，毛泽东住在了清真寺北侧一位回族农民的家里。第二天一早，红军离开单家集继续向东进发。中央红军路过单家集进一步升华了军民关系，为一年后一、二方面军在将台堡会师奠定了基础。

1936年9月，为迎接红二、四方面军北上，保证三大主力会师的左翼安全，西方野战军以红一师陈赓、杨勇部和红一军团直属骑兵团组成特别支队，由军团政委聂荣臻率领直插静宁、隆德地区。特别支队9月9日出发，经过数次战斗后于14日占领西吉县将台堡，先头部队到达兴隆镇、单家集一带，在单家集驻扎了40多天。这次，红军协助当地群众在单家集建立了中国共产党静宁县委员

毛主席住宿旧址（邓娜／摄）

会，选举产生了静宁县苏维埃政府，建立了农民协会，成立了西吉县境内的第一个红色政权——单家集回民自治政府。单南清真寺和单北清真寺成为回族群众革命活动的中心，他们积极为红军筹粮备款。1936年10月22日，红一、二方面军在将台堡胜利会师，参加会师的部队有1.15万余人，红一方面军把数万斤粮食、5万块银元及大量牛羊等物资赠送给红二方面军，为会师部队提供了有力保障。

红军三过单家集的故事代代相传，在当地产生了深远影响。据村民回忆，大家小时候过六一儿童节，都要到红军长征遗址缅怀先烈。2006年，红军长征胜利70周年之际，单家集全体村民自发筹资，在清真寺前的广场上竖立了纪念碑。如今，单家集是西北最大的村级活畜交易市场，草畜产业推动单家

集村发展成了富裕村。

2. 红军粉

1935年，红二十五军进入宁夏西吉县。由于当年红军中有擅长制作粉条的南方人，他们手把手教西吉县村民制作粉条。经过将马铃薯搅碎，用石磨磨面、沉淀、过勺、水煮、晾晒等近12道工序，透亮筋道的粉条就被制作了出来。粉条的出现，既解决了当地马铃薯不易保存的问题，又为这里的老百姓打开了财路。为感激红军，人们称这种粉条为"红军粉"。

固原市隆德县城关镇红崖村

固原市隆德县城关镇红崖村，如今这里已成为接待游客的农家乐园。巷头老树、古井枯墙、老宅磨坊、蜂巢土炕，还有那窝棚下的老黄牛和屋门口趴着的大黄狗，一切的一切都为这里染上美丽乡韵。这里是很多人儿时的记忆，如今它被永久地保留原貌，蕴含着丰富的乡村文化传承下来，甚至成为来往游客了解探索的宝地，更是宁夏一个重要的乡村休闲旅游胜地。

一、历史发展

红崖村形成于宋代以前，该村位于黄土丘陵沟壑地带，距离隆德县城东南0.5公里，东靠龟山，南临清凉寺，西对南河村，北抵隆德县城。村内地势平坦，总体呈南北走向，清凉河西流而下。自宋建德顺军以来，德顺驻军就在此屯田戍边。据史志记载，发生在隆德境内的宋金争夺德顺军之战、成吉思汗拔德顺、李自成攻占隆德城等战役都与该村有关。红崖村背山面水，山环水绕，民居建筑或依山或傍水，村内山泉潺潺，林中鸟雀啾啾，人与自然和谐相处，环境甚是幽美。红崖村目前户籍人口1325人（356户），常住人口1157人，主要为汉族，以杨姓、张姓居多，少量马姓、李姓，以种植业、旅游业、劳务输出为主业。

二、自然生态

隆德县位于六盘山西麓、宁南边陲，隶属宁夏回族自治区固原市。地处北纬35°21′~35°47′、东经105°48′~106°15′之间，东望关陕，西眺河洮，

红崖村（展帆／摄）

南走秦州，北通宁朔，襟带秦凉，拥卫西辅，有"关陇锁钥"之称。南北长47公里，东西宽41公里，全县面积985平方公里，总人口18.21万人（2013年），县政府驻城关镇，红崖村隶属城关城。

三、人文资源

隆德县非常注重对古村落的保护，从2010年8月开始，依托红崖村厚重的历史文化、独特的建筑风格，以"千古隆德县，百年老巷子"为主题，打造红色旅游景区，保护历史文化名村——红崖老巷子。如今的老巷子早已从山沟沟里走了出来，向世人展现着它的容貌。红崖村已经发展了农家餐饮（真正的绿色田园美食）、家庭客栈、茶馆、酒吧等经营活动，是一个集绿色生态、养生度假、观光娱乐、休闲健身为一体的旅游度假村。

1. 隆德书院

为了传承隆德县文化文脉，彰显教育文化县的业绩及农第书乡的优秀文化特色，2015年隆德县人民政府发动广大群众于县城东南龟山之巅拓址、施工，建成占地约1万平方米的隆德书院。书院内开设有隆德书院陈列室、社会主义文明教育基地、书画交流展馆、新（旧）书画展览馆、书画长廊多处文化培训场所，供人们学习、交流参观，以丰富广大群众的文化娱乐活动。

2. 老巷子

从2009年开始，县委、政府先后投资9000余万元，按照"千年古县城，百年老巷子"的定位，充分挖掘红崖村独特的文化内涵，坚持"尊重历史、适度开发、修旧如旧、宜商宜居"的原则，分期开发建设"一巷两带六区"。一巷即一条200米长的老巷子，两带即乡村商业旅游带和亲水景观带，六区即综合服务区、乡村商业区、文化生活餐饮区、家庭宾馆住宿区、太岁宫祈福区、农事体验休闲区。以陕西省礼泉县袁家村古村落经营模式为依据，以老巷子当地农户为主，招商引资为辅，将隆德农耕文化、特色小吃、民间艺术精华荟萃，形成规模化经营，致力打造一个独具西北特色的乡村文化旅游景点。

3. 西北五省非遗博览会暨民俗过大年活动

为弘扬社会主义核心价值观，传承和发扬中华优秀传统文化，全力推进民俗文化传承和发展工作，打造区域性民俗民间文化艺术平台，在宁夏回族自治区文化和旅游厅、宁夏回族自治区博览局、固原市人民政府、隆德县人民政府等单位的大力支持下，隆德县举办了"西北五省人文一脉·西北五省区非遗文化旅游博览会"，发挥隆德民间文化的优势，进一步整合西北五省区非遗文化资源，加强民俗文化领域的交流与合作，为西北五省区乃至我国优秀传统文化的传承与发展创造更多的契机和更好的发展方向。

四、乡村旅游发展情况

红崖老巷子即六盘人家红崖民俗文化村，位于城关镇红崖社区，紧临青兰高速隆德出口，距县城1公里，总占地面积20万平方米。近年来，隆德县深入挖掘红崖村的人文历史、民俗特色、建筑风格等元素，整合资源，着力推进旅游发展。一是以"千年隆德县·百年老巷子"为主题，在保留古村落原始特征和原住民生活、生产场景的基础上，深度挖掘"坊文化"，改建成老巷子一条街。街上建有客栈、茶馆、酒吧、老戏台、老磨坊、老水井等景点设施，发展书法、绘画、剪纸、刺绣等经营，着力打造非遗小镇。二是以打造"红色旅游景区，保护历史文化名村"为理念，建设红崖泉、古钟石阶、红军墙、红二十五军先遣团党委会议遗址、红军小广场以及民俗文化墙、景观雕塑、园林小品等景观20余处，可全面体验红色革命文化。三是以"食"文化为内涵，建成小吃广场，发展老巷子福煦菜、老巷子农家大灶台、禾园等农家乐27家。红崖老巷子是体验乡土风情、了解民俗文化、感受农耕生产、记住乡音乡愁的绝佳去处，被游客誉为"六盘山第一村"。

红崖村拥有良好的自然资源，依托丰富的红色文化、精彩纷呈的民俗文化，大力发展乡村旅游。截至2020年，改造农户31户，发展书法、绘画、剪纸、刺绣等民俗文化经营户9家，建成美术馆1座、书院1座、花灯艺术馆1座、秦腔剧团1家，有风味美食5家、特色小吃27家。

固原市隆德县奠安乡梁堡村

一、历史发展

隆德是宁夏最西南的一个县，奠安是隆德最西南的一个乡，梁堡是奠安乡最西南的一个行政村。梁堡村南和甘肃的庄浪县接壤，从隆德到庄浪的跨省公路穿越梁堡村，《隆德县志》中记载这里是历史上的"货栈通衢，故称邸店"。由于这里交通条件便利，在晚清至民国时期，匪患遍起，公路两边的农户利用地形筑起堡墙，隐于其中，这就是这一带多古堡的缘由。梁堡村位于隆德县城以南40公里处，距奠安乡4.5公里，面积6.24平方公里，下辖3个组，村委会驻地为二组。

梁安村古堡的修建历史，堡子里没人知晓，相关文献资料极少，从古堡的居住形式分析，应为《隆德县志》中记载，清朝末年，为了"抵御兵匪骚乱，乡民聚资加筑山堡，全县筑大堡21座"里记载的其中一处。宁夏隆德县奠安乡梁堡村位于隆德县南部，古为戎狄部落游牧地。秦属北地郡，隋属平凉郡，唐属原州监牧地，明初属陕西布政使司平凉府静宁州，嘉庆三十八年（1559年）属平凉府，清属平凉府。民国时期，1913年属甘肃省泾源道，1935年属甘肃省第二行政督察区。1949年宁夏解放后，为隆德县农山区驻山河镇梁堡乡，1952年7月划分到巩隆区，1956年5月将静宁县的景林划到梁堡乡，1958年公社化时，奠安、梁堡两乡合并成立了奠安人民公社。

二、自然生态

梁堡村一组位于甘渭河二级台地上，避风向阳，靠近水源。自元代以来，这里是西通陇右的孔道，丝绸之路要冲，是当地的贸易集散地，商贾云集。古堡长170米、宽70米，是宋代防御性建筑。古堡依山就势，站在山上看，它在平川；站在河谷看，它在半山腰；站在堡内看，它是周边山川的中心。1920年海原大地震震塌了堡墙，由村民对堡子重新进行修补。梁堡的古建筑还散发着生命的活力，今人还在使用这些明清建筑。堡内居住着17户人家，多为传统的三合院、四合院，土墙石门、青瓦木窗、雕梁画栋勾画出一

村内民居

个古老沧桑的传统村落。该古堡历经千年，仍保存完好，在当地乃至周边地区非常罕见，对研究当地建筑形式和文化提供了十分重要的实物依据和较高的文物史料价值。2012年年底，全村共170户800人，耕地面积1560亩，其中水浇地580亩。村庄建成区占地面积170亩，人均纯收入2800元。村庄产业以农业为主，辅以中药材、苗木，以及苹果树、桃树、杏树等栽植。

三、人文资源

1. 历史事件

著名电影导演刘苗苗拍摄电影《杂嘴子》时就选择了这个古堡为拍摄地，剧组当年在堡门上方写下的"吉祥"两个大字还清晰可见。

2. 家谱家训

梁堡村董、刘、柴、梁、柳几个姓氏，在20世纪60年代以前都撰有家谱，而且为抄本，"文革"期间，刘、柴、梁、柳姓氏家谱都被烧毁，只有董氏家谱保存了下来。20世纪80年代以后，梁氏、柳氏重新撰了家谱。这些家谱作为梁堡村宗族文化的重要载体，蕴藏着大量有关人口学、社会学、民族学、经济学的知识，以及人物传记、宗族制度等地方史的珍贵材料。

3. 传统建筑

隆德县在距县城40多公里外的奠安乡梁堡村发现一座保存完整的古堡。根据考古推断以及现有文物证明，古堡建造于明朝，距今400多年。古堡中一处保存完整的明代古宅——世德堂，相传在清朝时期，康熙皇帝微服私访到过此地，并赐予世德堂牌匾。村四周被山岭包围，村庄较为隐蔽，村庄与外面仅通过一条3米宽且九曲十折的柏油路相联系，确是"不到村口不见村"。因其位置偏僻，受历史的战乱等影响较小，近年来也没有发展工业和村庄建设，使传统村落得以完整保存至今。现存的堡门堡墙和原有的空间轮廓就

梁堡村村口（冯晶晶／摄）

是很好的见证。这在北方传统村落中是较为罕见的。梁堡村到处有石碾、石磨、土城墙、土城门、石板路，更多的还有土坯民居，包括土坯山墙、茅草屋顶、石雕等。民居依山就势，高低错落，拾级而上，无论是建筑材料、建筑风格、房屋式样都代表了宁夏南部山区特有的地方民居建筑群落风貌。

固原市彭阳县城阳乡长城村

一、历史发展

长城村位于宁夏回族自治区固原市彭阳县城东北部，始建于元代以前，因秦长城经过此地而得名。村域面积1.95平方公里，户籍人口368人，常住人口300人，地貌属于丘陵沟壑区和残塬沟壑区过渡地带，村内海拔1294~1992米，年均气温7.4~8.5℃，年平均降雨量486.8毫米，属温带半干旱气候。该村位于城阳乡政府以北5公里处，交通便利，旅游资源丰富，辖区内有战国秦长城遗址、白马庙、饮马潭等景点和毛泽东长征宿营地旧址。辖9个村民小组，总面积30.2平方千米，耕地面积20896亩。有农业户籍人口1002户3525人，其

红军长征时毛泽东住址（展帆／摄）

中常住人口680户2598人。2019年有建档立卡贫困人口176户767人，未脱贫人口3户6人，贫困发生率0.16%。2019年农民人均可支配收入11298元。2019年长城村乔区组被住房和城乡建设部评为"第五批中国传统村落"。

二、自然生态

长城村隶属于彭阳县辖区，位于六盘山东麓，介于东经106°32'~106°58'、北纬35°41'~36°17'之间。西连宁夏固原市原州区，东、南、北环临甘肃省庆阳市镇原县、平凉市崆峒区、庆阳市环县等市、县。村域面积2528.65平方公里，辖3镇9乡，156个行政村，总人口26.26万人（2013年）。政府驻地白阳镇，属典型的温带半干旱大陆性季风气候，盛产小麦、玉米、胡麻、荞麦、豆类等农作物，素有"粮仓油盆"之称。彭阳县先后获中国造林绿化先进县、水土保持先进县、退耕还林先进县、绿化模范县、平安建设先进县、国家园林县城、中国文明县城、农村学生营养改善先进县、群众体育先进县、国家科技进步县等荣誉。

三、人文资源

1. 集体记忆

彭阳县城阳乡长城村之所以叫长城村，和长城有着密切关系。这里的长城是战国时期秦昭襄王"筑长城以拒胡"的产物。该长城由甘肃静宁县入宁夏，经西吉县、原州区进入彭阳，东西向贯通长城村后蜿蜒东去。长城塬上的长城都是就地取材，用黄土分层夯筑而成，取土多在城墙外侧，形成外高内低、外陡内缓的特点，达到易守难攻的目的。地势平坦的塬上，每隔200米左右有一座俗称长城墩的方形敌台。散布于敌台及长城附近的砖瓦，证明敌台上原有建筑以供士兵据守。长城沿线的交通要塞和视野开阔的地方，筑有城障和烽火台。城障多设在长城内侧，烽火台多在长城外侧。虽然因自然侵蚀和人为破坏，这段长城除敌台尚存外，平坦地段的大部分城墙已辟为道路或耕地，但遗迹明显，走向清晰，甚至个别陡险地段，敌台耸立，墙体隆起，攀爬腾跃，

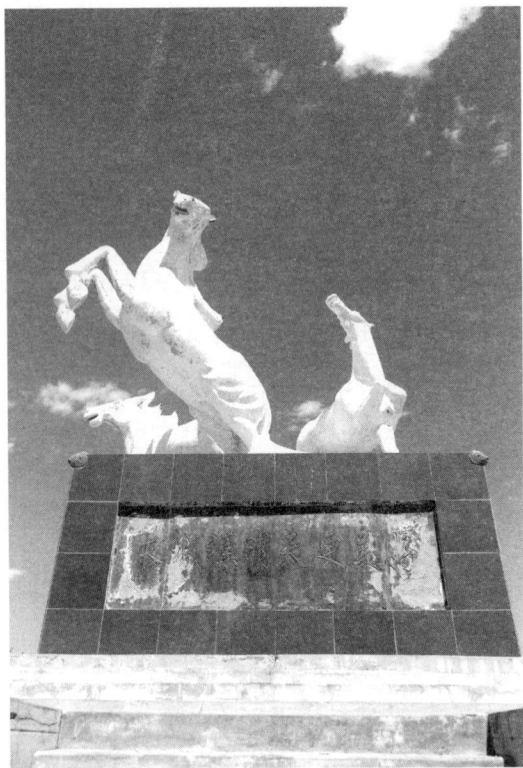

彭阳县长城村白马庙

苍茫遒劲。

据当地人介绍，在长城村和周边地区影响较大的，除战国秦长城外，还有白马庙的传说和乔渠毛泽东长征宿营地。相传秦始皇为了防备北方游牧民族的侵扰，下令各郡县征集民夫修筑长城。饥馑年代，民不聊生，鞭笞之下负重劳动，饿累而死者相继。秦始皇太子扶苏负责修筑这段长城，实在不忍民夫暴毙，便下令准于民夫歇息。谁知民夫躺倒之后，上工时也叫不醒。碰巧秦始皇前来视察，见民夫都在睡大觉，非常恼怒，便斩了太子，以儆效尤。秦始皇杀了太子后一直向北视察，走到半路见一只白山羊领着羊群行进。白山羊上了土坎，回头深情地呼唤着一时上不来的小羊羔。此情此景让秦始皇看到畜生都有爱子之心，就封太子为白马天神，让百姓世世代代祭奠。后来百姓知道太子是为了他们才遭杀身之祸，就把他埋在长城塬上，又建起庙宇，命名为"白马庙"。

2. 红色故事

乔家渠红军长征毛泽东宿营地位于宁夏回族自治区固原市彭阳县城阳乡长城村乔渠组乔生魁旧宅，西距彭阳县城15公里。旧址坐西南面东北，占地面积3300平方米，院内南侧现存7孔窑洞，每孔窑洞形制大小基本相同，面积均在20平方米左右。毛泽东在长征时期曾在中间窑洞居住过一晚。毛泽东炕上所用的案板，现存于国家博物馆。旧址现保存有解放前的缸、盆、门、桌凳等生活用具。

1935年10月7日，毛泽东率领中央红军取得青石嘴战斗胜利后，当晚宿营彭阳县古城镇小岔沟村。8日凌晨3时，红军沿茹河川继续前进，中午到达白杨城（今彭阳县城），向北翻越三道深沟，跳出了敌人堵截圈，沿战国秦长城继续前进，傍晚到达长城塬赵家山畔、乔家渠一带。其间，毛泽东曾登上战国秦长城，举头远眺天高云淡、大雁南飞，往东北就是环县、陕北，再无大规模敌人，不日即将到达陕北。回顾近一年不平凡的长征路，他不禁心潮澎湃，感慨万千，随后创作《长征谣》一诗。宿营期间，当地贫苦百姓将家中土豆卖给红军，因为旱塬缺水，红军战士用涝坝里的泥水煮土豆吃。毛泽东向红军战士讲道："我们每吃一顿饭，都应该想到人民群众……我们务必迅速到达陕北，把抗日根据地巩固起来，打击日本帝国主义，解放全中国的老百姓，让人民都过上幸福生活。"

1976年8月，陈昌奉重走长征路途经乔家渠证实了乔生魁旧宅就是当年毛泽东长征宿营地。2010年3月，彭阳县人民政府公布此处为县级文物保护单位，2018年8月，宁夏回族自治区公布此处为自治区级文物保护单位。近年来，彭阳县委、政府对旧宅进行了清理、修缮，使其成为宁夏南部人民群众了解革命历史的重要场所和红色景点，年平均接待区内外游客15万人次，在传承长征精神、开展爱国主义教育等方面，发挥了积极作用。

三、乡村旅游发展情况

近年来，长城村在乡党委、政府的正确领导下，村两委班子坚持以脱贫攻坚为统揽，抓党建促脱贫，抓产业增收入，抓民风激动力，抓治理促和谐，抓环保美家园，基层党建、脱贫富民、民风建设、乡村治理、生态环保相融互促、统筹推进。一是抓党建促脱贫。强化村党组织在脱贫攻坚中的堡垒作用，采取"党支部＋合作社＋基地＋贫困户""党支部＋两个带头人＋贫困户"等模式，把党组织建在产业链上，支部引领，党员示范，群众紧跟，心往一处想，劲往一处使，振奋精神，真抓实干，决战决胜脱贫攻坚。二是抓产业增收入。建成林草产业试验示范园，累计种植太子参400亩、优质苹果育苗400亩、新品种饲草800亩、优质中药材800亩，建成红梅杏采摘园6个，带动全村种植红梅杏2336亩，依托长城原菌草园区建成扶贫车间，带动转移农村富余劳动力270多名，实现劳务创收300多万元。2020年流转土地2400亩，打造矮砧密植苹果示范园区。三是抓民风激动力。结合村民自治组织建设，健全"一约四会"，完善村规民约，深化"好人好事"奖扶机制，大力倡导好人好报、德者多得、多劳多得的价值导向。注重扶贫同扶志、扶智相结合，完成《长城村志》出版工作，参加第三届全国名村论坛暨第三批中国名村志出版座谈会。2019年以来，结合新时代农民讲习所，开展扶志教育18场800余人次，表彰奖励好人好事、卫生光荣、文明家庭等12人次，彰显"好人文化"，引导贫困户摒弃"等靠要"思想，自力更生、发展产业、勤劳致富。四是抓治理促和谐。扎实推行自治、法治、德治相结合的社会治理模式，组织开展"三老五讲"活动（老党员、老干部、老乡贤讲党史、讲政策、讲道德、讲法律、讲科技），教育村级党员干部群众爱国爱党、崇德尚善、了解政策、遵纪守法、科技致富。推行"一村一警一队"警民联防联治机制，扎实开展信访矛盾清仓起底化解攻坚行动和扫黑除恶专项斗争。建成"爱心超市"，实行乡村文明实践积分卡制度，激励群众自觉参与村级活动。五是抓环保美家园。结合"五土"共改，坚持拆除与保留相结合、拆除与整治相结合、拆除与保持相结合，累计拆除无法使用的危旧土房5753平方米、土窑748孔、土棚3375平方米、土墙6824米、大门31座，新建养殖暖棚52栋、院墙1886米，实施进户路硬化53户，"水改厕"85户。结合传统村落保护，侧重保留具有传统乡土气息的土墙、土窑、土大门，留住看得见的乡愁记忆。

在长城村内紧邻毛泽东长征宿营地，是饱含地方韵味的瓮金鼎农民文化大院和景秀山庄农家乐。文化大院书画作品展室里中堂梅花、扇面组合、行书对联、隶书四屏应有尽有；工艺品展室中精美根雕虎啸龙吟，大小奇石染山晕水，多副茶台根攀枝接，民间刺绣、剪纸、编织、麦秆画憨苗古朴。农家乐中充满当地风味的各色美食和宽阔场所、优质服务尽遂人意。长城村一年四季羊肉、搅团、黄酒、路食、蒸糕、槐花蜜、红梅杏、鲜蘑菇全是美味。

春来桃杏甩粉袖，夏日寿菊流金海，深秋原野铺彩霞，冬天树挂舞银戟，镜头所至快门狂闪，访者临境如痴如醉。随处的秦腔自乐班你争我抢唱今说古，不时的广场舞一曲刚谢一曲又起展尽风采。更为重要的是，这里深厚的"东乡文化"令人赞叹，敬奉祖先、孝敬老人、尊敬公婆、崇尚师道、重视教育、遵守法律、爱党爱国等淳朴民风让人仰慕，还有完善的生活设施、骄人的扶贫业绩都有着鲜明的时代特征。随着国家中国传统村落保护措施的实施和乡村振兴战略的落地，六盘山下的长城村一定会和伟人毛泽东的《清平乐·六盘山》一样，以"不到长城非好汉"的气概名扬四海。

中卫市沙坡头区迎水桥镇南长滩村

黄河自中卫市南长滩入宁夏，过中卫、吴忠、银川，由石嘴山市麻黄沟出宁夏，流经397公里，流经宁夏五市中的四市。虽然流经宁夏境内长度仅占其总长的十三分之一，但黄河母亲却将最大的恩宠赋予宁夏，造就了自古便闻名遐迩的"塞上江南"。唐代诗人韦蟾千年之前已咏出"贺兰山下果园成，塞北江南旧有名"的佳句。

一、历史发展

南长滩村位于中卫市沙坡头区迎水桥镇西南部，四面环山靠河，距离沙坡头区91公里，中卫市区97公里，村域面积195.4平方公里，因黄河黑山峡冲刷淤积形成狭长河滩地而得名。南长滩村的人们，复姓拓跋，他们自称是西夏人的后裔，代代相传。20世纪80年代，西夏学泰斗李范文先生考察认定这个村庄的人是西夏人的后裔无疑。这是党项族作为一个民族实体消失以后，迄今发现这个古代少数民族最鲜活的载体。黄河流不尽沧桑，这个村庄的名字即将走进正在编写的《西夏通史》里面。历史翻到新的一页，南长滩村经智慧勤劳的农牧民的精心经营和黄河水的润泽，从荒凉的不毛之地逐渐演变成一个居住有近200户人家1000余人口的较大村落。据了解，当地梨树种植面积已达400多亩，是南长滩村的一大特色产业，该村也成为城市居民户外探幽的一个重要去处。

二、自然生态

南长滩为黄河黑山峡冲刷淤积形成的狭长河滩地，远离闹市，没有工业，植被覆盖率达70%以上，空气清新，环境优美。目前主要以拓跋寨、梨花节文化长廊来展示南长滩党项建筑和文化底蕴。在生态环境和传统文化保护方

面，南长滩村实行河长制度、传统古村落保护制度，保护生态环境和传统文化，禁止大肆捕捞鱼类，乱开采开挖山体，乱倾倒生活垃圾等。危

南长滩村（李鹏／摄）

房改造项目中，严格落实传统古村落保护制度，尽最大力度保存古建筑、古房屋。

南长滩村隶属于中卫市沙坡头区管辖，南与同心县、海原县及甘肃省靖远县交会，西接甘肃省景泰县，北邻内蒙古自治区阿拉善左旗。地形由西向东、由南向北倾斜。境内海拔高度在1100~2955米之间。沙坡头区的地貌类型分为沙漠、黄河冲积平原、台地、山地和盆地五个较大的地貌单元。其中，西北部腾格里沙漠边缘卫宁北山面积12万公顷，占全市土地总面积的8.1%；中部卫宁黄河冲积平原10万公顷，占全市土地总面积的6.8%；位于山区与黄河南岸之间的台地6万公顷，占全市土地总面积的4.1%；南部陇中山地与黄土丘陵面积119.55万公顷，占中卫市土地面积的81%。境内有黄河及其支流长流水、清水河3条主要河流。黄河沿市域西北侧自西南向东北流过，境内流程约182千米，距市区约2千米，年平均流量1039.8立方米／秒，平均过境水量328.14亿立方米，清水河北流注入黄河。沙坡头区深居内陆，靠近沙漠，具有典型的

大陆性季风气候和沙漠气候的特点。春暖迟、秋凉早、夏热短、冬寒长，风大沙多，干旱少雨。年均气温在7.3~9.5℃之间，年无霜期159~169天，年降水量179.6~367.4毫米，年蒸发量1829.6~1947.1毫米，全年日照时数2800小时。沙坡头区年平均气温8.8℃，年均降水量179.6毫米，年均蒸发量1829.6毫米，为降水量的10.2倍。降水主要集中在6—8月，占全年降水量的60%。全年无霜期平均167天，全年日照时数2870小时。

三、人文资源

南长滩村因远离闹市、进出不便而长期与世隔绝，被称为宁夏的"世外桃源"，拥有古长城、岩画、古梨树等丰富的文化遗产。2007年，南长滩村在梨园内举办中卫市首届梨花节，从此这个神秘的村落不断出现在世人眼前。神秘的党项文化、美丽的梨花节、拓跋寨、古长城、岩画、梨园以及"四梁八柱"的特色建筑，吸引着众多文人、记者、摄影爱好者和游客。截至2020年，南长滩村有农家乐14家、梨园宿舍7间、观光厅3处。乡土美食有腌缸猪肉、山羊肉、土鸡肉和蒲公英菜等。2019年在2000多亩梨园内栽种4000余棵新梨树，梨花观赏的范围将更大、更壮观。南长滩村盛产个大质好的红枣、核桃和清热解毒的香水梨等土产品。春天，上千棵百年老梨树花枝招展，吸引了不少游客来此赏花，南长滩梨花节已成为宁夏最具吸引力的旅游品牌之一。秋天，枣子红

古梨树（展帆／摄）

了，香水梨软了，果园采摘鲜果又成为时尚的旅游项目。南长滩打造特色旅游业，为传统农牧业为主的单一经济体系增加新的发展方式。引进沙坡头区旅游产业集团公司投资建设拓跋寨，开展梨花节活动，2018年吸引游客8000多人，村民人均收入达8000元，顺便也将滞销的梨干、大枣等农副产品销售出去，将南长滩的党项文化、梨花节、农家乐和土特产的美誉推广出去。

四、乡村旅游发展情况

南长滩村走整村推进扶贫开发和参与式扶贫开发相结合的路子，大力推进旅游扶贫项目的实施和开发，挖掘更深层次的党项文化和文物。南长滩村计划开发后山，修建一座博物馆，存放南长滩出土的文物，展示党项文化；并利用南长滩黄河水势平缓的特点，建设水上娱乐设施，如水上观光道、飞索等。

南长滩村的旅游综合开发运营模式，总体以党项文化、梨花节、农特产、黄河地势水资源开发为基础，以建设美丽乡村、休闲游玩的旅游文化胜地为目标。南长滩村旅游业的发展，极大宣传了南长滩的党项文化，推销了南长滩特产，吸引了大量文人、记者、游客和摄影爱好者，提高了南长滩村的知名度，助力南长滩发展，尽快脱贫摘帽。截至2018年年底，南长滩村30%的家庭中有小轿车，农民人均年纯收入达到了8600元，70%的村民在城里有了楼房。南长滩村贯彻绿水青山就是金山银山的理念，依托丰富的自然资源优势和项目的推进实施，以乡村旅游产业为翘板，通过招商引资促进产业发展，为南长滩村农民增收、脱贫致富打下物质基础。

中卫市中宁县余丁乡黄羊村

中宁县余丁乡黄羊村，毗邻中卫市区，为包兰铁路、宝中铁路、太中银铁路交会处，现保存有3万年前的黄羊湾古岩画，基本传统建筑保存完好。在乡村振兴战略背景下，黄羊村依托悠久的文化历史资源，积极引进文旅企业投资5000万元规划开发旅游项目。该项目是在保护黄羊古村落传统建筑物的基础上展开，大力发展吃、住、行、游、购、娱一体的旅游体验事项，激活传统村落的发展潜力。目前该项目正在建设中。

一、历史发展

黄羊古村落位于中卫市中宁县余丁乡西面1公里处，正处中宁北山环抱的黄羊湾，村后是山和紧靠山缘的跃进干渠，村前则是平行穿过的包兰铁路和银川通向中卫的S201公路。黄羊古村落在明清时就是一个风光美丽、枣林婆娑的村庄，因雍姓人家居多，山顶又有北山一带最大的烽火墩台，俗称雍家墩。又因地处山湾，山势陡峭，常有黄羊成群出没，又称黄羊湾。1958年，跃进干渠和包兰铁路在这里同时修筑，正好把这个村落镶嵌在了一个东西1.5公里开外、南北不足500米的狭长地带。在后来的岁月里，人们逐步迁向城镇，这里停止了规划和建设。40年时间里，一个完好的具有原始塞上风情的村庄就留存了下来。该村历史悠久，现存的自治区重点文物保护单位黄羊湾古岩画表明，早在3万年前就有人类在此活动。又因地理位置特殊，北以贺兰山余脉为界，可见内蒙古戈壁草原；南有黄河九曲回折，航运良渡依水而建。所以黄羊古村落自古以来就成为驻军屯兵的战略要地和古丝绸之路商贸往来的重要走廊，文化底蕴深厚，旅游资源丰富。

二、自然生态

黄羊村隶属于中卫市中宁县，位于宁夏中部的西侧。地处东经
105°26′~106°7′、北纬37°9′~37°50′之间。东临吴忠市利通区、青铜峡市，
西依中卫城区，南接吴忠市同心县，北靠内蒙古阿拉善左旗，属北温带季风
气候区，年平均气温9.5℃，年平均降水202.1毫米，降水主要集中在6—8月，
占全年降水量的61%，年蒸发量1947.1毫米，为年平均降水量的9.6倍。整体
地形由西向东、由南向北倾斜。村内海拔高度在1100~2955米之间。现如今
的黄羊村整体占地约453亩，村貌古朴自然，有保存较完好的古村民居建筑
82处，百年以上枣
树2000余棵，其中
200年以上树龄的
就有1400余棵。其
阡陌纵横、树荫遮
蔽，成为众多书画
学者和摄影爱好者
采风研学的艺术宝
库，具有较高的保
护开发价值。

黄羊村古村民居建筑（展帆／摄）

三、人文资源

黄羊村现有自治区级文物重点保护单位明长城、直隶墩，非物质文化遗
产"黄羊钱鞭"，古村落以北1公里处有隋唐时期佛教遗址双龙石窟。

1. 古朴的自然风光

黄羊村是古枣树的世界。面对这里参天的古枣树，人们分不清是村在树
里，还是树在村里。古枣树最老的已逾200年了，其树身两人才能合抱。花开

季节，花香四溢，蜂蝶飞舞；秋实季节，枝头紧盛，果实伸手可得。古枣树的枣儿个不大，但有一种特有的酥脆、酸甜和清香。稠密的枣林间，是20世纪70年代留下的旧农居和蜿蜒的小道。公社时代原有的门楼、饲社、库房仍然还在，多数房屋上着锁，留守的人虽然不多，但不乏长寿老人。他们悠闲地在古枣树下和小路上行走。树后，是静静流淌的跃进干渠，渠上有村民早年修的木桥，桥的那边是寺庙，寺庙的后面是上山的便道和可以行车的山沟路。进山走不远，就是闻名塞上的明代长城，还有众多烽火台中的第一大墩台——直隶墩。黄羊湾岩画保护区就在直隶墩前。

2. 民间技艺"黄羊钱鞭"

黄羊钱鞭也叫"霸王鞭"，为自治区级非物质文化遗产，在中宁县乃至中卫市都是家喻户晓，每逢过年过节或是庆典都有黄羊人打钱鞭的身影。黄羊钱鞭还经常在区内外演出，得到了广大观众的好评。村内的黄羊钱鞭研究发展陈列室，连同两个文化广场和村里的文化设施分布在铁路和S201公路的南端。很久以前，勤劳朴实的黄羊村民就休养生息在这片土地上，农闲时上山放羊，农忙时下地耕种，过着悠闲的生活。村里的小孩大多都给自己家或者牧主放牛或羊，他们每天三五成群在黄河滩上或山上嬉笑打闹着放牧，把红柳或柠条做成的牧鞭甩得啪啪响。有的还把牧鞭装饰成各种好看的样式并穿上"麻钱"（当地人经常把铜钱用细麻绳串联，所以将铜钱称为麻钱），和着"啪啪啪"的声音手舞足蹈耍出各种动作，甚是好看。渐渐大人们也加入了舞耍的行列，老少同欢。由于当时经济条件不好，娱乐项目有限，所以舞耍牧鞭成了人们主要的娱乐项目。

3. 黄羊古渡

古老而悠久的黄羊湾，是丝绸之路北上蒙古高原的途径之一。很久以前这里就形成了一条"丁"字形的街道叫"黄羊街"，因为黄羊街也是这里唯一和外界联通的大路，所以当地人也把黄羊街叫"大路街"。东西走向的街道较长，街道中间向南开了一个岔路，是一个短街，直通黄羊湾黄河古渡。街上开了几十家店铺，这些店铺的建筑非常独特，由于街道短，除车马店外，每个店面临街都只有一至两间，然后向后延伸十多间甚至更长，就像一排排火柴盒摆放在一起。现在的老人们回想起来都叫它们火车头店。最有名的有张家车马店、闫记油饼枣糕店、代记蒿籽长面店，最有特色的是李记烙馍馍店。每天来来往往的客商络绎不绝，再加上十里八乡来逛街的人们，街上熙熙攘攘非常热闹。

南来北往的客商来到大路街，住进车马店必先喝上一碗黄羊湾的糯米老酒解困消乏。经过短暂休整之后，便来到街上品尝当地各种风味小吃。走时一定不能忘了带上一摞黄羊

黄羊村内河流（展帆／摄）

湾大路街上的烙馍馍。它久放不硬，香酥可口，咬一口回味无穷。直到现在，黄羊湾还流传着一个歇后语："大路街上的烙馍馍皮子——香饽饽"，形容东西的质好而供不应求。黄羊湾古渡口更是一番繁忙景象：黄河上漂流着几只排子（羊皮筏子，黄羊湾人叫排子），随着河水上下起伏，看得人惊心动魄。黄河边上堆着各种货物，排子匠有的在整修排子，有的扛着排子走向上游。这也使黄羊古渡在古时成为一道独特的风景线。古时候勤劳智慧的黄羊湾人依山建了油房，现在人叫油房梁。古时榨油是用一根很长的木头也叫油梁，把十几吨石头垒成的油山撬起，再把包好的油饼放在下面，用油山的重量把油榨出。房梁旁边有一个十几米深的山洞，它是人们打油时必须去的地方，因为里面供奉着油神，此洞也叫"油神洞"。黄羊湾人还依水建了水车、水磨坊、水碾坊等。那时的黄羊湾人碾米磨面就已经不用牲口拉磨了。

四、乡村旅游发展情况

2019年，为深入推进乡村振兴重点任务，全面打造休闲旅游特色小镇，黄羊村引入宁夏佳珏公司，按照"保留修缮原始古村民居、新建古村外围功能区"的基本原则，规划建设黄羊古村落游客接待中心、研学基地、民宿集群等多个功能区，将黄羊古村落打造成为集文旅观光、研学写生、特色餐饮为一体的休闲旅游区。

该村的发展坚持环境保护第一，最大程度保留村庄原有风貌，以人为本，从总体布局到细部处理，充分体现对人的尊重、关心。完善的配套设施、雅致的外观、高端的配置、优质的服务，在保持良好自然生态的前提下，优化黄羊村环境，确定旅游开发的理念、原则、思路和步骤，使生态环境与旅游开发有机结合，以满足广大游客多层次的旅游需求，为景区的可持续发展奠定坚实的基础。黄羊村的开发是集古村落观光旅游、写生基地、研学基地、地方美食、高端民宿、婚礼场所、山地娱乐、名胜古迹、观光农业等于一体的多元化旅游项目，占地面积358.7亩，整体的设计采用疏密有致、错落有序的布局。

旅游资源不再是决定旅游市场的唯一因素，对市场起决定作用的是景区经营者的市场营销水平和旅游企业的战略眼光。景区的文化、历史积淀成为主要营销要素和需求，游客对高品质的人文景区需求更多。传统的观光型旅游产品将逐渐被深度观光、文化体验和休闲度假所代替。因此，资源优势包打天下的局面将不复存在。曾经的旅游胜地在市场规律面前已力不从心，而一些旅游资源相对薄弱的地区则依靠资本运作和市场营销的助力，在目前的旅游市场中占据了后天优势。因此黄羊村在现有资源的基础上，不仅要科学选择和精心打造旅游产品，还必须充分发挥市场营销作用，真正让市场检验产品，并持续不断地改进产品。通过对旅游发展趋势的分析研究，可以看出定项考察旅游、个性化旅游、休闲度假游及亲子体验和主动参与性的活动项目将成为今后旅游业发展的方向。

黄羊村村落经过多年的风吹雨打，已有部分院落残破不堪。由于村落中的住屋归不同的屋主所有，因此保存质量不一，建筑装修和改造各不相同。针对以上问题，政府对于院落的修复共分为三个部分。一是对于建设年代较晚、建筑较新的21户砖混结构院落和26户砖木结构院落，只进行外立面粉刷、内墙面粉刷、地面铺砖工作；二是对于43户建设年代较早，建筑较旧且有安全隐患的夯土结构院落进行加固后，用于游客参观；三是对于已没有办法进行加固的3户院落进行整体拆除。修复后对条件较好的院落和经过修复加固后能重新利用的院落，有选择地开放展览，并组织与之相关的民俗文化活动，加强对黄羊村村落历史价值、文化价值的宣传，提高居民的保护意识，发动社会各方面力量参与古村落的保护和文化旅游开发。

中卫市海原县关桥乡方堡村

一、历史发展

方堡村位于中卫市海原县关桥乡贺堡河流域，总面积约20平方公里。贺堡河流域有百年梨树百余棵，种植香水梨的历史已近200年，产出的香水梨，色、香、味独特，深得区内外客商的青睐。当地的香水梨特色产业已经有一定的品牌知名度。

二、自然生态

方堡村属贺堡河流域一带，地处黄土高原西北部的陇中山地与黄土丘陵区，群山连绵，沟壑纵横，地形破碎，地势由西南向东北倾斜，南高北低。地形分三种类型：以南部中山地形与北部低山地形为主的山地地貌，黄土峁地形、黄土梁地形、黄土残塬地形、黄土塘地纵横交错的黄土地貌，以清水河河谷冲积平原地形、山前带状洪积地形、沟谷川台地形、山间洼地为主的流水地貌。东部清水河河谷平原较平坦而开阔。

方堡村属温带大陆性季风气候，春暖迟、夏热短、秋凉早、冬寒长，全年干旱少雨雪。冬季最长，达120~135天，一般从11月上旬或中旬至次年2月下旬或3月上旬；夏季为85~100天，一般从5月下旬或6月上旬至8月下旬或9月上旬。气温由北向南逐渐降低，多年平均气温7.5℃。常年最冷月为1月，平均气温 –9℃，极端最低气温 –25.8℃；常年最热月为7月，平均气温20.7℃，极端最高气温33.9℃。无霜期年平均为160天。年平均日照时数2866.6小时，日均实照7.9小时。年平均降水量362.6毫米，降雨多集中在每年的7、8、9月，有"十年九旱"之称。降水量少，蒸发量大，年均蒸发量1486.3毫米，日均4毫米，为降水量的4.1倍。蒸发量6月最大，为220.6毫米，1月最小，为42.6毫米。受降水量影响，蒸发量由南向北逐渐增大。

贺堡河属清水河左岸二级支流即西河的一个较大支流，在宁夏海原县内，位于东经150°38′27″~105°47′38″、北纬36°32′~36°46′。其源头为南华山北麓，海原县城西侧南华山北麓汇流面积29.6平方千米，已建有五桥沟、杨家沟两座水库，控制流域面积分别为14.7平方千米和8.8平方千米。杨家沟拦洪库位于原主沟道上游，坝后沟道穿县城而过，现穿县城段已完全填埋，其下埋设涵管，与城市地下排水管网连接，将杨家沟拦洪库卧管下泄流量导入下游沟道，流入西河。

三、人文资源

1. 红色资源

方堡村隶属关桥乡，在关桥乡仍留有贺龙城堡。1936年八九月份，彭德怀率红一军团驻扎于此，并将西方野战军司令部设于此；10月，豫海县回民自治政府成立之后，关桥为其游击区；11月初，红一、红二、红四方面军的主要领导人在此地召开过重要军事会议，提出过"海打战役计划"。方堡村可依托关桥乡的红色文化，突出红色主题，树立独特的红色文化标识，既注重有形遗产的保护，又注重红色精神的传承，打造红色爱国主义教育基地，丰富文化内涵。

2. 田园风光

方堡村地处宁夏南部山区，村内无大型工厂、企业，空气质量绝佳，自然环境良好。封山禁牧以来，山上的植被得到较好的保护，再加上近些年来的植树造林，植被丰厚，山花遍野，清香怡人。尤其是夏季，平均气温在20℃左右，清爽怡人，是避暑的好去处。方堡村一带的农家乐背靠大山，门前绿水环绕，一望无垠，白天晴空万里，夜晚星光灿烂，自然环境优美。农家乐以吃农家饭、住农家炕、干农家活、赏农家景、购农家物、品农家菜为主要内容，强调兴趣、闲趣、野趣，尽力展现乡村旅游的独特魅力。

3. 传统手工技艺

海原刺绣、剪纸历史悠久，文化特色鲜明。唐、宋、元时期，"女红"文化曾在中国西部进行了一次较大的交融，诞生了一种新的"女红"文化，这便是海原刺绣的雏形。元朝曾在海原地区设有海喇都屯田总管府，至元十年（1273年）元世祖下令"探马赤军，随地入社，与编民等"。因此，元代海原地区的回族人人增加了不少，其中不乏很多士兵家属，即"西域织金绮文工"，她们进一步融合传承了海原刺绣。早期作品有民国时期的《四季花瓶》和"枕顶"。海原刺绣种类丰富多彩，大致可分为服饰绣品类（新娘服饰刺绣、满腰转、男性绣花耳套、绣花裤、绣花鞋、肚兜等）、生活用品类（苫被单、枕头、鞋垫、针扎、钱包等）、装饰绣品类三大类。千百年来，民间刺绣在海原广为流传。时至今日，全县20余万妇女中近一半会刺绣和剪纸。结婚典礼那天，媒人还要说"针线"，介绍和展示新娘子刺绣等针线活。因此，除过茶饭，刺绣也是海原县农村女孩儿自小就必须掌握的技艺之一。

早在4000多年以前，先民们就在这块土地上创造了早期历史文明，后经历了各民族的迁徙融合，民族文化和中原文化在这里碰撞交流。剪纸、刺绣也是在这种特定的历史条件下形成的一种极具民族、地方特色的艺术产品。早在元代，就有刺绣、剪纸出现。窗花作为农村妇女在农闲时学习和展示手艺的一种特有形式传承至今。随着社会的发展，剪纸内容和题材不断丰富，计划生育、送子当兵、人民代表、劳动模范、绿化家园、致富能手等反映新时代、新生活、新面貌的剪纸作品大量产生，并由过去的单层剪纸向多层剪纸创新发展。

4. 香水梨采风及采摘

方堡村是海原县香水梨种植的核心区，已有200多年的种植历史，村庄200年以上的梨树现有10棵，百年以上及几十年的梨树有2000多亩。每年春天，千亩梨花竞相绽放，游客纷纷前来赏花；秋天香水梨成熟时，采摘果子的游客络绎不绝，果园里一派丰收胜景。游客逃离城市的喧嚣，沉醉在鸟语花香、硕果累累的梨园。此外，方堡村还有硒砂瓜采摘、草莓采摘等农事体验活动。

5. 特色美食

海原县的餐饮驰名宁夏，方堡村的烤全羊、手抓羊肉更是令人垂涎三尺。烤全羊选取15斤左右的羯羊（羯羊肉质不腻不膻），提前用各种调料腌制好，再放到特制的火炉上炙烤，等待三四个小时后，羊肉表面金黄酥脆，内里肉质鲜嫩无比，令人食欲大开。手抓羊肉也选用羯羊，在炖煮时加入八角、桂皮、草果、小茴香等香料，炖煮两三个小时后出锅，羊肉纤维软化，丰盈鲜美，香气四溢。独具地方特色的黄米饭和搅团也备受游客青睐，热腾腾的黄米饭和搅团，搭配现炒的肉辣子、酸菜炒肉和腌制的咸韭菜，吃得人大汗淋漓，畅快至极。炸油香、炸馓子、炸麻花等特色面点也受到一致好评。

四、乡村旅游发展情况

按照宁夏回族自治区全域旅游推进会精神和中卫市创建全域旅游示范市要求，海原县成立了全域旅游工作领导小组，统筹协调全县旅游产业发展，邀请西部建筑抗震勘察设计研究院编制了《贺堡河片区旅游规划设计》，计划新建香水梨采摘区、文化科普区、民俗体验区、户外体验区、游憩区、亲水区、垂钓区共8个功能区，新建居民建筑11户，民俗改造17户，民俗街改造1342.04米，新建入户广场、游客服务中心等。规划包括前期分析、设计构思、规划设计、植物设计、运营保障等方面，以贺堡河两岸为依托，以香水梨产业为龙头，汇聚周边优势农产品，打造现代农业观光带。

通过深入挖掘贺堡河流域山水生态、农事体验、特色种植等旅游资源，大力发展以生态农业为主的乡村旅游，开发田园观光、采摘垂钓、民俗体验、乡村康养、民俗度假等乡村旅游产品，打造二、三产业融合发展的美丽休闲乡村，使乡村旅游助推村民创业增收。着力扶持发展一批星级农家乐，打造一批集循环农业、农事体验于一体的特色休闲景观带，使观光游与体验游结合，为全域旅游发展注入活力，促进乡村旅游质量与品位快速提升。

目前，一是完成《贺堡河片区旅游规划设计》，将贺堡河流域打造成海原县特色景观休闲带、旅游观光轴线、片区形象展示名片。二是完善基础设施

贺堡河流域

建设，海同高速、黑海高速通车运行，这两条"大动脉"的打通，为宁北和宁南地区游客进入海原提供极大便利，将进一步提升海原旅游景点的通达率，为海原旅游与周边旅游融合、衔接、发展提供保障；完善旅游厕所建设，为游客提供舒适如厕环境。三是培育休闲农家乐，利用关桥乡现有河流、水库、村落，大力发展乡村休闲旅游，培育滕凯家庭农场等特色休闲农家乐，提升旅游服务接待能力。四是打造香水梨种植区，依托海同高速公路出入口，成立香水梨销售合作社，通过冷链贮藏，延长产业链条，反季节销售增加种植效益。五是大力培育文化旅游品牌，举办旅游节事活动，成功举办了香水梨采摘节、梨花节等文化旅游活动，提升海原旅游业知名度。

方堡村的旅游产品主要有刺绣和剪纸。刺绣主要以掇绣为主，作品主要包括苫被单、绣花鞋垫；剪纸以单色为主，题材包括乡村风情、历史文化、人物形象。剪纸书签、小摆件销量较好。在海源县就业局的组织下，清水阁剪纸学校、阿依舍绣坊、千珍绣绣坊先后在方堡村、罗山村举办刺绣、剪纸技能培训，培训初级学员500余人。每月各企业定时回收学员加工制作的刺绣、剪纸产品出售。实施河长制以来，贺堡河流域各乡、村坚决贯彻落实各项决策，加强对贺堡河流域水资源的保护，践行绿色发展理念，推进生态文明建设。方堡村的贺堡河流域附近的传统文化遗址，得到了当地文化和旅游部门和乡镇府的大力保护，避免其受到破坏。每年县文化馆针对山花儿、口弦、刺绣剪纸、皮影戏、擀毡等非物质文化遗产进行传承人甄别、鉴定，并逐级上报至市、区，被确定为县、市、区级非遗传承人的，每年发放补助奖金。

中卫市海原县郑旗乡盖牌村

一、历史发展

盖牌村隶属于宁夏中卫市海原县郑旗乡辖区，地处郑旗河谷，坐落于苋麻河南岸，依山傍水，风光旖旎。这里在汉代就是丝绸之路的通道，宋代称之为"没烟峡"，属于中国"十大古道"之一，明代设黑水苑，称黑水口城，简称"黑城"。郑旗河谷是海原古道的东端口，没烟峡是古代重要军事要塞，是兵家必争之地。作为丝路北线孔道，没烟峡曾经驼铃声声，是东方与西域连接的纽带。唐代时，唐王朝与吐蕃在这里展开过数次争夺战，吐蕃也占据此地长达80年。宋时这里又是宋夏交界，宋与夏在这里也展开多次战争，宋在这里建有著名城池"荡羌寨"。一代名士范仲淹在宋夏战争期间曾担任陕西副经略（副统帅），负责防卫宋朝西北边陲。范仲淹防守西北边陲期间写过著名的《渔家傲·秋思》，后因对西夏战争严重失利与其他两统帅一同被贬。不久范仲淹的好友滕子京也因宋夏战争中大肆犒劳范仲淹等将士被贬巴陵。

渔家傲·秋思

塞下秋来风景异，衡阳雁去无留意。四面边声连角起，千嶂里，长烟落日孤城闭。浊酒一杯家万里，燃然未勒归无计。羌管悠悠霜满地，人不寐，将军白发征夫泪。

二、自然生态

盖牌村位于东经105°09′~106°10′、北纬36°06′~37°04′之间，地处宁夏中部干旱带，属中卫市管辖，东与固原市原州区相连，南与固原市西吉县接壤，西临甘肃省靖远县、会宁县，北濒中卫市和吴忠市同心县。郑旗乡地处黄土高原西北部，属黄河中游黄土丘陵沟壑区。丘陵起伏，沟壑纵横，六盘山余脉（南华山、西华山、月亮山等）由南向北深入，形成西南高、东北低的特殊地形，南部以南华山主峰马万山为最高，海拔2955米，是宁夏南部最高峰。这一地区地势高寒，雨量较多，有少量天然次生林零星分布。东部以清水河防地兴隆乡李家湾最低，海拔1366米，这里地势平坦、土层深厚、土质较好。中部为梁峁残塬地带，其间丘陵起伏，沟壑纵横交错，植被稀疏，水土流失严重。总土地面积中，黄土丘陵占66%，土石山区占1.6%，塬地占4.4%，河谷川地占20.9%，山地占7.1%；天然林地4.36万亩，天然草地260万亩。由于该地深居内陆，大陆性季风气候明显，春暖迟、夏热短、秋凉早、冬寒长。年均气温7℃，1月均温 –6.7℃，7月均温19.7℃，无霜期149~171天。多年平均降水量286毫米，最多706毫米，最少325毫米。年日照时数2710小时，素有"十年九旱"之称。

三、人文资源

1. 历史遗迹

站在盖牌村对面山顶南望没烟峡，山上多处烽火台守望峡谷，多处古城遗址（荡羌寨）静守峡口。西眺天都山巍峨耸立。盖牌村处在荡羌寨与天都山之间的郑旗古道上，三面环水的特殊地理位置造就了其丝绸之路驿站的独特价值及稀缺的休闲度假资源。

2. 山花儿

山花儿作为群众愉悦自我、怡情解闷、吐纳情感的一种自娱性歌曲，在海原县有广泛的群众基础和浑厚的民俗文化内涵。作为国家级非物质文化遗产六盘山原生态花儿的主要流传地——海原县，于2000年创演了大型花儿歌

盖牌村（海原县文广局／摄）

舞《花儿故乡》《海风吹绿黄土地》《花儿红、香山香》等。2002年成功举办了首届"宁夏（海原）花儿艺术节"；2009年中国宁夏首届文化艺术旅游博览会期间，还成功举办了第七届中国西部民歌花儿歌会，中央电视台第三套《民歌中国》栏目对歌会进行了全程录制和播出。盖牌村在旅游推动过程中也积极倡导非物质文化遗产的保护工作，多次与县文广部门沟通申报国家级非物质文化遗产花儿培训基地"六盘山花儿——盖牌村传承站"相关手续，争取为六盘山原生态花儿的传承作出自己的贡献。盖牌村已建成亲水休闲广场、村头圆梦广场及古建室外篮球场等小广场三处。这些小广场的建成主要用于游客及村民的休闲、锻炼等，目前已经成为当地村民及游客休闲锻炼的好去处。

3. 特色民宿

盖牌村新建江南民宿，白墙灰瓦，绿树成荫；新建亲水民宿，时尚前卫，面朝水库，春暖花开；正在筹建中的集装箱民宿，依山傍水，清静自然。已初步敲定方案的铁路驿站，机车披绿，穿越花海。

4. 农家乐

盖牌村原始村落里的农家乐背靠大山，绿水环绕，以吃农家饭、住农家炕、干农家活、赏农家景、购农家物、品农家菜为主要内容，深度挖掘农家生活的内涵，充分开发农业旅游、体验绿色饮食等多样化功能，突出农村天然淳朴、绿色清新的环境氛围，展现乡村旅游的独特魅力。

5. 独特美食

盖牌村招牌菜品当数鱼面。鱼面历史悠久，据传1098年西夏梁太后战败于平夏城，退守没烟峡之荡羌寨。一日，士兵经过盖牌驿站时，在河中抓得数条鲤鱼，回到军营因鱼少人多，无法分食。火头军兵士灵机一动将鱼洗净熬制成一大锅鱼汤，再将荞面面条置于锅中煮熟，出锅后放上当地的香葱、佐料，鲜香四溢、葱香扑鼻。盖牌村野生鱼面流传至今，荞面配以鲜香的鱼汤，绿色健康，嚼劲十足。还有美味的生氽面，清香四溢；还有当地百姓拿手的馓子、花花、麻花等，也带给肠胃不一样的惊喜。

四、乡村旅游发展情况

2017年，随着国家新农村建设及国家发展全域旅游政策的实施，盖牌村以"驿站、休闲、养生"为主题，以"没烟峡驿站"为品牌，走上发展旅游产业的道路。从最初的做好原生态自然风光游览、历史遗迹观光、民族风情体验、黄土文化展示等开始，紧紧抓住周边市、县短途游客。目前又充实了休闲驿站的内涵，开发集餐饮住宿、运动休闲、研学疗养等为一体的可以接待区内外中途游客的综合性休闲旅游度假驿站。盖牌村，以盖牌水库为依托，以民俗体验为切入点，以休闲驿站为吸引力，辐射周边南华山、须弥山、火石寨、六盘山等优势景区资源，打造县域内的局部旅游集散地。通过深入挖掘苋麻河流域山水生态、农事体验、特色种植等旅游资源，发展以生态农业为主的乡村旅游。开发田园观光、采摘垂钓、民俗体验、乡村康养、民俗度假等乡村旅游产品，打造二、三产业融合发展的美丽休闲乡村，使乡村旅游助推村民创业增收。目前，盖牌村已初步建成游客服务中心、运动休闲体验区、民俗客栈、民俗参观区、农业观光体验区、非遗传承站等项目，2020年10月已开始接待游客。

后　记

草木情深，故土难离，一直以来，乡村承载了无数人的乡土情怀，建设"留得住青山绿水，系得住乡愁"的美丽乡村是推动乡村社会转型，满足人民对美好生活的期望，增强乡村人民幸福感和获得感的必要举措。

本书在宁夏文化和旅游厅领导下由宁夏民族艺术研究所组织编撰完成，全书由上篇《美丽乡村》和下篇《传统村落》组成。马鑫、周霞负责本书上篇24个村镇的资料收集、整理与编撰工作，李想在此基础上进行修改与润色，下篇14个乡村的资料汇编与成稿由邓娜、黄顺学完成，全书统稿工作由周霞完成。

本书付梓是很多人协成努力的成果，宁夏回族自治区文化和旅游厅领导对此项工作给予了统筹指导和大力支持，宁夏旅游协会和文化和旅游厅资源开发处、科技教育处及各市、县、区文化单位为本书提供了相关的资料，在此一并表示感谢！

由于此项工作具有很强的时效性与紧迫性，虽然经过一再修订，时间上还是略显匆忙，错漏不妥和欠缺之处敬请广大读者谅解并批评指正。

编　者

2021年1月